U0034882

# 財務自由之路

## 半導體漲百倍

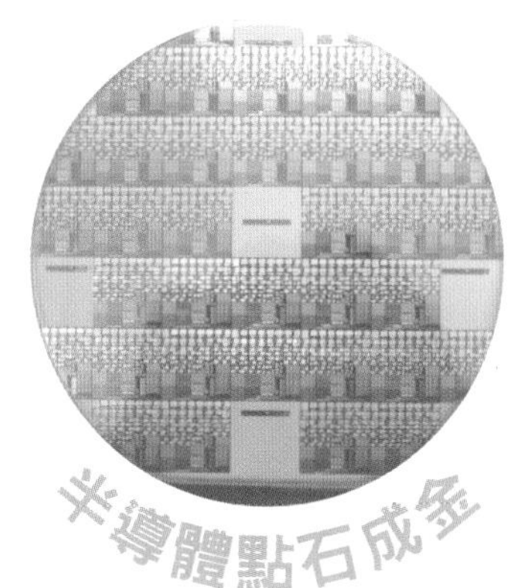

共同作者：小陳哥、布萊恩、Royo、浩爾、Sun、Sam、喜哥

# 目錄 Contents

## 第三篇　實戰篇



| 各單元作者 | |
|---|---|
| 小陳哥 | 第1、2、3、4、5、7、8、9、10、11、12、14、15章 |
| 布萊恩 | 第13章 |
| Royo | 第6、16章 |
| 浩爾 | 第17章 |
| Sun | 第18章 |
| Sam | 第19章 |
| 喜哥 | 第20章 |

# 推薦序

小陳哥等人合著的《財務自由之路：半導體漲百倍》即將出版，有幸能先拜讀爲快，小陳哥及他的竹林七「閒」，把他們這輩子在股市投資百倍獲利的實戰經驗，有系統地分享給讀者，値得嘉許及閱讀。他們證明一點，有夢最美，美夢眞能成眞。

小陳哥出生在高雄縣偏鄉，就讀故鄉的國小、國中，以優異的成績考取師專。這是那個年代鄉村辛苦人家的小孩及家長最大的夢想。畢業後他回到家鄉及鄰鄉當老師，教師之餘他繼續在高雄師範大學取得博士學位，原本應該算是光宗耀祖了，沒想到他會喜歡上股市投資研究，而且還實戰取得豐碩的成果，更難能可貴的是不吝分享成功經驗，希望可以讓更多的人可以提早財務自由。25年前每逢週末，我都會回鄉下看小孩，小陳哥晚飯之後總是喜歡來找我一起探討他教育工作之外的世界。我也很樂意分享我的「商道」經驗，還有當時我很喜歡台積電，所以就把投資的心得與他分享。小陳哥他是人很聰明想法特殊的人，只要他有興趣，可以財務自由的學問，他都肯花精力去追根究柢，所以教育領域之外，他能有如此投資成績，也就不意外了。

竹林七閒在高雄的聚會，很榮幸我都能受邀參加，這七位不同專業領域的專家聚在一起，總是把談話內容集中在股市投資、產業前景方向，不像是來自四面八方的好友聚會，倒像是跨專業的研討會，尤其是他們特別用心在力晶這家公司的議題討論，我發現他們在這家公司每股幾毛錢，就開始進場布局。但是他們投資並不是碰運氣，而是眞的有很深入的研究，今天能百倍獲利也不是憑空而來，除了膽識，還加上學識。謹此序祝福小陳哥及竹林七閒，新書發表成功，讀者百倍得利。

巨派旅行社／巨派長春生技有限公司
總經理楊賢能 2022.1.10

# 作者序（一）

小時候家中經濟不是很平順，因父親過世的早，母親挑起養育四個小孩的重擔，我常常有一種經驗就是「別人家有的，我家就是沒有」。年輕時我就想著，我一定要振作起來，理財一定要成功。當初念師專，也是因爲家裡經濟不好，沒有太多選擇，只好選擇去念有公費的師專，減輕家裡負擔。所以年輕時我生活算是節儉的，財務多半要靠自己努力，也因爲期許自己必須振興家中經濟，所以搞起投資我也算是比較保守一點，因爲如果我失敗了，沒有家人可以幫我。

因爲讀研究所時有學過一些半導體學分，所以自從開始投資以來，一直都有接觸半導體製造的類股，同時我的電腦機殼裡面，只有DRAM模組比較容易拆下來，記憶體模組算是看得見摸得到，玩一玩就產生興趣，其他晶片多半不容易拆下來，所以早期常常有買DRAM股票，所以就搭上2012年力晶被下市這一班車。從下市放到重新上興櫃，2012年放到2020年，力晶這股票，對我財務自由幫助很大，人家說十年磨一劍，我是八年磨一劍，已經算是幸運。這八年之中，學習了會計學，也認識不少力晶股友，相互切磋，進步很快。坊間常常有理財書籍提到說中年人的退休計劃需要有多少積蓄，我算一算，我的退休金加上股票賺的錢，勉強符合中年安心退休資格，所以我50歲一到就選擇自公立學校教師退休，因爲財務自由的幫助，我勇敢退休，不畏年金改革退休金減少的衝擊，退休後反而路更開闊。

年輕時曾有紫微斗數算命說我將來「財福食祿足」，當時是一位懂紫微斗數的學生家長主動說要免費幫我算，算命師在命盤批註意見說應該「逆境時人助我，順境時我助人」。所以我在順境時，股票賺了一點，我在中小學設立了三筆獎助學金，我同學有幾個當校長的，我也捐了一些到同學學校的教育儲蓄基金，算是有回饋一些給社會，遵守算命師的囑咐——順境時我助人。這五年來，我自己的捐款加上朋友透過我這管道捐給學校的，合起來應該超過100萬了。朋友捐款時都很慷慨，因爲大家幸運搭上「力晶科技」敗部復活這艘船，身價水漲船高，因爲當時一張股票是以200、300元台幣買的，後來一張可以賣到7萬、8萬，半導體股去年大漲，朋友們現在自然身價都不一樣了。有些人不是賺很多也會捐，最重要是一顆心。這財務自由之路，感覺七分要靠努力（努力學習、看書、個股研究），三分仍是有運氣。謹慎選股票，當作自己的事業長期持有。

人生苦短，若是當個守財奴，導致有點吝嗇，發不了光與熱。我常常及時分享股票買賣，朋友也有回報，有公司老闆中秋節寄水果送我，有醫生太太寄水果來，最近還收到醫生本人送我葡萄，去年有位一般上班族送我另一檔下市的股票，做人做到這樣朋友多多，也很開心，比起當守財奴好一點，人生在世要能發出光與熱，這跟我常常即時免費分享投資訊息有關。股票要如何賺到錢？賺到錢你到底想幹嘛？我都習慣思考從本質去思考這些問題。

個人能財務自由，起步算是從艱困環境開始，慢慢學習，慢慢累積資金，然後逐漸走向資金寬鬆，一路走來也是不輕鬆，但後來，主要靠著「力晶科技」這一檔股票，得到飛躍。累積的資金比年輕時多一些，力晶之外的個股，也是慢慢有提高勝率，並非只能靠力晶股票獲利。

本書由我邀請幾位力晶股友合寫，寫本書的主要目的是希望將我們成功的方法流傳給後代，讓下一代能發揚光大，守住上一代的成果。本書也獻給多年來的力晶股友及社會大眾有緣人，提供一些幫助，希望我們的經驗能幫助大家投資順利，能達到財務自由，下半輩子不缺錢，自由選擇自己想要的生活，行有餘力也能回饋一些給社會，爲自己及家人積點功德。人生苦短，我相信留下一本好書，勝過成功企業家或「田喬仔」留下億萬家產給子女。

本書共分成20章，其中第1、2、3、4、5、7、8、9、10、11、12、14、15章等，共有13章是由我小陳哥執筆，其餘7章由6位朋友執筆。我執筆的章節部分，採用比較學術性寫法，文中的參考文獻統一做個小標編號，集中放到全書最後面的「參考文獻」。

本書部分圖表及K線圖承蒙元富證券授權使用，在此表示感謝，也感謝共同參與寫作的其他六位朋友，讓本書內容更豐富而精采。

小陳哥

2022.1.10於台灣高雄

# 作者序（二）

我是一個在窮鄉僻壤長大的小孩，從國中畢業就開始半工半讀完成高職學歷，沒有高學歷。剛出社會也只懂得以勞力去換取財力，只看到鄰居投資股票換取更好的生活品質，還不知股票市場的風險，就已經一頭栽進去。能在50歲以前財務自由是計劃中的目標，在49歲以前這是不可能的任務，在48歲以前只能幻想自己的積蓄能有幾百萬，在47歲以前從來沒有想過會有這麼一天。

我沒有慧根，只有「會跟」，因爲在自己失敗的投資經驗裡有這麼一檔股票——力晶科技。拜現在科技之賜，在社群軟體之中接觸了「力晶自救會」，自此開始吸收他人的投資經驗與訊息，開啟了我的「會跟」造就了我今日的財務自由，有幸能提供自身經驗，願所有讀者能少走冤枉路，增加被動收入早日達成財務自由。

在達成財務自由之後的規劃，尚需學習如何傳承財富，在我的傳承定義之中，並非是把財富直接繼承，給魚吃不如教他如何釣魚，在教他釣魚之前，也要讓他知道如何準備魚餌與釣具，先把自身的條件準備好，才有能力在股海之中釣到大魚，邁向財務自由之路達成最終目標。

Sun

2022.1.10

# 第一篇
# 基礎篇

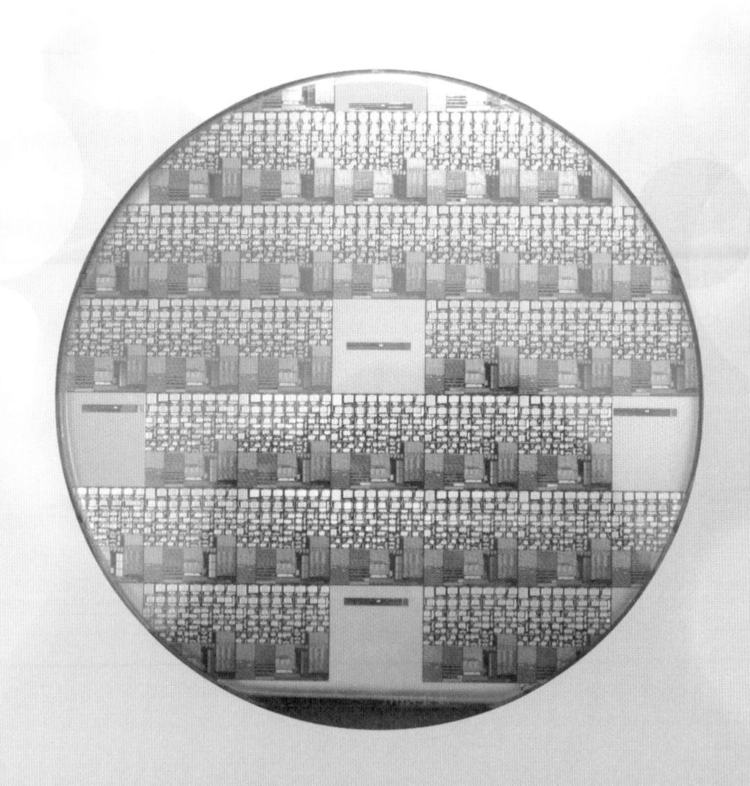

# 第1章　股市基本術語

如果你要學小學數學，你就要學加減乘除；如果你要學大學理工，你就要學微積分、工程數學；如果你想唸英國文學，當然你就要先懂英文；如果你要投資股票，我認爲你該學習「會計學」。這個會計學不是很難，基本上只要會加減乘除，大概就可以了，你不需要用到很艱深的數學。學過基本會計學，再來看四大報表，比較能夠深入理解。

至於技術分析的書，市面上很多，也不是我強項，我不打算提到技術分析太多。大家都知道，散戶是賠錢的人比較多，如果要靠技術分析或是消息面來買股，散戶還是比較吃虧，因爲散戶能得到的消息都比較慢，也不好查證消息眞假。所以我認爲散戶，還是長期投資比較有勝算，特別是要抓住股市中比較本質的東西，以免追高殺低。

所以第一章這邊先介紹一些很基本的四個觀念：eps、本益比、殖利率、淨值。如果你要提高績效，我建議你「會計學」要多下功夫，我的會計學純粹是自修，沒有到學校學過，**台大教授杜榮瑞、薛富井、蔡彥卿、林修葳**[1]**等四人(2012)寫的《會計學概要》對我幫助很大，在此推薦這一本，容易自學。**有了會計學基本功，你看公司財報會比較順暢。

## 一、認識EPS

我曾經有兩個朋友，在股票都輸了不少，我曾經想幫助他們，卻意外發現他們基本觀念都沒有，竟然連eps也不懂。一位是退休貨車司機，退休金快輸光了，栽在某一檔太陽能股票，另一位是退休教育人員。因爲他們都不懂eps，所以我後來只好建議他們玩小一點。

EPS，就是每股盈餘(Earnings Per Shares)，中文意思，就是「每1股賺多少錢」？台股股票幾乎都是每1股面額10元。如果eps為10元，就是一年賺到一個股本。

eps應該是投資股票最重要的觀念，是一家公司賺錢能力最直接的表示方法。例如台積電資本額2593億，股本很大，這家公司股份是每股10元，分成259.3億股。2020年台積電稅後獲利5179億，eps就是：

$$\text{台積電eps}=\frac{\text{總獲利}}{\text{股份}}=\frac{5179\text{億元}}{259.3\text{億股}}=19.97(\text{元/股})$$

如果市場研判台積電2021年eps會高於2020年，那麼台積電股價就容易上漲，反之台積電股價容易下跌。事實上，2021年半導體市場景氣也確實是比2020年更好，所以台積電從2020年下半年開始就呈現大漲格局，聯電也是如此，幾乎2020年下半年所有半導體都是大漲格局。所以每一季公司的法說會，市場都很關注公司當季的eps是上升或者下降，因爲這可能直接影響到股價。

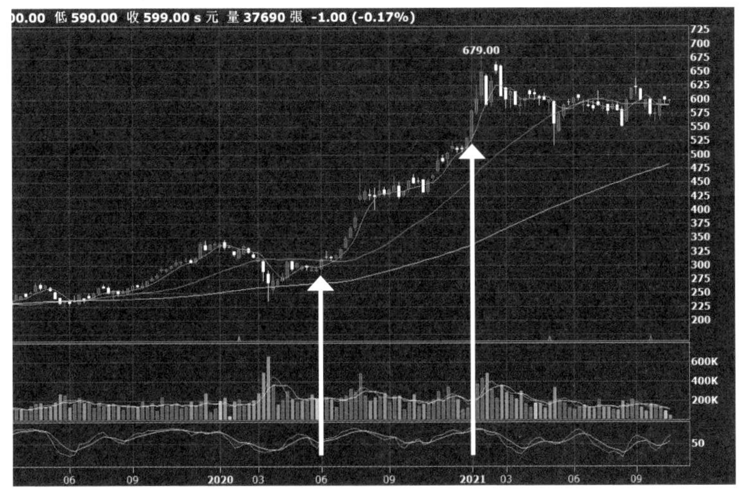

圖1-1：2020年下半年起台積電從300衝到500　資料來源：元富新環球大亨

由於投資人看好台積電2021年景氣，且2020年市場傳聞Intel要下單給台積電代工，所以台積電在2020年下半年從300元漲到500元。表1-1可見台積電2020年確實一季比一季更好，可見eps對股價影響很大。

表1-1：台積電2020年eps

| 台積電 | 2019 Q4 | 2020 Q1 | 2020 Q2 | 2020 Q3 | 2020 Q4 | 2021 Q1 | 2021 Q2 | 2021 Q3 |
|---|---|---|---|---|---|---|---|---|
| eps | 4.48 | 4.51 | 4.66 | 5.30 | 5.50 | 5.39 | 5.18 | 6.03 |

要找eps資料，可以從券商提供的軟體或「奇摩股市」或goodinfo（https://goodinfo.tw）這些公開網站，資料很豐富。當你讀懂了eps的意思，也知道如何找到eps資料，買賣比較有個依據。

## 二、本益比（PER）

eps每增加1元，股價有可能漲10元，這就是股票上市迷人之處，老闆只要努力提升獲利，身價很快增加10倍或20倍，其實不同產業，市場給予了不同本益比。知道公司每股獲利eps之後，投資人會開始估計該公司合理本益比。本益比就是你買股票所需花的股價除以eps。

$$本益比=\frac{本}{益}=\frac{股價}{eps}$$

如果你在2021年1月4日開盤日以530元買進台積電，那你買的時候本益比就是530/19.97=26.5。由於台積電的世界競爭力算是第一名，所以市場給了26.5倍本益比，算是偏高的。你買到本益比26.5倍的台積電，算是

偏高的，這是因為台積電是半導體龍頭，他有最先進的5nm製程，3nm及2nm也開始量產，技術算是全球頂尖，所以市場給予較高的本益比，這代表投資人看好他的未來競爭力，也代表張忠謀建立的企業給人的一種可信任感。這26.5倍的本益比，所謂偏高，就是說你花錢買進的成本530元，在一切都維持不變的情況下，你必須花26.5年的等待才能賺回來。因為股本面額是10元，但是你花530元才買到。

當然上述「在一切都維持不變的情況下」，這句話本身就是不太可能，事實上台積電一直在變化，越賺越多。市場上統計過，只要持有台積電29年都沒賣，大約可賺200倍（黃家斌，2021，p.241）[2]，所以它值得享有高本益比，因為它算是成長股—營收成長很快、獲利也成長很快。除了台積電這家公司，股市以及世界經濟也都是每天在發生變化，這就是股市精彩的地方。

如果你要在股市賺錢，就是要有一種功力，可以看到該公司未來1~2年的景氣，這在電信股中如中華電信很容易，eps大約就是4~5元死豬價。變化小，容易猜對，但是就不容易賺到大錢。可是在其他電子股要判斷景氣就很難了，電子股是變化很快的類股，大賺大賠變化非常快。

一般觀念都說玩股票是一群聰明的頭腦在鬥智，你必須訊息比別人快，判斷比別人正確，所以，玩股票還是最好玩自己熟悉的產業、自己熟悉的公司。你想要賺錢，你就是必須正確判斷未來公司的景氣及獲利能力。你必須正確估算未來的eps，然後給予該公司合理的本益比，這種功夫是很難的，也就是投資股市最難的一點，這也是你投資股市最後是賺是賠的分界點—你能否正確判斷未來景氣？

例如聯電，算是2020年漲幅很大的半導體股，因為2020年第二季起聯電突然大賺，當聯電漲到18元，可能10個人有9個就跑光了，為什麼？因為18元幾乎已經是10年來最高點了，能看出聯電越賺越多「月來月旺」的人畢竟不多。

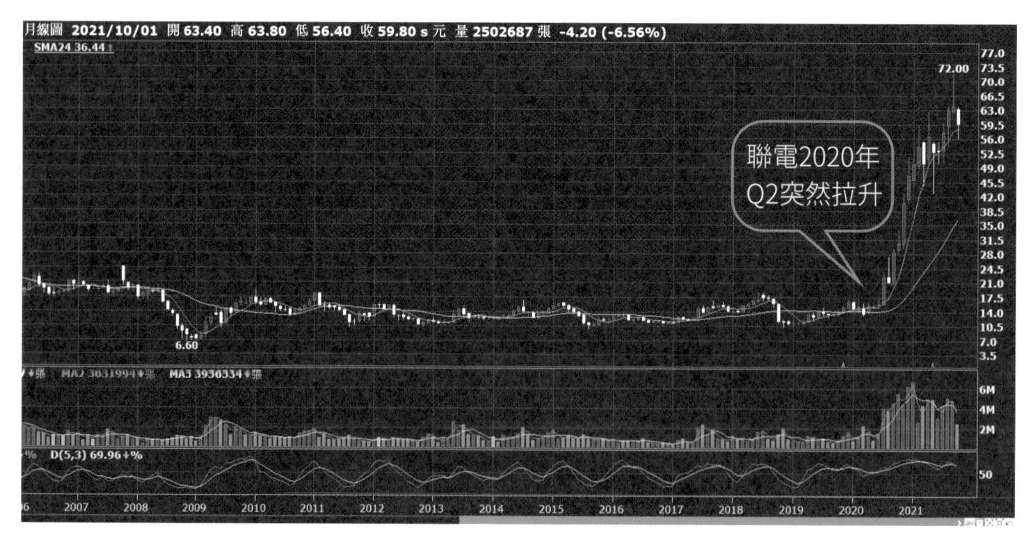

圖1-2：聯電過去10年股價　資料來源：元富新環球大亨

看看圖1-2，其實在18-20元之間賣掉聯電很合理，它幾乎是10年最高點了，可是偏偏2020年聯電獲利eps2.42，是20年來最高獲利，配息來到1.6元現金，也是20年最高。

聯電2021年賺更多，所以股價衝到60、70元也合理，也是20年來最高股價。聯電2021年上半年eps1.83，2021年eps有機會4元，本益比15倍的話，在半導體來說不算高。可是2020年能算到聯電2021年大賺的人不多。不過因爲我的LINE群組有不少高手，也有不少竹科工程師，所以我在2020年七月大約18元賣光之後，後來我就又買回，我比以往更勇敢的在20~25之間買了不少聯電，然後35賣光，然後30以下又買回，這些追價行爲在以前來看都是很冒險的。但是我的LINE有很多竹科工程師，也有幾個投資半導體的高手，我吸收他們的看法，所以我們在2020年就很看好聯電2021年獲利，有時我們的洞察力，還比報紙報導更早。我們群組的高手有個P先生，很早就告訴我們聯電主力是28nm，說這前景不錯，我記得他說這個28nm時候，報紙都很少提到聯電28nm。所以，股市裡頭確實有這種專注於本業熟悉本業的人。

我自己的眼光實力還可以，關於P先生說的內容，我大概算是比較快速能理解的，而且我讀財報的能力沒比這高手差。我會注意聯電一年營運現金流入很可觀，將近657億，帳上現金940億，現金很多。我也知道聯電的技術能力，在竹科評價是優於世界先進與力積電。我也注意聯電廈門廠的折舊何時下降？不過2020年漲最多的不是IC製造，而是IC設計，因爲我對IC設計不太懂，所以沒賺到IC設計更爲狂飆的階段。在本章我是強調**你想賺錢，你要有能力最少判斷出未來1-2年的公司獲利，而不是看過去一年的獲利，也不是看當季的獲利。**股價是反映未來，如果你只會看當季的獲利，可能會死得很難看，電子股一定是這樣。你可能領到宏達電股利，卻賠了差價，這不只宏達電會發生，股王「大立光」也會發生。

表1-2：股王大立光攻到6000，至2021.11.2爲止

| 年度 | 高點 | 低點 |
| --- | --- | --- |
| 2021 | 3590 | **1960** |
| 2020 | 5210 | 3857 |
| 2019 | 5200 | 4224 |
| 2018 | 5330 | 3940 |
| 2017 | **6075** | 5028 |
| 2016 | 3980 | 3066 |
| 2015 | 3715 | 2839 |
| 2014 | 2640 | 1978 |

大立光，你可能領到300元現金，賠掉4000元的股價，你領到30萬股利，輸掉400萬股價。大立光在業績上升階段，本益比達到30倍，然後業績略微下滑（其實還是大賺），本益比只剩20倍，而且這是發生在2021年幾乎其他股票都大漲之際，這種反差，衆人皆漲我獨跌，當股東應該不會太舒服。所以，在股市你看公司獲利及eps，是要去預估未來。

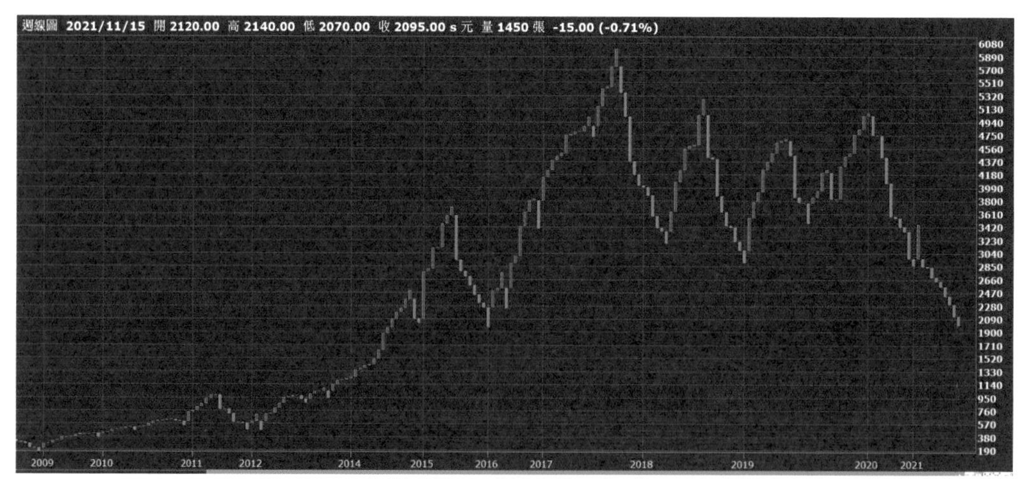

圖：1-3：大立光走勢　資料來源：元富新環球大亨

所以要投資電子股的人，必須知道電子股大起大落的特性，不要追逐過高本益比，一般來說，20倍就已經有點高。還要對公司業務內容有深入了解，不然電子股風險也是很高的。

如果要穩定當然是銀行股，電信三雄這種比較穩定，但是電信股股價又很牛皮，太穩定有些人不喜歡。電子股還是要注意「門檻」的觀念。這就是巴菲特大師說的「商品型企業」與「消費性壟斷企業」的類似概念（Marry Buffett,2003）[3]。像是台積電、聯電這兩家晶圓代工公司門檻都很高，門檻包含「資金門檻」與「技術門檻」。蓋一座12吋晶圓廠可能要800～1000億台幣，這資金門檻能玩得起的企業並不多，進入障礙很高。若論台積電技術門檻，全世界目前只有三間：台積電、三星、Intel，甚至台積電的5nm現在可說是完全沒有對手，更別提3nm、2nm了。然後面板股則是資金門檻高，但是技術門檻不高。

為何說面板股技術門檻不高？據工程師告訴我面板製程大約只需50道製程，至於IC製造，25nm DRAM製程可能高達700道製程。至於太陽能電池，聽說大約只有10道製程，資金與技術門檻都很低，大陸廠商一窩蜂搶進之後，太陽能就變成紅海市場，大家一起虧損，財務體質欠佳的就先倒閉了。然後本身台灣的太陽能面板廠就很多，更別提大陸的競爭者了，容易變成殺價競爭。

益通(3452)2019年6～11月連續6個月營收爲零，櫃檯買賣中心公告該公司有價證券自2020年1月13日起終止櫃檯買賣。益通2006年上櫃，當年受惠於太陽能電池需求暢旺，2006年股價一度衝上1205元歷史天價，成爲台股股王寶座。股王，14年玩完下市，顯然面對大陸太陽能公司紅海市場，益通並沒有護城河。一張股票120萬，沒幾年就人間蒸發了，不可不愼!!

## 三、殖利率

目前的投資人，相當重視殖利率。企業賺的錢，不一定都會分配給股東，通常金融股賺的錢，能分配50%給股東就不錯了。殖利率的算法如下：

$$殖利率=\frac{配息}{股價}\times 100\%$$

例如聯電2021年7月22日配息1.6元，2021.7.21收盤50.8，殖利率是：

$$聯電殖利率=\frac{1.6}{50.8}\times 100\% = 3.15\%$$

這個殖利率不算很好，在早期銀行利率還在年息1%以上時，相對股市要求6%殖利率比較可接受，目前2021年時銀行定存的年息一般都在1%以下了，相對股市對殖利率的要求，似乎已經將低到5%以下，殖利率低於6%的股票非常多。投資股市有股價下跌風險，這風險就是相對於你想領的利息（殖利率）所需付出的代價。因爲如果沒有風險，2%殖利率也高於銀行一倍，那麼大家都會搶進，殖利率就降低了，所以，高於銀行的殖利率，就是因爲股價存在風險，也是企業經營存在風險。有些方法用殖利率的倒數來反推合理股價。例如用4%~7%殖利率的倒數來反推股價。例如國泰金配息2.5元

$$合理股價=2.5\times\left[\left(\frac{4}{100}\right)^{-1}\sim\left(\frac{7}{100}\right)^{-1}\right]=2.5\times(25\sim14.29)=62.5\sim35.7$$

我們來對照國泰金2021年股價，大致在38~61之間，可見這個算法在金融股有參考價值。

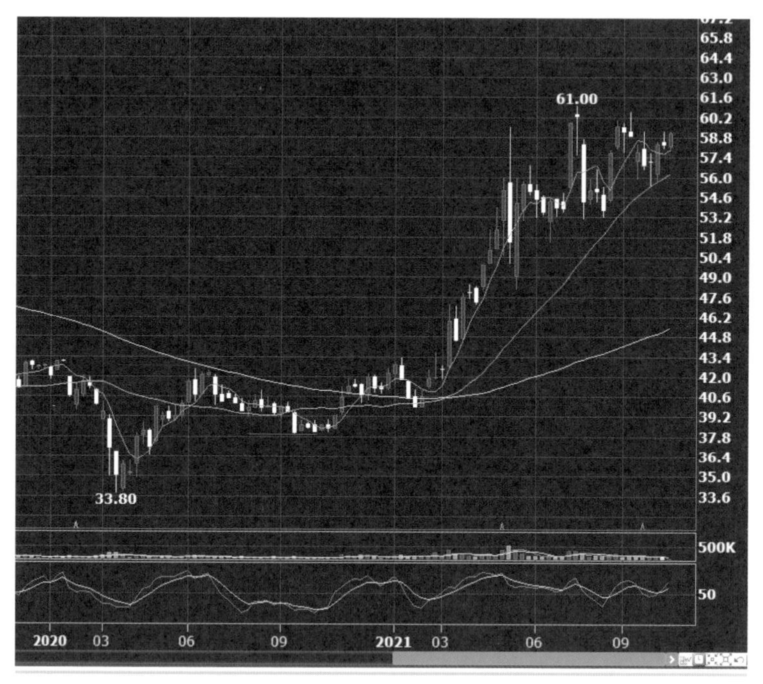


圖1-4：國泰金K線圖　資料來源：元富新環球大亨

再來試算京城銀行（2809）合理股價

$$合理股價=1.8\times\left[\left(\frac{4}{100}\right)^{-1}\sim\left(\frac{7}{100}\right)^{-1}\right]=1.8\times(25\sim14.29)=45\sim25.7$$

2020年以來走勢大約在合理價之內。不過這幾年，銀行利率直直落，一年期定存利息不到1%，推算合理價用7%殖利率已經有點偏高，不容易找到好股。可以用4%~6%來估算合理價。

京城銀合理股價=1.8 × $[(\frac{4}{100})^{-1} \sim (\frac{6}{100})^{-1}]$=1.8×（25~16.67）= 45~30

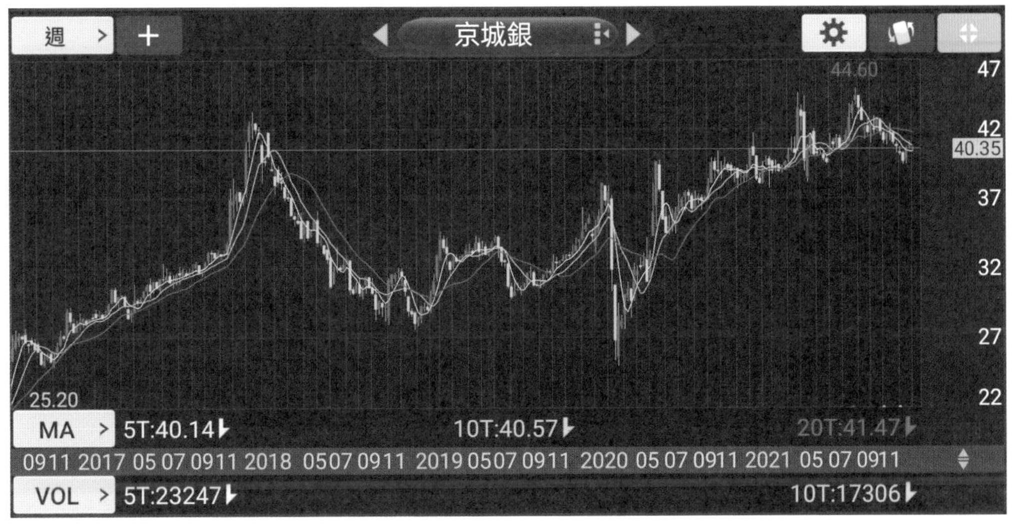


圖1-5：京城銀走勢　資料來源：元富行動達人

所以根據新的銀行利率，我們重新把合理殖利率訂在4~6%，然後反推合理股價，京城銀合理股價是30~45元，那麼當2020年3月新冠肺炎突然來襲時，京城銀瞬間摔到30以下一直到25元，就可以當作是超便宜價大膽買進，果然25.25是這幾年的最低價。有些公司雖然殖利率超過7%甚至10%，但是有可能不是正常本業貢獻。所以，一般正常本業獲利，多數仍然殖利率在4~6%之間。最好用本業獲利的殖利率來推算。

雖然2021年大盤漲到18000點，京城銀eps高達4.9，但是公司只分配現金1.8元，投資人接受的殖利率下限是4%，反推股價到了45就很難突破，K線圖顯示確實到了44.3就變成上半年的最高股價了。由此可見，金融股還真的不少人以殖利率在評估股價，可見台股發展到現在，投資人把殖利率當作股價推估的重要指標。京城銀由於2020年配息率低(36.7%)，股價最高時只到本益比的9倍。

富邦金4月29日發布的殖利率3+1=4高於市場預期，發布完沒多久就從64漲到78，可見目前投資人很重視配息殖利率。

富邦金除息前漲到85.7元，相對應的殖利率是4.6%，應該也是反映投資人對於股票股利興趣不高，若只算現金股利則殖利率是3.5%。

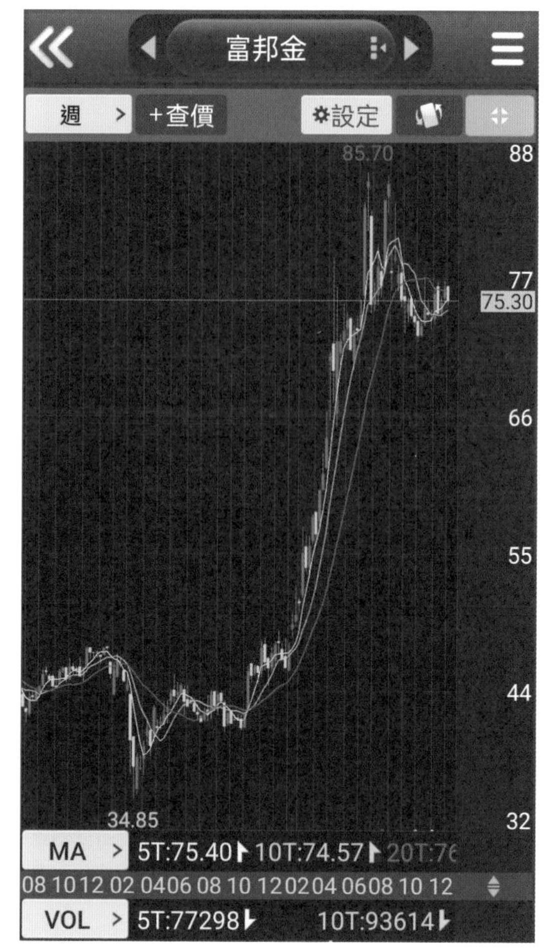


圖1-6：富邦金走勢
資料來源：元富行動達人

表1-3：富邦金股利　資料來源:公開資訊觀測站

| 決議（擬議）進度 | | 股利所屬年(季)度 | | 股利所屬期間 | | | |
|---|---|---|---|---|---|---|---|
| 股東會確認 | | 109年 年度 | | 109/01/01~109/12/31 | | | |
| 董事會決議（擬議）日期 | 股東會日期 | 盈餘分配之現金股利 | 盈餘分配之股票股利 | 法定盈餘公積發放之現金 (元/股) | 資本公積發放之現金 (元/股) | 法定盈餘公積轉增資配股 (元/股) | 資本公積轉增資配股 (元/股) |
| 110/04/29 | 110/06/11 | 3.00 | 0.00 | 0.00 | 0.00 | 0.00 | 1.00 |
| 權利分派基準日 | | 除權/除息交易日 | | 現金股利發放日 | | | |

從以上三檔金融股，讀者可以發現，殖利率推估股價在金融股很有參考價值，而我所舉的例子：富邦金、國泰金、京城銀，這三檔則是2021年上半年金融股eps前三名，本益比都不到10倍，應該是因為金融股配息率偏低的反應，另外原因是成長性也較電子股缺乏。若我們關心與股價的相關性，殖利率的相關性高於eps。殖利率在金融股之外的用法，目前也相當有用，社會大眾普遍接受其合理性，相對於民國79年時，現在散戶似乎已經比經冷靜，太低殖利率（例如3%以下），太高本益比（例如30倍以上）投資人不太會追價了。

## 四、每股淨值

每股淨值=公司淨值(股東權益)÷股數

有些投資人不太重視淨值，但其實淨值這觀念也很重要。例如，2012年力晶科技淨值為負，會被強制下市。旺宏淨值低於5元，變成全額交割股。而力晶下市後，想要重新提出申請上市，規定也是要淨值回到10元以上；淨值在10元以下，依照公司法也不能發現金股利。淨值的算法，一般是用「股東權益」除以股數。例如底下是力晶2015年的年報合併報表「資產負債表」：

表1-4：2015年底力晶的股東權益

| | | |
|---|---|---|
| | 歸屬於母公司業主之權益（附註四、二一及二七） | |
| | 股　本 | |
| 3110 | 普通股股本 | 22,155,992 |
| 3200 | 資本公積 | 208,695 |
| 3350 | 保留盈餘（累積虧損） | 28,754 |
| | 其他權益 | |
| 3410 | 國外營運機構財務報表之兌換差額 | ( 44,475) |
| 3425 | 備供出售金融資產未實現損益 | 149,552 |
| 3400 | 其他權益合計 | 105,077 |
| 3500 | 庫藏股票 | ( 95,735) |
| 31XX | 母公司業主之權益合計 | 22,402,783 |
| 36XX | 非控制權益（附註四及二一） | 792 |
| 3XXX | 權益總計 | 22,403,575 |
| | 負 債 與 權 益 總 計 | $ 51,681,939 |

力晶每股淨值=權益總計/(股本/10)
=224億元/22.156億股
=10.11(元/股)

也就是說力晶下市後，隔了3年，在2015年年底淨值正式回到10元以上。這是很重要的關卡，表示力晶穩住了，可以發股利了，可以重新申請上市。所以淨值回到10元，對股價非常正面，其他長期虧損的股票，若淨值回到10元也是很重要。旺宏也是在2017年辦理減資，主要目的是要讓淨值從5元回到10元。旺宏淨值回到10元後，當年度又大賺，開始配息，對於股價有很大推升作用，可見，淨值是非常重要的。

****************** 公開資訊觀測站重大訊息公告 **********************

(2337)旺宏-公告本公司減資彌補虧損案變更登記完成

1.主管機關核准減資日期:106/06/26

2.辦理資本變更登記完成日期:106/07/07

3.對財務報告之影響(含實收資本額與流通在外股數之差異與對每股淨值之影響):

| | 實收資本額 | 流通在外股數 | 每股淨值 |
|---|---|---|---|
| 減資前 | 36,710,023,300 | 3,671,002,330 | 5.07 |
| 減資後 | 18,058,953,030 | 1,805,895,303 | 10.31 |

減資用意突破10元

五、減資換發股票預計日程:

(1)減資換股基準日:106/08/21

(2)舊股票市場最後交易日:106/08/14

(3)舊股票市場暫停交易期間:106/08/15~106/08/26

(4)舊股票最後過戶日:106/08/16

(5)舊股票停止過戶期間:106/08/17~106/08/26

(6)新股票換發及上市買賣日(舊股票終止上市日):106/08/28

***********************************************************************

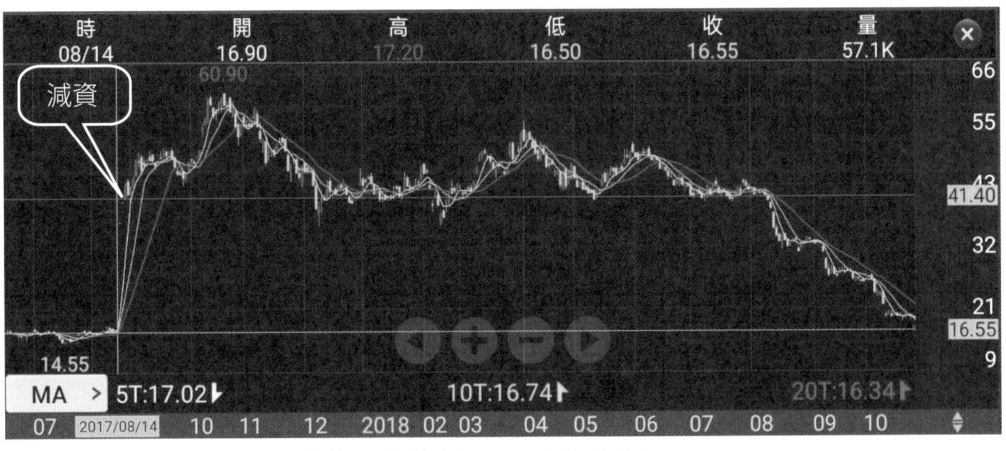


圖1-7:旺宏減資前後股價走勢　資料來源:元富行動達人

旺宏於2017年8月減資前股價16.55，減資後淨值爲10.31，脫離全額交割股，搭配景氣回升好轉，Nor Flash大賺，2017年Q3 eps大賺1.2元，2個月就上攻到60.9元，這除了景氣好轉之外，減資提升淨值到10元以上，也有很大幫助。

淨值不到5元會被處分爲全額交割股，淨值除了直接影響買賣方式，淨值也代表股東權益，如果每一年獲利都100%發給股東，淨值就不會增加。假設賺100億，發出股利70億，剩下的30億，爲保留盈餘，會增加淨值。所以，企業獲利可能以股利發放掉（現金流失了），沒發放的，計入淨值。所以如果某公司淨值50，那代表這公司過去應該很會賺錢。淨值100，那代表公司不只很會賺，而且持續賺很久了，才能有很漂亮的淨值。所以股價淨值比，常常也被投資者作爲評估股價的指標。黃嘉斌(2021,p.113)[2]建議選股時股價淨值比（PBR）要小於2倍比較好。

## 股價淨值比（Price-Book-Ratio, PBR）

股價淨值比又稱爲PBR，字面意義解釋就是股價相對於每股淨值的比例，表示這間公司的最新股價是淨值的幾倍。當然，股價淨值比是越低越好，不過市場會評估產業競爭力，有競爭力的公司，投資人當然給的PBR就比較高。像是台積電2021年7月股價583，淨值74.7，PBR爲7.8倍，本益比爲28倍，都屬偏高，這是投資人對其未來競爭力有信心，台積電殖利率也很低，以股價583計，殖利率只有3.6%。 這些數據多顯示市場投資人對其未來競爭力非常看好。

至於金融股一向PBR都偏低，2021年7月 富邦金PBR才1.07，京城銀PBR是0.95，市場給予金融股的PBR一向不高，原因是：

1. 金融股配息率偏低
2. 金融股成長性不足
3. 配息率偏低導致淨值表現不錯，分母偏高，PBR倍數就比較低。

其實對於轉機股，如果繼續經營沒有重大疑慮，股價淨值比低於1的股票，倒是可好好研究，例如2016年Q2當我注意到旺宏時，那時股價跌到2.11元，投資者信心快崩潰時，淨值還有4.63，股價淨值比不到0.5，這時可以好好研究這家公司是否能轉虧為盈？當轉虧為盈時，漲幅一定是以「倍」為單位而不是以「%」來計算。

# 第2章　如何看懂四大報表

我年輕時投資談不上很認眞，績效也不是很好只有小賺，本錢也不夠，大約到了2014年在鉅亨網力晶吧認識股友，股友建議我讀會計學，我自學之後績效大爲提升。

剛開始投資時，我以爲會計學只是記帳，公司收到多少錢支出多少錢之類，我以爲只是無聊的流水帳，當我買了一本會計學（杜榮瑞，2012）[1]，才發現如獲至寶！居然原先看不懂的財報，就可以讀懂了。因爲會計學章節架構就是在導引讀者看懂財報，我發現原來我對會計學存在誤解，不是只有記帳而已，會計學基本上是討論一家公司的所有資產、負債、現金、借款、資本支出、營收、獲利……，對於想要投資股票獲利的人，最好能眞正讀懂「會計學」，這樣才能眞正讀懂一家公司的財務報表。讀懂了公司的四大報表，這是買賣股票非常重要的基本功。

我總共買了3本會計學的書，發現台大教授杜榮瑞教授四人合寫的那本最容易讀懂。這本書(p.15)一開頭寫：

**會計恆等式（accounting equation）：**

**資產＝負債＋權益**

**資產－負債＝權益**

我發現全書大概只有一個公式，比學理工容易許多。這個權益(equity)就是股東權益，也就是「淨值」的意思（黃嘉斌，2021）。從會計恆等式開始，我靠著自學大約可以讀懂八成的內容，這樣要看股市的財務報表，基本上是足夠了。股票的財務報表一般號稱有四大報表，其中第三個「權益變動表」我感覺可以不看，因爲權益在前面的第一個「資產負債表」也可以看到。我認為投資股票，主要你若能看懂三個報表就可以大致掌握公司狀況，如下：

1. 資產負債表
2. 綜合損益表
3. 現金流量表

如果能好好讀懂這三個表，則容易賺錢，至於半導體類股有景氣循環特性，競爭很激烈，要特別注意現金流量表，尤其「折舊」一項要特別注意，第3章我再來提折舊。我是教育人員退休，我看到很多同事投資股票虧損，因為我們不懂財報，而且處於產業信息最末端，但是我發現我可以看懂財報之後，投資績效進步很多，底下簡單說明這三大報表。

## 一、資產負債表

有些公司轉投資不多，可以直接看「個體資產負債表」，有些大公司例如力晶科技有轉投資晶合集成，則要看「合併資產負債表」，通常大型公司會有許多轉投資或者子公司，就選擇直接看合併報表。財務報表通常在每年四月公司會編出來，可以到公開資訊觀測站(https:// mops.twse.com.tw/mops/web/index)下載，有時公司網站多半也都會有。俗語說「漲時重勢，跌時重質」，漲時多多參考eps，跌時就要好好看財報。景氣很差時，更要仔細看財報，在很低價時判斷公司能否熬過寒冬。 如果是下跌中或虧損當中的股票，財務體質就很重要。例如民國104年力晶的財報：

表2-1：力晶科技2015年資產負債表　資料來源：力晶年報

| 代碼 | 負債及權益 | 104年12月31日 金額 | % | 103年12月31日（調整後並經查核）金額 | % | 103年1月1日（調整後並經查核）金額 | % |
|---|---|---|---|---|---|---|---|
| | 流動負債 | | | | | | |
| 2100 | 短期借款 | $ - | - | $ - | - | $ 119,972 | - |
| 2120 | 透過損益按公允價值衡量之金融負債－流動（附註四、七及三一） | 11,143 | - | 21,714 | - | 6,484 | - |
| 2170 | 應付帳款－非關係人（附註三一） | 2,726,012 | 5 | 2,578,397 | 6 | 2,344,978 | 5 |
| 2180 | 應付帳款－關係人（附註三二） | - | - | - | - | 2,292 | - |
| 2213 | 應付設備款（附註三一） | 448,663 | 1 | 614,559 | 1 | 1,204,931 | 3 |
| 2219 | 其他應付款（附註四、十七、三一及三二） | 3,259,898 | 6 | 3,031,084 | 6 | 2,756,585 | 6 |
| 2230 | 本期所得稅負債（附註四、五及二四） | 262 | - | 41,916 | - | 270 | - |
| 2250 | 負債準備－流動（附註四、五、十九及三二） | 305,084 | 1 | 262,342 | 1 | 106,710 | - |
| 2311 | 預收款項（附註三二） | 1,137,697 | 2 | 1,020,453 | 2 | 949,243 | 2 |
| 2305 | 存入保證金（附註三一及三四） | - | - | 99,437 | - | 144,624 | 1 |
| 2320 | 一年內到期之長期借款（附註十六、三一及三三） | 6,396,973 | 12 | 21,770,142 | 46 | 4,158,277 | 9 |
| 2355 | 應付租賃款－流動（附註四、十八及三一） | 559,626 | 1 | 243,147 | 1 | 130,937 | - |
| 2399 | 其他流動負債 | 224,549 | 1 | 198,257 | - | 130,816 | - |
| 21XX | 流動負債總計 | 15,069,907 | 29 | 29,881,448 | 63 | 12,056,119 | 26 |
| | 非流動負債 | | | | | | |
| 2540 | 長期借款（附註十六、三一及三三） | 9,032,451 | 18 | 1,433,872 | 3 | 29,903,295 | 64 |
| 2570 | 遞延所得稅負債－非流動（附註四、五及二四） | 1,683,455 | 3 | 1,387,515 | 3 | 1,005,498 | 2 |
| 2612 | 長期應付款（附註三一） | 49,740 | - | 94,956 | - | - | - |
| 2613 | 應付租賃款－非流動（附註四、十八及三一） | 1,954,986 | 4 | 653,802 | 1 | 667,387 | 1 |
| 2640 | 淨確定福利負債－非流動（附註四、五及二十） | 1,479,344 | 3 | 1,335,842 | 3 | 1,191,239 | 3 |
| 2645 | 存入保證金（附註三一、三二及三四） | 8,481 | - | 19,536 | - | 4,637 | - |
| 25XX | 非流動負債總計 | 14,208,457 | 28 | 4,925,523 | 10 | 32,772,056 | 70 |
| 2XXX | 負債總計 | 29,278,364 | 57 | 34,806,971 | 73 | 44,828,175 | 96 |
| | 歸屬於母公司業主之權益（附註四、二一及二七） | | | | | | |
| | 股　本 | | | | | | |
| 3110 | 普通股股本 | 22,155,992 | 43 | 22,160,960 | 47 | 22,161,753 | 48 |
| 3200 | 資本公積 | 208,695 | - | 203,463 | - | 186,674 | - |
| 3350 | 保留盈餘（累積虧損） | 28,754 | - | ( 10,051,337 ) | ( 21 ) | ( 21,895,500 ) | ( 47 ) |
| | 其他權益 | | | | | | |
| 3410 | 國外營運機構財務報表之兌換差額 | ( 44,475 ) | - | ( 49,155 ) | - | ( 278,970 ) | ( 1 ) |
| 3425 | 備供出售金融資產未實現損益 | 149,552 | - | 616,653 | 1 | 225,061 | 1 |
| 3400 | 其他權益合計 | 105,077 | - | 567,498 | 1 | ( 53,909 ) | - |
| 3500 | 庫藏股票 | ( 95,735 ) | - | ( 95,651 ) | - | ( 95,586 ) | - |
| 31XX | 母公司業主之權益合計 | 22,402,783 | 43 | 12,784,933 | 27 | 303,432 | 1 |
| 36XX | 非控制權益（附註四及二一） | 792 | - | 5,624 | - | 1,476,645 | 3 |

力晶公司民國104年(2015)的財報中「權益」224億，股本221億，淨值爲10.1元，已經具備重新申請上市條件，而且也代表民國105年慢慢可以準備發股利了。這時看到權益（淨值）就很重要，關注是否超過10元。另外當時未上市的力晶，104年比103年負債減少56億（348→292），也代表力晶財務體質逐步轉佳。這些都是投資力晶股票很重要資訊。

資產方面，我都先看「現金及約當現金」，這個現金越多就表示越有本事發現金股利，但是還有搭配一年內到期的負債，現金多負債少那就越能發出現金股利。

關於負債，我們可以多關注長期與短期債務，上表力晶短期借款爲0，「一年內到期之長期借款」217億變成64億，減少153億，代表一年內沒什麼財務壓力或者說壓力已減輕很多。長期借款通常指一年以上還款期限，14億變成90億增加76億，這可能是力晶公司辦理債務展延或者是借新還舊。力晶公司下市才3年，從資產負債表可得知，已經還掉許多債務，存活下來已經沒有疑慮。我們看看下圖2-1，對於民國102年報的力晶，會計師寫道：「惟繼續經營能力仍存有重大疑慮」

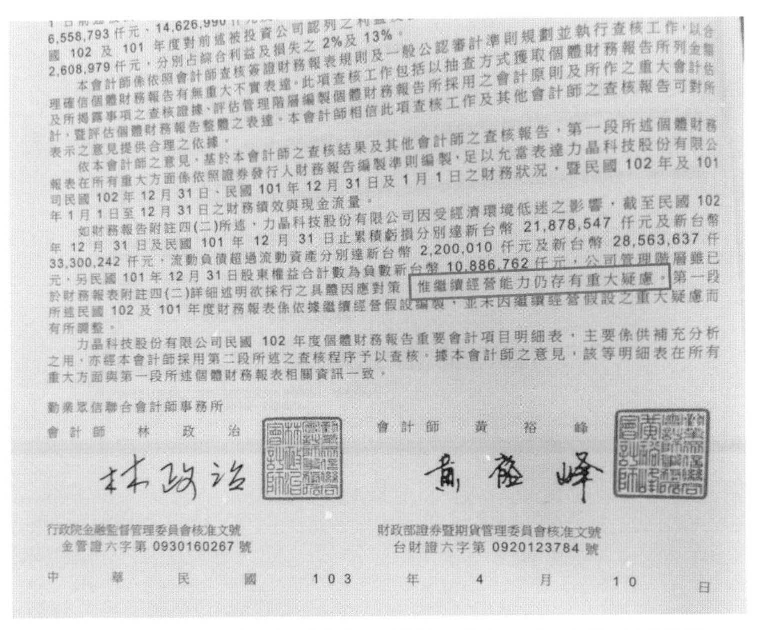

6,558,793 仟元、14,626,990 仟元……
國 102 及 101 年度對前述被投資公司認列之……
2,608,979 仟元，分別占綜合利益及損失之 2%及 13%。

本會計師係依照會計師查核簽證財務報表規則及一般公認審計準則規劃並執行查核工作，以合理確信個體財務報告有無重大不實表達。此項查核工作包括以抽查方式獲取個體財務報告所列金額及所揭露事項之查核證據、評估管理階層編製個體財務報告所採用之會計原則及所作之重大會計估計，暨評估個體財務報告整體之表達。本會計師相信此項查核工作及其他會計師之查核報告可對所表示之意見提供合理之依據。

依本會計師之意見，基於本會計師之查核結果及其他會計師之查核報告，第一段所述個體財務報表在所有重大方面係依照證券發行人財務報告編製準則編製，足以允當表達力晶科技股份有限公司民國 102 年 12 月 31 日、民國 101 年 12 月 31 日及 1 月 1 日之財務狀況，暨民國 102 年及 101 年 1 月 1 日至 12 月 31 日之財務績效與現金流量。

如財務報告附註四(二)所述，力晶科技股份有限公司因受經濟環境低迷之影響，截至民國 102 年 12 月 31 日及民國 101 年 12 月 31 日止累積虧損分別達新台幣 21,878,547 仟元及新台幣 33,300,242 仟元，流動負債超過流動資產分別達新台幣 2,200,010 仟元及新台幣 28,563,637 仟元，另民國 101 年 12 月 31 日股東權益合計數為負數新台幣 10,886,762 仟元，公司管理階層雖已於財務報表附註四(二)詳細述明欲採行之具體因應對策，惟繼續經營能力仍存有重大疑慮。第一段所述民國 102 及 101 年度財務報表係依據繼續經營假設編製，並未因繼續經營假設之重大疑慮而有所調整。

力晶科技股份有限公司民國 102 年度個體財務報告重要會計項目明細表，主要係供補充分析之用，亦經本會計師採用第二段所述之查核程序予以查核。據本會計師之意見，該等明細表在所有重大方面與第一段所述個體財務報表相關資訊一致。

勤業眾信聯合會計師事務所

會計師 林政治　　會計師 黃裕峰

行政院金融監督管理委員會核准文號
金管證六字第 0930160267 號

財政部證券暨期貨管理委員會核准文號
台財證六字第 0920123784 號

中華民國 103 年 4 月 10 日

圖2-1：103.4.10會計師對力晶科技民國102年度的查核報告

杜榮瑞等人（2012）在其書中22頁提到會計假設第一假設是「企業個體假設」，即假設企業和業主（指我們股東）是兩個不同個體。第二個假設就是「繼續經營假設」。會計師只能說仍有繼續經營有重大疑慮，但是仍應依繼續經營假設來檢核財報。103年（2014年）當我們看到2013年的年報出來，力晶公司一些負債數據及獲利都明顯改善（每股賺5.21元），雖然會計師沒有把「惟繼續經營能力仍存有重大疑慮」這句話拿掉，我記得當時力晶未上市行情已經來到7元。有經驗的投資人漲到7元，還是在搶進股票，此時離下市才一年多股價已經漲25倍，不過漲勢還沒結束啦，到了2020年12月上興櫃時，再隔6年多，還可再漲10倍，只不過這中間漲跌還是很多曲折。想想李白的詩，還眞應景：

朝辭白帝彩雲間
千里江陵一日還
兩岸猿聲啼不住
輕舟已過萬重山

這過程（2014年年初），不懂財報的人，還在迷惑之中，還在半信半疑之中，這股價可是不等人的——你還在半信半疑，一堆人還在討論甚至七嘴八舌起爭執，輕舟已過萬重山，股價4-7-11-20-35-50-75元……萬重山。

我們可以再參考「現金流量表」，民國104年營業活動有現金147億進帳，一年內到期的債務才64億，這明顯力晶公司已經脫離財務窘境，其債務呈現逐漸下降趨勢，後續股價呈現很大上漲潛力，當時股價已來到大約在10~15元之間。民國104年距離下市3年，下市後尚未發過股利，由於財務狀況穩住，漸漸脫離險境，以未上市流通的最低股價10元計算，股價已經上漲30倍，10元價位在當時的未上市行情，其實很容易賣出，所以這也驗證了「跌時重質」的俗語，常常跌到淨值就跌不下去。對這些財務品質，有興致的讀者，可以進一步查閱「流動比」與「速動比」的定義，這些都是某個項目與「流動負債」的比值，可以檢驗公司是否有財務危機。

## 表2-2：民104年度力晶的現金流量表

力晶科技股份有限公司及子公司

合併現金流量表

民國 104 年及 103 年 1 月 1 日至 12 月 31 日

單位：新台幣仟元

| 代碼 | | 104 年度 | 103 年度（調整後） |
|---|---|---|---|
| | 營業活動之現金流量 | | |
| A10000 | 本年度稅前淨利 | $ 9,818,933 | $12,176,545 |
| A20000 | 不影響現金流量之收益費損項目： | | |
| A20100 | 折舊費用 | 2,550,340 | 2,406,942 |
| A20200 | 攤銷費用 | 758,114 | 726,993 |
| A20300 | 呆帳損失 | 158 | - |
| A20400 | 透過損益按公允價值衡量金融資產及負債之淨（利益）損失 | ( 11,590) | 13,977 |
| A20900 | 利息費用 | 717,622 | 959,590 |
| A21200 | 利息收入 | ( 15,368) | ( 22,525) |
| A21300 | 股利收入 | ( 114,397) | ( 77,926) |
| A22300 | 採用權益法認列之關聯企業損失（利益）份額 | 1,689 | ( 147,168) |
| A22500 | 處分及報廢不動產、廠房及設備淨益 | ( 661) | ( 1,944) |
| A22900 | 處分其他資產利益 | ( 13,088) | - |
| A23100 | 處分投資淨益 | ( 335,612) | ( 2,141,717) |
| A23500 | 金融資產減損損失 | 75,121 | 41,173 |
| A24000 | 已實現銷貨利益 | ( 93) | ( 110) |
| A24100 | 外幣兌換淨損 | 98,333 | 107,577 |
| A29900 | 負債準備提列數 | 42,742 | 155,632 |
| A29900 | 存貨呆滯及跌價損失迴轉數 | ( 68,815) | ( 21,581) |
| A29900 | 押金設算利息收入 | 66 | 14 |
| A29900 | 押金設算利息費用 | ( 11) | ( 26) |
| A30000 | 營業資產及負債之淨變動數 | | |
| A31150 | 應收帳款減少（增加） | 1,404,857 | ( 2,607,404) |
| A31180 | 其他應收款增加 | ( 335,904) | ( 3,511) |
| A31200 | 存貨增加 | ( 156,074) | ( 470,969) |
| A31230 | 預付款項（增加）減少 | ( 42,199) | 5,250 |
| A31240 | 其他流動資產（增加）減少 | ( 286) | 6,832 |
| A32150 | 應付帳款增加 | 147,616 | 231,127 |
| A32180 | 其他應付款增加 | 121,615 | 208,988 |
| A32210 | 預收款項增加 | $ 117,243 | $ 71,210 |
| A32200 | 應計退休金負債減少 | ( 60,093) | ( 48,213) |
| A32230 | 其他流動負債增加 | 27,110 | 154,911 |
| A33000 | 營運產生之淨現金流入 | 14,727,368 | 11,723,667 |
| A33100 | 收取之利息 | 14,613 | 23,307 |
| A33500 | 支付之所得稅 | ( 43,320) | ( 9,937) |
| AAAA | 營業活動之淨現金流入 | 14,698,661 | 11,737,037 |

會計師在2012及2013年的查核報告仍提出「繼續經營有疑慮」意見，到2015年已經看不見這段話。當力晶淨值2015年年底回到10元以後，股價能漲到多少？市場注意重點慢慢就依重eps了，到了2021年半導體景氣空前大好，分割後上興櫃的力積電股價多在60～80之間游走，所以俗話說「漲時重勢、跌時重質」。

力晶股票分割後仍在未上市的力晶科技股價大約在35～45元之間，力晶花了8年股價大約漲了200倍，若加上配息配股就不止200倍了。如果你自己能看懂資產負債表，在這個股價變化過程你比較能做出正確決策。對於景氣循環比較明顯的股票，例如面板股，除了看負債也要看資產，因爲會計恆等式第一條就是：

資產＝負債＋股東權益（淨值）
股東權益＝資產－負債

2020年3月新冠肺炎開始肆虐時，台股、美股天天重挫，2019已經跌得七葷八素，友達、群創繼續跌，該如何是好？以前我只買友達不買群創，但是到了2020年年初，友達股價都高於群創，我看完財報後發現此時應該選群創，而不是按照以前習慣買友達。爲何2020年3月，這次我只買群創？因爲群創淨值23.4，群創淨值高於友達的17.8元。

當時報紙都報導友達市值約500億，買下友達可以得到現金768億，但是友達「現金及約當現金768億」，其實相對的長期借款負債很高——有1092億。而群創帳上現金雖是比較少只有359億，群創的長短期借款加上公司債也才294億，因此兩相比較，其實友達財務體質比群創差。**在那段長期下跌又碰到新冠肺炎不知何時能出隧道口重見光明的日子，跌時重質，應該選淨值比較高，負債比較少的群創。**

表2-3：群創、友達2020年Q1財務比較

| 股票 | 淨值 | 現金及約當現金(億) | 長短期借款（億）及公司債 |
| --- | --- | --- | --- |
| 友達 | 17.8 | 767.9 | 1107 |
| 群創 | 23.4 | 358.9 | 290 |
| 評比：財務體質　群創 勝 | | | |

表2-4：友達2020年Q1長期借款

資料來源：友達財報2000 Q1

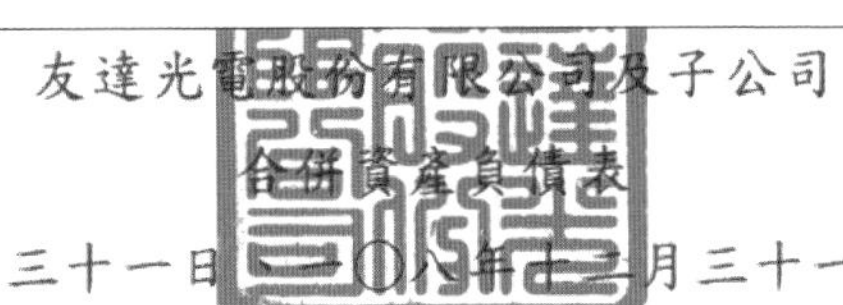
友達光電股份有限公司及子公司

合併資產負債表

三十一日、一〇八年十二月三十一日及三月三十一日

| 108.3.31 金額 | % | | 負債及權益 | 109.3.31 金額 | % |
|---|---|---|---|---|---|
| | | | 流動負債： | | |
| 68,620,058 | 17 | 2100 | 短期借款(附註六(十三)) | $ 1,475,384 | 1 |
| | | | 透過損益按公允價值衡量之金融負債 | | |
| 1,696,733 | - | 2120 | 一流動(附註六(二)) | 23,874 | - |
| 40,469,320 | 10 | 2170 | 應付帳款 | 41,114,612 | 11 |
| 1,869,954 | - | 2180 | 應付關係人帳款(附註七) | 6,327,973 | 2 |
| 22,763 | - | 2213 | 應付設備及工程款(附註七) | 4,600,058 | 1 |
| 53,618 | - | 2220 | 其他應付款一關係人(附註七) | 51,117 | - |
| 27,362,194 | 7 | 2230 | 本期所得稅負債 | 1,312,081 | - |
| 1,546,077 | - | 2250 | 負債準備一流動(附註六(十五)) | 660,797 | - |
| 3,044,059 | 1 | 2280 | 租賃負債一流動(附註六(九)) | 596,619 | - |
| 144,684,776 | 35 | 2399 | 其他流動負債 | 16,302,125 | 4 |
| | | 2322 | 一年內到期長期借款(附註六(十四)及八) | 10,808,319 | 3 |
| | | | | 83,272,959 | 22 |
| 7,008,560 | 2 | | 非流動負債： | | |
| 6,348,145 | 2 | 2540 | 長期借款(附註六(十四)及八) | 109,230,073 | 28 |
| 220,144,330 | 52 | 2550 | 負債準備一非流動(附註六(十五)) | 1,023,613 | - |
| 12,945,977 | 3 | 2570 | 遞延所得稅負債 | 3,180,208 | 1 |

當時是面板景氣轉壞的第3年，市場對面板未來相當悲觀，不知何時能見天日，我發現群創財務體質比較好淨值也比較高，我也發現群創營運現金還是淨流入，只要減少資本資出，再撐個5年沒問題，所以我願意賭景氣將來好轉，只要肯等待。我在2020年只買群創，放棄了以前常買的友達。後來群創漲幅確實高於友達，2020年3月底到2021年4月底，**經過13個月時間群創漲了6.7倍**，漲幅也是很可觀，友達只漲5.8倍。

重新查詢　說明

總損益:-47,557 筆數:13(頁次 1/1)

| 明細 | 股票名稱 | 類別 | 股數 | 成交均價 | 投資成本 | 融資金額 |
|---|---|---|---|---|---|---|
| | 鑽全 | 現股 | 4,000 | 40.38 | 161,529 | 0 |
| | 春雨 | 現股 | 2,000 | 16.97 | 33,948 | 0 |
| | 聯電 | 現股 | 11,000 | 15.29 | 168,212 | 0 |
| | 仁寶 | 現股 | 33,000 | 17.6 | 580,935 | 0 |
| | 敦陽科 | 現股 | 4,000 | 54.19 | 216,754 | 0 |
| | 京城銀 | 現股 | 50,000 | 32.76 | 1,637,757 | 0 |
| | 新光金 | 現股 | 30,009 | 8.36 | 250,958 | 0 |
| | 欣銓 | 現股 | 5,000 | 22.8 | 113,993 | 0 |
| | 群創 | 現股 | 66,000 | 6.15 | 405,921 | 0 |

圖2-2：2020群創均價6.15

表2-5：群創2020年Q1長期借款

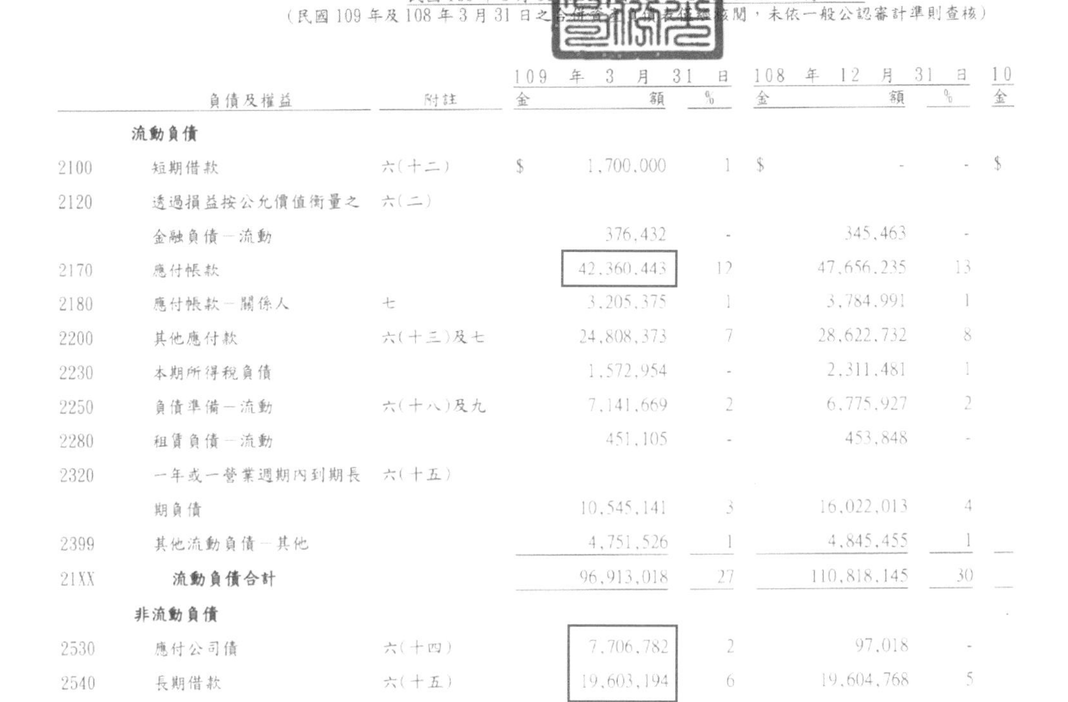

群創光電[illegible]及子公司

合[illegible]表

民國109年3月31[illegible]31日、3月31日

（民國109年及108年3月31日之合[illegible]閱，未依一般公認審計準則查核）

| | 負債及權益 | 附註 | 109年3月31日 金額 | % | 108年12月31日 金額 | % | 10 金 |
|---|---|---|---|---|---|---|---|
| | 流動負債 | | | | | | |
| 2100 | 短期借款 | 六(十二) | $ 1,700,000 | 1 | $ - | - | $ |
| 2120 | 透過損益按公允價值衡量之金融負債－流動 | 六(二) | 376,432 | - | 345,463 | - | |
| 2170 | 應付帳款 | | 42,360,443 | 12 | 47,656,235 | 13 | |
| 2180 | 應付帳款－關係人 | 七 | 3,205,375 | 1 | 3,784,991 | 1 | |
| 2200 | 其他應付款 | 六(十三)及七 | 24,808,373 | 7 | 28,622,732 | 8 | |
| 2230 | 本期所得稅負債 | | 1,572,954 | - | 2,311,481 | 1 | |
| 2250 | 負債準備－流動 | 六(十八)及九 | 7,141,669 | 2 | 6,775,927 | 2 | |
| 2280 | 租賃負債－流動 | | 451,105 | - | 453,848 | - | |
| 2320 | 一年或一營業週期內到期長期負債 | 六(十五) | 10,545,141 | 3 | 16,022,013 | 4 | |
| 2399 | 其他流動負債－其他 | | 4,751,526 | 1 | 4,845,455 | 1 | |
| 21XX | 流動負債合計 | | 96,913,018 | 27 | 110,818,145 | 30 | |
| | 非流動負債 | | | | | | |
| 2530 | 應付公司債 | 六(十四) | 7,706,782 | 2 | 97,018 | - | |
| 2540 | 長期借款 | 六(十五) | 19,603,194 | 6 | 19,604,768 | 5 | |

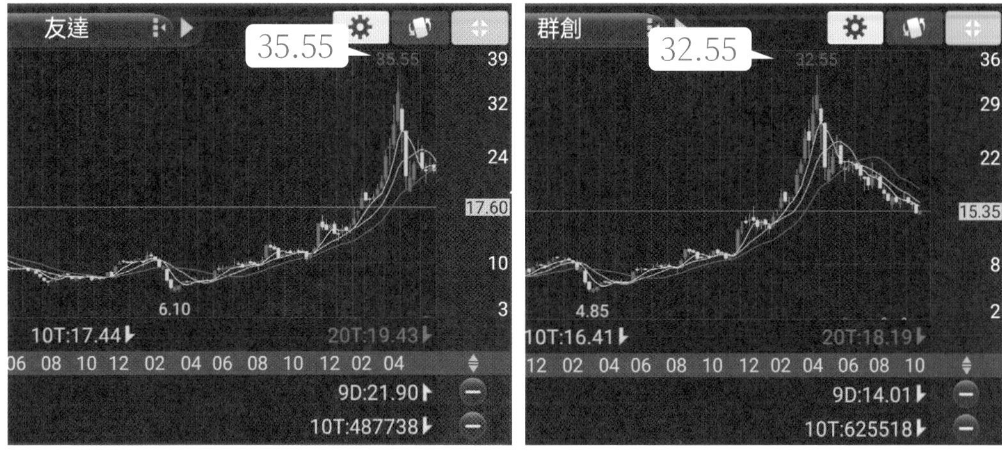


圖2-3：友達6.1漲到35.55漲5.83倍　　圖2-4：群創4.85漲到32.55漲6.7倍

資料來源：元富行動達人

對於偏好定存股的人，喜歡穩定領股利，一般會挑選金融股，但是其實產業股當中，也可以挑選負債比率低的，例如我常買的敦陽科技（2480）、福興（9924），都是負債比很低。

表2-6：敦陽科財報顯示都沒有銀行借款

敦陽科技 [illegible] 公司(續)

民國一一〇年六月三十日、[illegible] 一日及一〇九年六月三十

(民國一一〇年及一〇九年六 [illegible] 未依一般公認審計準則查

| 代碼 | 負債及權益<br>項目 | 附註 | 一一〇年六月三十日<br>金額 | % |
|---|---|---|---|---|
| | 流動負債 | | | |
| 2100 | 銀行借款 | 四、六.11及十二 | $ - | - |
| 2130 | 合約負債-流動 | 四及六.15 | 1,220,128 | 22 |
| 2150 | 應付票據 | 十二 | 2,039 | - |
| 2170 | 應付帳款 | 十二 | 754,880 | 14 |
| 2200 | 其他應付款 | 十二 | 701,294 | 13 |
| 2230 | 本期所得稅負債 | 四及六.21 | 79,219 | 1 |
| 2250 | 負債準備 | 六.12 | 20,643 | - |
| 2280 | 租賃負債-流動 | 四及六.17 | 13,429 | - |
| 2399 | 其他流動負債 | | 54,273 | 1 |
| 21xx | 流動負債合計 | | 2,845,905 | 51 |
| | 非流動負債 | | | |
| 2570 | 遞延所得稅負債 | 四及六.21 | 50,834 | 1 |
| 2580 | 租賃負債-非流動 | 四及六.17 | 16,949 | - |
| 2640 | 淨確定福利負債-非流動 | 四 | 34,914 | 1 |
| 2645 | 存入保證金 | 十二 | 3,113 | - |
| 25xx | 非流動負債合計 | | 105,810 | 2 |
| 2xxx | 負債合計 | | 2,951,715 | 53 |
| 31xx | 歸屬於母公司業主之權益 | 六.14 | | |
| 3100 | 股本 | | | |
| 3110 | 普通股股本 | | 1,063,603 | 19 |
| 3200 | 資本公積 | | 166,514 | 3 |
| 3300 | 保留盈餘 | | | |
| 3310 | 法定盈餘公積 | | 833,911 | 15 |
| 3320 | 特別盈餘公積 | | 62,079 | 1 |
| 3350 | 未分配盈餘 | | 496,035 | 9 |
| | 保留盈餘合計 | | 1,392,025 | 25 |
| 3400 | 其他權益 | | 30,971 | - |
| 3xxx | 權益合計 | | 2,653,113 | 47 |
| | 負債及權益總計 | | $ 5,604,828 | 100 |

(請參閱合併財務報告附註)

敦陽科的短期借款與長期借款幾乎都是0，並且它的資本支出很低，所以配息率已經連續10年高於9成，加上這幾年eps都能微幅增加，是不錯的長期投資標的。選擇這種低負債的公司，搭配一些金融股，是存股族不錯的選擇，退休後可以安心過日子，專心顧身體、養生。

## 二、綜合損益表

所謂「漲時重勢、跌時重質」，在上漲階段大多頭時代重氣勢，氣勢一般就看獲利能力eps。例如台積電2020年大多頭，eps呈現上揚，股價漲過600元。世界先進半導體2020年獲利揚升，觀看其綜合損益表，獲利多半是晶圓代工本業獲利，毛利率34%，eps3.85元（表2-7），2020年配息3.2元，財報呈現各種利多將股價推上100元，市場給予很高本益比。由於晶圓代工各家公司普遍供不應求，股價延續到2021年不斷越拉越高。2021年8月世界先進股價再度創新高，突破146元（8月5日），2021年9月13日衝到177元，這氣勢主要是2021年半年報公布H1賺2.94元，營收也不斷創新高，並且世界先進配息呈現穩定上升趨勢（圖2-6），所以市場給了本益比將近25倍。

## 表2-7：世界先進公司民國109年財報顯示獲利主要是本業

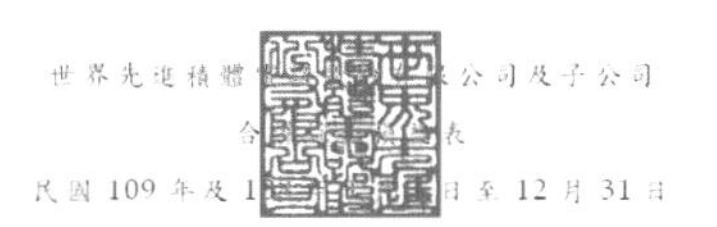

世界先進積體[illegible]公司及子公司

合[illegible]表

民國 109 年及 1[illegible]日至 12 月 31 日

單位：新台幣仟元，惟每股盈餘為元

| 代碼 | | 109年度 金額 | % | 108年度 金額 | % |
|---|---|---|---|---|---|
| 4000 | 營業收入淨額（附註四、十一、十七、二五及三二） | $ 33,131,202 | 100 | $ 28,286,072 | 100 |
| 5000 | 營業成本（附註四、十三、二六及三二） | 21,874,918 | 66 | 17,953,285 | 63 |
| 5900 | 營業毛利 | 11,256,284 | 34 | 10,332,787 | 37 |
| | 營業費用（附註二六及三二） | | | | |
| 6100 | 推銷費用 | 379,271 | 1 | 326,739 | 1 |
| 6200 | 管理費用 | 1,664,417 | 5 | 1,351,092 | 5 |
| 6300 | 研究發展費用 | 1,796,390 | 6 | 1,745,567 | 6 |
| 6000 | 營業費用合計 | 3,840,078 | 12 | 3,423,398 | 12 |
| 6900 | 營業淨利 | 7,416,206 | 22 | 6,909,389 | 25 |
| | 每股盈餘（附註二八） | | | | |
| 9750 | 基本 | $ 3.85 | | $ 3.58 | |
| 9850 | 稀釋 | $ 3.81 | | $ 3.54 | |

後附之附註係本合併財務報告之一部分。

董事長：  經理人： 會計主管： 

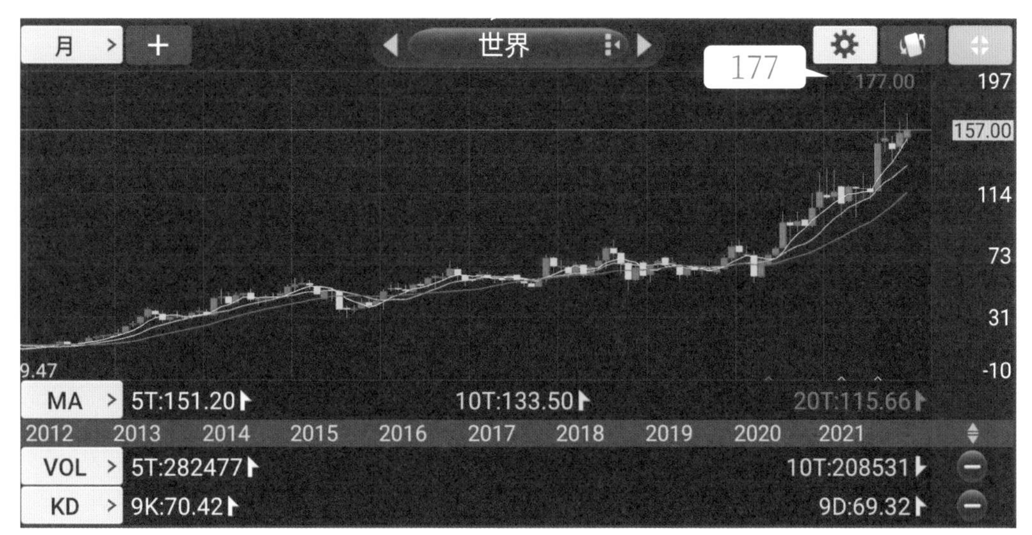


圖2-5：2021年世界先進股價屢創新高　資料來源：元富行動達人

漲時重勢，eps主要就是看第二份報表「綜合損益表」。綜合損益表，一般會關心毛利率，比如2021年Q2聯電毛利率衝過30%，市場也很驚艷，財報出來之後，股價就狂奔到72元。綜合損益表一般人應該都看得懂，稱不上很艱澀，讀者比較應該關心的是，個別企業的**獲利是來自於本業或者業外？**這要特別注意。如果是處分資產（賣股分或者賣掉舊廠房之類），有時瞬間拉高eps，這樣股價還是會漲，但是若因爲處分資產原因而衝進去追高，是比較風險高一點，因爲獲利可能難以持久。還有我們要注意半導體這產業因爲應用廣，長遠看是仍在高度成長，Digitimes估算未來五年年均複合增長率（Compound Average Growth Rate，CAGR）有9.6%（CAGR，是指某一段時期內的年度增長率）。半導體產業雖然長遠看是成長，但是3～5年之間還是有景氣循環特性，這一點在DRAM產業這種大宗商品最爲明顯。所以有時並非買在最低本益比最安全，也並非買在最高本益比最危險，黃嘉斌（2021，p.100）[2]將半導體產業特性稱爲「成長型景氣循環股」。他建議與其用本益比來買賣股價，不如用股價淨值比PBR。

| 年度 | 現金股利 | 盈餘配股 | 公積配股 | 合計 |
|---|---|---|---|---|
| 2020 | 3.5 | 0 | 0 | 3.5 |
| 2019 | 3.2 | 0 | 0 | 3.2 |
| 2018 | 3.2 | 0 | 0 | 3.2 |
| 2017 | 3 | 0 | 0 | 3 |
| 2016 | 3 | 0 | 0 | 3 |
| 2015 | 2.6 | 0 | 0 | 2.6 |
| 2014 | 2.5988 | 0 | 0 | 2.5988 |
| 2013 | 1.7575 | 0 | 0 | 1.7575 |
| 2012 | 0.9731 | 0 | 0 | 0.9731 |
| 2011 | 0.6 | 0 | 0 | 0.6 |
| 2010 | 0.5989 | 0 | 0 | 0.5989 |
| 2009 | 0.4007 | 0 | 0 | 0.4007 |

圖2-6：世界先進現金股利不斷上升

我上次虧最多的記錄是2010年虧在力晶股票，那時力晶半年報eps接近2元，我想說怎麼股價才4元？本益比幾乎是2倍而已，越想越便宜，我把全部家當200多萬全壓力晶，後來套的很慘。因爲雖然我買在超低本益比，但是第三季以後DRAM售價開始往下掉，開始不斷被跌停板凌遲，接著就是變成一直虧損，直到淨值為負被迫下市，那次是我股票繳最多學費的一次。所以DRAM是不能單純用eps及本益比衡量股價的。

不過，看eps估算股價其實不算是最快速的指標，最重要最及時的指標還是看**每月營收**，營收這個指標有時比季報還要快2～3個月，季報出來通常已經過了該季將近2個月。總之多頭時代市場不會太關心公司財務體質，還是要多關心「季報」與「每月營收」這兩個快速指標，內行人都特別關注每個月的營收，營收通常最慢下一個月的10日以前須公布，季報公布時間點銀行股比較慢，一般公司季報公布時間為（銀行公布股期限比較後面）：

- ●上一年度年報：3/31前
- ●第一季（Q1）財報：5/15前
- ●第二季（Q2）財報：8/14前
- ●第三季（Q3）財報：11/14前
- ●第四季（Q4）財報及年報：隔年3/31前

看營收，差不多每個月10日，時間到了時，就要關心一下券商提供的手機APP，若要最正確的就看官方的「公開資訊觀測站」訊息，網址：https://mops.twse.com.tw/mops/web/index（公開資訊觀測站）

## 三、現金流量表

半導體具有景氣循環特性，歸屬於電子股，「漲時重勢，跌時重質」，多頭時多參考eps，空頭時多看財報，特別是現金流量表。尤其半導體晶圓廠，建廠成本很高，現在蓋12吋晶圓廠，有時經費高達800～1000億台幣，面板廠也是很昂貴。雖然叫做高科技，商業競爭其實很激烈，有時遇到一輪景氣低潮，有些廠商會敗下陣來，財務體質就是景氣不好時的生存法則。

2010～2012年那波的DRAM產業淘汰競爭，茂德就敗下陣來，雖沒有倒閉，一個減資下來，投資人也是血本無歸了。力晶被迫賣掉瑞晶12吋廠，日本爾必達也被美光吃下，爾必達的技術算是很先進的，但是財務體質不夠堅強。力晶科技當時幸運接到Apple的iphone-4驅動IC，對生存下來很有助益，這可能跟公司提早轉型晶圓代工有關聯。藉由研究財務報表的「現金流量表「可以檢視企業在逆境時的生存能力。表2-8可以發現力晶科技在風雨飄搖的2012年營業活動之現金還有進帳48億。

造成公司嚴重虧損、淨值大減、下市的種種嚴重問題與當年202億的折舊直接相關，下一章我再來談折舊問題。總之從現金流量表來看，力晶倒閉的幾率不是非常高，現金流量表我們可以分成三段來看：

1. 營業活動現金流量
2. 投資活動現金流量
3. 融資活動現金流量

力晶在2012年投資活動沒有流出現金反而有7.9億進帳，融資活動現金流量表「-50億」（表2-8），幾乎就是負債減少50億，這50億接近「營業活動」與「投資活動」進帳的總和。這說明什麼？就是說在DRAM最慘的時候，2012年eps是-9.09大虧（表2-9），但只要力晶不再亂投資，它還是可以還債50億，因此說力晶當時倒閉幾率不是特別大。

當你聽到一家公司要下市了，當然很恐怖，並且當年力晶eps是-9.09也是很嚇人（要看損益表），淨值則是在2012年第3季爲-1.36，因此被證管會裁定2012年12月下市。如果你會看財報，當年2012年11月時力晶天天跌停板，跌到0.2元時你要怎麼辦？一張股票200元正是發財機會，一年後股價在未上市盤來到4元，大約就是漲20倍了，下市還是可以在未上市流通。

# 表2-8：力晶科技2012年年報現金流量表

力晶科[illegible]子公司
（原名[illegible]公司）

民國一〇一年及[illegible]十二月三十一日

單位：新台幣仟元

| | 一〇一年度 | 一〇〇年度 |
|---|---|---|
| 營業活動之現金流量 | | |
| 歸屬予母公司股東之合併純損 | ($ 20,133,370) | ($ 22,120,180) |
| 歸屬予少數股權之合併純損 | (50,798) | (2,356) |
| 調整項目 | | |
| 折舊 | 20,201,478 | 24,257,802 |
| 攤銷 | 1,602,902 | 2,126,917 |
| 聯屬公司間已實現利益 | (39,077) | (1,452) |
| 金融資產未實現評價損失 | 1,404 | 25,197 |
| 金融負債未實現評價利益 | (26,075) | (332,721) |
| 迴轉呆帳損失 | - | (38,087) |
| 迴轉備抵銷貨折讓 | (65,549) | (175,741) |
| 提列（迴轉）存貨及設備維修備品損失 | 1,136,541 | (3,174,412) |
| 迴轉權益金賠償損失 | - | (2,294,366) |
| 減損損失 | 1,744,202 | 132,576 |
| 減損迴轉利益 | - | (5,573) |
| 採權益法認列之投資淨損 | 2,352,712 | 1,966,155 |
| 採權益法之長期股權投資現金股利 | - | 4,620 |
| 處分投資淨益 | (608,632) | (419,136) |
| 處分固定資產淨損（益） | 700,121 | (60,831) |
| 固定資產轉列費用或損失 | 1,423 | 289 |
| 處分其他資產利益 | (21,443) | (28,427) |
| 其他資產轉列損失 | 33 | - |
| 迴轉員工認股權酬勞成本 | - | (4,218) |
| 遞延所得稅費用 | - | 326,269 |
| 借款延展利息費用 | - | 232,991 |
| 給予股票選擇權成本 | - | 233,023 |
| 長期借款兌換（利益）損失 | (72,186) | 66,497 |
| 長期借款之保證金退回調整利息費用 | (15,194) | - |
| 長期借款之保證金退回調整利息收入 | 4,676 | - |
| 應付可轉換公司債兌換利益 | - | (5,336) |
| 應付可轉換公司債折價攤銷 | - | 27,904 |
| 已實現遞延收入 | (10,000) | (40,000) |
| 營業資產及負債變動 | | |
| 應收帳款 | (1,414,275) | 706,836 |
| 其他應收款 | 48,918 | 140,903 |
| 存貨 | (1,495,547) | 4,609,448 |
| 預付款項 | (24,035) | 69,512 |
| 其他流動資產 | 34,313 | (31,768) |
| 應付帳款 | (332,876) | (68,367) |
| 應付所得稅 | (502) | 6,555 |
| 應付費用 | 1,190,127 | (882,877) |
| 預收款項 | 121,504 | (365,817) |
| 其他流動負債 | (11,082) | (170) |
| 應計退休金負債 | 14,749 | 24,584 |
| 營業活動之淨現金流入 | 4,834,462 | 4,906,243 |
| 投資活動之現金流量 | | |
| 購買備供出售金融資產 | - | (11,527) |
| 處分備供出售金融資產價款 | 417,592 | 875,181 |
| 備供出售金融資產之資本公積發放現金股利 | 2,449 | - |
| 受限制存款減少 | 4,359 | 328,685 |
| 購買以成本衡量之金融資產 | (49,582) | (71,562) |
| 處分以成本衡量之金融資產價款 | 13,466 | 449,771 |
| 以成本衡量之金融資產減資退回股款 | 6,029 | - |
| 以成本衡量之金融資產清算分配所得 | - | 22 |
| 處分採權益法之長期股權投資價款 | 38,070 | 417,776 |
| 採權益法之被投資公司減資退還股款 | - | 535,226 |
| 處分待出售非流動資產價款 | - | 2,900,000 |
| 購置固定資產 | (1,389,715) | (8,216,536) |
| 處分固定資產價款 | 1,212,901 | 18,721 |
| 存出保證金減少（增加） | 503,377 | (451,686) |
| 遞延費用增加 | (20,537) | (2,462,962) |
| 設備維修備品（增加）減少 | (252) | 47,379 |

| | 一〇一年度 | 一〇〇年度 |
|---|---|---|
| 處分其他資產價款 | $ 55,778 | $ 154,418 |
| 投資活動之淨現金流入（出） | 793,935 | (5,487,094) |
| 融資活動之現金流量 | | |
| 短期借款（減少）增加 | (880,082) | 392,592 |
| 應付租賃款減少 | (1,210,010) | (1,216,410) |
| 舉借長期借款 | - | 2,843,577 |
| 償還長期借款 | (3,444,472) | (2,892,150) |
| 償還應付可轉換公司債 | - | (672,995) |
| 存入保證金增加（減少） | 483,142 | (102,848) |
| 融資活動之淨現金流出 | (5,051,422) | (1,648,234) |

表2-9：2012年力晶的年度eps

| 代 碼 | | 稅 前 | 稅 後 | 稅 前 | 稅 後 |
|---|---|---|---|---|---|
| | 合併每股純損（附註二六） | | | | |
| 9750 | 基本每股純損 | ($ 9.09) | ($ 9.09) | ($ 9.83) | ($ 9.99) |
| 9850 | 稀釋每股純損 | ($ 9.09) | ($ 9.09) | ($ 9.83) | ($ 9.99) |

後附之附註係本合併財務報表之一部分。
（請參閱勤業眾信聯合會計師事務所民國一〇二年四月十日查核報告）

董事長：陳瑞隆

經理人：王其國

會計主管：邱垂源

自由現金流為正時，表示賺到的錢，扣除支出還有剩，這時就容易導致「籌資活動現金流量」為負，它的意思就是多出的現金可以拿去還銀行借款或公司債，或者分派出現金股利，這樣籌資活動就為負的，公司的資金運用是「流出去」，這對股東應該是開心的事（發股利）。自由現金流的定義有許多種方式，其中最簡單的一種定義是：

自由現金流＝營業現金流 － 資本支出

讀者或許會疑惑：力晶科技是黃崇仁經營的公司，這種九命怪貓公司應該不是常有吧？其實2020年的面板也是一個案例，面板在2019年也是「慘」業，三大慘業之一（DRAM、面板、太陽能）。到了2020年第1季群創更是跌破5元。但是群創的現金流量表呢？群創2019年營運現金進帳138億，2020年現金進帳224億，比對群創的2019年年底「短期借款」為0，「長期借款」為196億，群創有什麼財務困難嗎？當然是沒有。如果等景氣好轉，股價漲幅就很可觀了。後來2020年3月底開始也確實花了13個月就漲了6.7倍。2019年群創大虧eps-1.77，但是其實一年下來營業活動還有現金收入138億。群創2021年前三季賺錢時，營業現金流入更達851億，數字驚人，但是資本支出847億也很高，自由現金流就不多了，

對於發現金股利有潛在不利影響。

上面例子都是虧損中的公司，接著我們來看小賺的聯電。我們看聯電2017-2019時都是小賺，但是其實每年營運現金流入接近500多億，這是很大的一筆數字，可惜資本支出也很高，多在300～600億之間，這會造成折舊很高，毛利率就不行了，所以聯電後來不再追求先進製程，在14nm之後停住，資本支出有效縮減，等廈門12吋廠折舊大降之後，eps肯定會更好看，搭配景氣大好時股價就從10元漲到72了。所以「現金流量表」裡頭有很多非常有用的數據，對於半導體公司這種資本支出金額很大的類股，投資者眞的要深入了解。聯電每年營業現金進帳很可觀，如果減少資本支出及折舊，eps很快就會拉高，現金就會很充裕。2021年聯電前三季營業現金淨流入635億，帳上期末現金1131億，很有發現金股利實力。

表2-10：聯電2014～2020年的eps及營業活動現金流量表

| 年度 | eps | 營業活動淨現金流入（億） |
|---|---|---|
| 2014 | 0.97 | 448 |
| 2015 | 1.08 | 598 |
| 2016 | 0.68 | 497 |
| 2017 | 0.79 | 510 |
| 2018 | 0.58 | 500 |
| 2019 | 0.82 | 549 |
| 2020 | 2.42 | 656 |

# 第3章　如何看懂半導體財報重點？

提到高科技產業，總是會想到半導體產業，半導體是高度技術密集而且資金門檻很高的行業。現在蓋一座12吋晶圓廠，基本上要800億台幣以上。對於半導體公司來說，蓋一座12吋新廠，絕對是頭等大事。買了廠房設備，如同汽車，會有折舊問題。假設你買一輛新車100萬，開了一年，第二年你想賣70萬可能就有點困難，這就是折舊概念。半導體設備的折舊，有時分成6年，有時分成10年，這是沒有一定的。由於，半導體蓋新廠或是買設備都很貴，所以看財報要特別注意兩個重點：

1.資本支出　2.折舊

折舊與資本支出兩者又密切相關。有時雖然公司賺了不少錢，但是如果資本支出很多，將會減弱公司配息能力，股價當然很難看，可是有時產業競爭又不能不跟上步伐，還是要資本支出，這也就是高科技競爭激烈的原因，茂德、爾必達都這樣垮了——高度資本支出造成負債累累——爾必達在DRAM產業算是技術領先的，但是債務負擔無法撐過產業低潮。

資本支出之後，會計帳上就要開始攤提折舊，所以資本支出與折舊是有高度相關的。半導體財報會不會看？最重要是折舊問題了。因爲折舊會計入成本項，所以大量資本支出會拉高財報中的成本，假如買了10億的蝕刻機，也許分成10年攤提，那在成本項目就每年增加了一億。

因爲折舊是計入成本，所以大量折舊可能造成公司獲利下滑，甚至虧錢，若是長期虧錢比如連虧3年，也不一定會倒閉，因爲虧錢或許是折舊造成，折舊計入成本但是並沒有眞正流失現金，於是會計記帳在「現金流量表」把折舊金額列爲加項平衡回來，所以可能有種現象：公司是虧損，但是營業上卻是有現金流入。虧損造成股價下挫，投資人可以買到便宜股

票，但是如果營運現金是淨流入，只要減少新的資本支出，其實是可以渡過難關，等到景氣好轉，這樣的投資往往有可觀的報酬率。**江湖一點訣，說破沒半步。**底下我們來看4個例子（力晶、聯電、旺宏、群創）：

## （一）力晶

表3-1：2008～2015力晶折舊變化及獲利

| 年度 | 2008 | 2009 | 2010 | 2011 | 2012 | 2013 | 2014 | 2015 |
| --- | --- | --- | --- | --- | --- | --- | --- | --- |
| 折舊（億） | 346 | 326 | 282 | 242 | 202 | 31 | 24 | 26 |
| 營業活動之淨現金流入 | 3.8 | 71.9 | 328.8 | 49.1 | 63.7 | 78.1 | 117.4 | 147 |
| eps | | -2.5 | 0.71 | -3.99 | -9.18 | 5.21 | 5.43 | 4.64 |

力晶科技的財報非常戲劇性的2012年折舊是202億，2013年就變成31億，減少171億，但是上表中營業現金淨流入變化不大，只多了15億，可是折舊是會登錄進成本的，對損益表影響就很大了。

2013年營收只比2012年多了44億，但是2012年虧損207億隔年卻變成賺112億，這主要還是來自於2013年因爲折舊下降（減少171億），導致成本大幅降低。至於折舊爲何在2013年大幅降低？應該有3個可能：

1. 前幾年因爲蓋12吋廠的大幅資本資出，因爲虧損之後，無力再亂擴充，部分設備折舊攤提完畢。
2. IFRS於2013年實施，力晶公司調整折舊年限。
3. 從前從前網路上一直有陰謀論（高層故意論），但無人可以提出有力證據。

2013年力晶營收只比前一年多44.6億（317.7變成362.3），但是由於折舊問題，以及出售部分資產（次要因素），造成2012年度eps -9.18元（虧損207億），變成2013年度eps +5.21元（賺112億），這是營收只多44.6億可能的結果嗎？理論上是可能的，因為折舊大降可以導致成本大降。這是非常重大的轉變，力晶下市後不久，報紙報導開始出現力晶上半稅後賺1.59元（圖3-1），這報導一出現沒幾個月，就造成力晶在未上市交易的行情來到4元（圖3-2），這與2012年12月10日下市時的0.29元，大約已經漲了13.8倍，當時未上市行情很熱絡，要賣出力晶股票不難，我就賣過，主要是想驗證股價的真實性。一個戲劇性的轉折開始改變很多人的命運！

首頁 > 即時新聞

## 力晶上半年每股賺1.59元

中央商情網 / 2013.08.14 00:00　讚 0　A- A A+

（中央社記者張建中新竹2013年8月14日電）力晶科技轉型晶圓代工成效顯現，上半年營運順利轉虧為盈，每股純益達新台幣1.59元。

力晶副總經理譚仲民表示，今年上半年已以晶圓代工業務為主，標準型記憶體產品比重有限；晶圓代工以面板驅動IC及電源管理晶片等產品為主。

在營運轉型效益顯現下，力晶上半年合併營收為170.55億元，年增12.1%，毛利率由負轉正，竄升至33.6%水準。

力晶上半年營運也順利轉虧為盈，稅後淨利達35.25億元，每股純益1.59元，營運轉機顯現。

圖3-1：媒體報導2013年上半年力晶賺1.59元
https://n.yam.com/Article/20130814684911

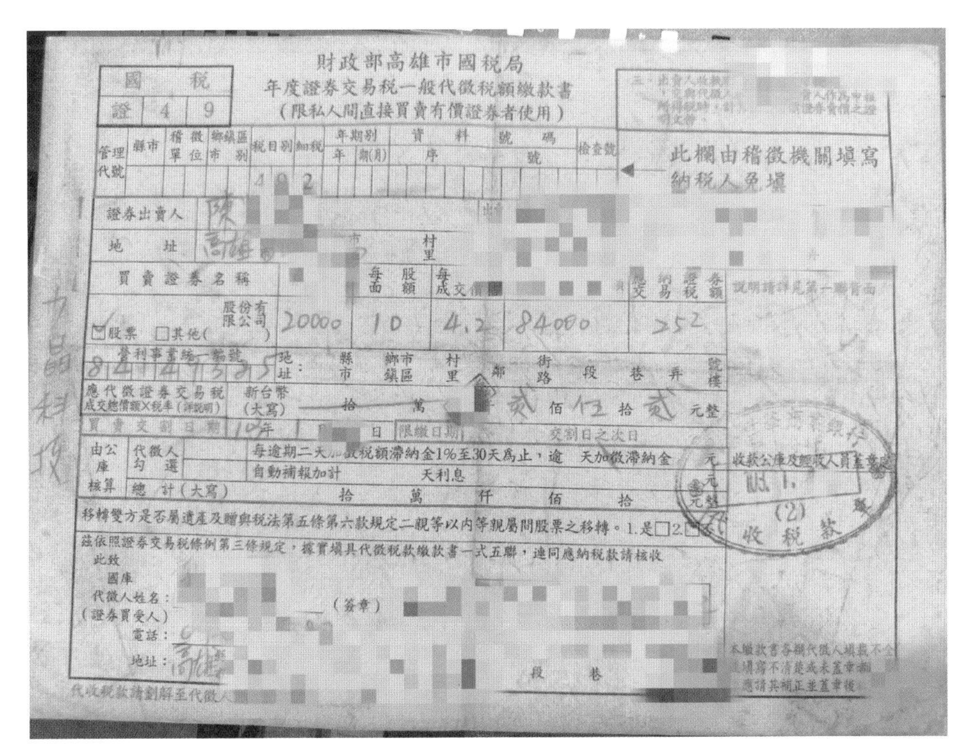

財政部高雄市國稅局
年度證券交易稅一般代徵稅額繳款書
（限私人間直接買賣有價證券者使用）

國稅 證 4 9

管理代號 縣市 稽徵單位 鄉鎮區市別 稅目別 細稅 年期別 年 期(月) 資料號碼 序 號 檢查號

4 9 2

此欄由稽徵機關填寫 納稅人免填

證券出賣人

地址 市 村里

買賣證券名稱 每股面額 每成交價 應納證券交易稅額

股份有限公司 20000 10 4.2 84000 252

☑股票 □其他（ ）

營利事業統一編號

地址： 縣市 鄉鎮市區 村里 鄰 街路 段 巷 弄 號樓

應代徵證券交易稅 成交總價額×稅率（詳說明） 新台幣（大寫） 拾 萬 貳 佰 伍 拾 貳 元整

買賣交割日期 年 日 限繳日期 交割日之次日

由公庫核算 代徵人勾選

每逾期二天加徵稅額滯納金1%至30天為止，逾 天加徵滯納金 元

自動補報加計 天利息

總計（大寫） 拾 萬 仟 佰 拾 元整

移轉雙方是否屬遺產及贈與稅法第五條第六款規定二親等以內等親屬間股票之移轉。1.是□ 2.□否

茲依照證券交易稅條例第三條規定，據實填具代徵稅款繳款書一式五聯，連同應納稅款請核收

此致

國庫

代徵人姓名：（證券買受人） （簽章）

電話：

地址： 段 巷

收款公庫及經收人員蓋章處

(2) 收稅 聯

說明請詳見第一聯背面

本繳款書各欄代徵人填載不全、填寫不清楚或未蓋章者，應請其補正並蓋章後

代收稅款請劃解至代徵人

圖3-2：2014年年初力晶股價已經來到4.2元

此時，一場半導體股票飆漲500倍的大戲已經靜悄悄開始上演了！接著會一集一集上演精彩好戲，力晶最低股價是2012年11月22日0.17元（表3-1）。至筆者截稿爲止最高價是2021月2月23日85元，確實成交不少張85元。不過，賺不到這種大錢的人，有些至今仍不懂大虧如何變成大賺的？（圖3-4）

85÷0.17=500（倍）

表3-2：2012年11月力晶股價（2012.11.22大反轉日）

| 日期 | 開盤 | 最高 | 最低 | 收盤 | 漲跌 | 漲跌幅% | 成交量（張） |
|---|---|---|---|---|---|---|---|
| 2012.12.10 | 0.29 | 0.29 | 0.29 | 0.29 | 0.01 | 3.57% | 62306 |
| 2012.12.7 | 0.28 | 0.28 | 0.28 | 0.28 | 0.01 | 3.70% | 20939 |
| 2012.12.6 | 0.27 | 0.27 | 0.27 | 0.27 | 0.01 | 3.85% | 16692 |
| 2012.12.5 | 0.26 | 0.26 | 0.26 | 0.26 | 0.01 | 4.00% | 4044 |
| 2012.12.4 | 0.25 | 0.25 | 0.25 | 0.25 | 0.01 | 4.17% | 5226 |
| 2012.12.3 | 0.24 | 0.24 | 0.24 | 0.24 | 0.01 | 4.35% | 45349 |
| 2012.11.30 | 0.23 | 0.23 | 0.23 | 0.23 | 0.01 | 4.55% | 12378 |
| 2012.11.29 | 0.22 | 0.22 | 0.22 | 0.22 | 0.01 | 4.76% | 14929 |
| 2012.11.28 | 0.21 | 0.21 | 0.21 | 0.21 | 0.01 | 5.00% | 12596 |
| 2012.11.27 | 0.20 | 0.20 | 0.19 | 0.20 | 0.01 | 5.26% | 20390 |
| 2012.11.26 | 0.19 | 0.19 | 0.19 | 0.19 | 0.01 | 5.56% | 7804 |
| 2012.11.23 | 0.18 | 0.19 | 0.18 | 0.18 | 0.00 | 0% | 14180 |
| 2012.11.22 | 0.17 | 0.18 | 0.17 | 0.18 | 0.00 | 0% | 8750 |
| 2012.11.21 | 0.18 | 0.18 | 0.18 | 0.18 | -0.01 | -5.26% | 11295 |
| 2012.11.20 | 0.19 | 0.20 | 0.19 | 0.19 | -0.01 | -5.00% | 25823 |
| 2012.11.19 | 0.20 | 0.22 | 0.20 | 0.20 | -0.01 | -4.76% | 39754 |
| 2012.11.16 | 0.21 | 0.21 | 0.21 | 0.21 | -0.01 | -4.55% | 4632 |

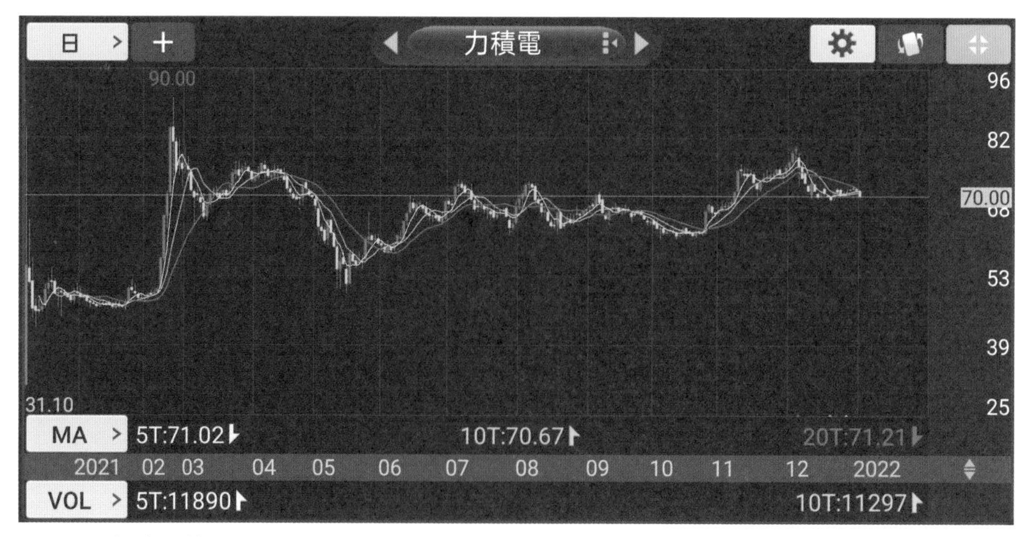

圖3-3：力積電於2021.2.23當日確實有成交不少85元

力晶大賺1.59元

2013-08-14 23:19　2409

台灣有些公司很奇怪
上市櫃前EPS大賺
上市櫃後EPS連虧
下市櫃後EPS又大賺
台灣股市真有趣...

乾脆台灣上市櫃公司全部都下市
然後全部都大賺
台灣GDP一飛衝天

2013-08-14 23:19 #1

圖3-4：不懂折舊的人還是不懂，取自Mobile01討論區

## （二）聯電

表3-3：聯電的折舊及獲利

| 年度 | 2011 | 2012 | 2013 | 2014 | 2015 | 2016 | 2017 | 2018 | 2019 | 2020 |
|---|---|---|---|---|---|---|---|---|---|---|
| 折舊（億） | 319 | 351 | 372 | 387 | 434 | 496 | 510 | 499 | 472 | 461 |
| 營業活動之淨現金流入 | 414 | 404 | 434 | 448 | 598 | 465 | 525 | 509 | 549 | 658 |
| 投資活動現金流入 | -551 | -491 | -315 | -426 | -685 | -800 | -354 | -155 | -316 | -401 |
| eps | 0.84 | 0.49 | 1.01 | 0.97 | 1.08 | 0.68 | 0.79 | 0.58 | 0.82 | 2.42 |

聯電2011～2020年eps都低於1.1元，主要是折舊很高，幾乎都在400～500億，這樣eps自然無法好看，除非毛利率有台積電這麼高，但是聯電2017～2019毛利率都不到20%，這些主要是因折舊很高所以eps很低，但其實聯電營業現金淨流入都超過500億，靠著本業就有可觀的現金收入。可惜聯電以前追逐先進製程，這些設備很燒錢，2016年資本支出高達800億，因爲攤提之故，隔年2017年折舊又拉高到510億，2017年後資本支出下降，慢慢2018年後折舊就開始下降，這能有效降低成本。聯電公司也曾表示，到14nm之後不再追逐先進製程。

由於聯電有效降低成本，也找到成熟製程自己的定位，所以搭上2020年半導體景氣好轉之順風車後，剛好2021年28nm成熟製程市況大好，股價大約從15漲到72，這也不只是接單漲價的原因，其遠因也是公司選擇了中止追逐先進製程競賽，在14nm先打住，使資本支出能有效控制住，2021年聯電股東終於領到2020度獲利的股利1.6元，這是10年來第一次現金股利超過1元。2020～2021聯電這一波當然我有賺一些。

## （三）旺宏

旺宏2011～2015年折舊明顯拉高，獲利變難看，折舊是2016年有比較明顯下降，2015年是在減資之前，折舊因素大約影響eps1元，也是影響很大。所以2016年eps大大改善成爲-0.07，已經準備要轉虧爲盈。旺宏的命運與買茂德12吋廠有關，旺宏於2010年以85億買下茂德12吋廠，就要開始攤提折舊，2011年折舊馬上由26億拉高到54億。除非產品毛利率夠高，不然都要承受折舊造成成本上升壓力。旺宏是2010年買12吋廠，表3-3可清楚看到旺宏2011-2015這5年折舊明顯拉高，eps明顯惡化，這5年也差不多是一般半導體廠的折舊年限，很多折舊是定在5～6年攤提。表3-3可以看到旺宏的折舊是2016年大幅減少，股價也是2016年開始回升。

表3-4：旺宏的折舊

2010年買12吋廠花85億

| 年度 | 2009 | 2010 | 2011 | 2012 | 2013 | 2014 | 2015 | 2016 | 2017 | 2018 |
|---|---|---|---|---|---|---|---|---|---|---|
| 折舊（億） | 28.1 | 26.7 | 54.2 | 77.2 | 75.2 | 73.2 | 57.2 | 19.5 | 19.4 | 20.9 |
| 營業活動之淨現金流入 | 104 | 109 | 51 | 19 | -5.8 | 2.9 | 17 | 54.2 | 70.3 | 101 |
| eps | 1.74 | 2.33 | 0.86 | -1.55 | -1.79 | -1.84 | -1.19 | -0.07 | 3.12 | 4.94 |

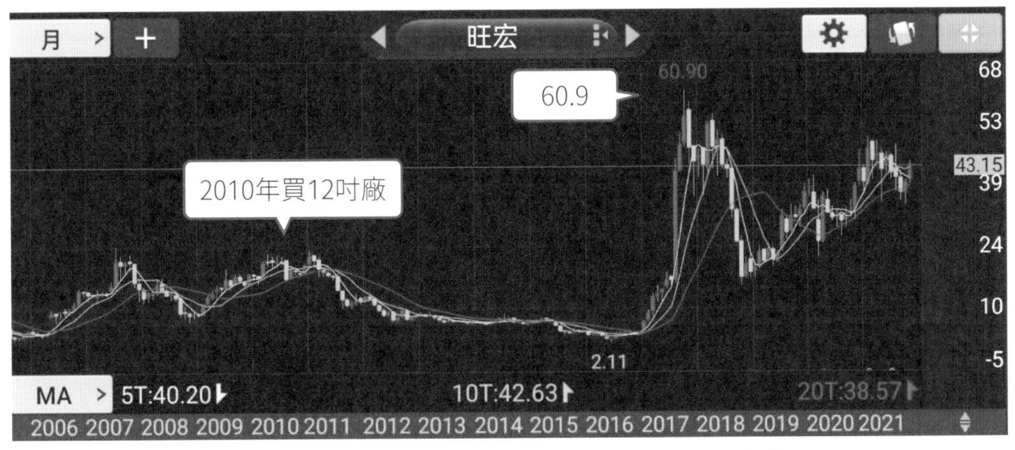


圖3-5：旺宏股價自2016回升　資料來源:元富行動達人

所以，從上面三檔股票可以發現，投資半導體股要特別注意折舊與資本支出，如果公司要建新的12吋廠或花大錢買廠就要特別小心，有3個情況可以例外：

1. 台積電毛利率本身非常高。
2. 景氣好到可以抵消折舊上升，像2021年半導體景氣不太尋常的好，已經好到超越過去30年來任何時候。
3. 由於晶圓代工供不應求，十多家IC設計廠願意支付1000億幫聯電在南科擴廠，以保證未來幾年可以拿到足夠產能分配，不過這種情況以前也未曾出現，目前尚不知道供不應求能否延續到2023年以後。

總之，當公司要蓋新的12吋廠或買廠，如果要花上數百億甚至上千億，投資人真的要很小心估算。華邦電2020年營收增加很多，獲利提升有限，2018～2020年折舊有拉高。2020年營收比2019多了約120億，但是全年eps0.33幾乎跟2019年eps0.32一樣，併購Panasonic Corporation半導體效益也沒顯現。這檔我沒有投資，有興趣者建議研究一下高雄廠設廠進度，何時引進設備？

## （四）群創

LCD面板的零組件需要用到TFT（電晶體），也可歸屬於半導體，況且面板廠建新廠也是很燒錢。2019年面板廠虧損嚴重，但是其實它營運現金還是淨流入，虧損主要是折舊造成，只要減少資本支出，其實財務風險不高，所以當跌到5元左右，就投資來說，倒閉機率不高，是可以賭一把。讀者可以到我實戰篇再詳細看我一篇2020年關於群創的分析。

表3-5：群創折舊大幅下降

| 年度 | 2011 | 2012 | 2013 | 2014 | 2015 | 2016 | 2017 | 2018 | 2019 | 2020 |
|---|---|---|---|---|---|---|---|---|---|---|
| 年度淨利（億） | -647 | -308 | 56 | 225 | 148 | 50 | 489 | 66 | -165 | 26 |
| 折舊（億） | 934 | 843 | 755 | 593 | 523 | 402 | 323 | 353 | 349 | 353 |
| 營業活動現金淨流入 | 281 | 502 | 758 | 1047 | 810 | 334 | 826 | 525 | 138 | 224 |

**群創2020年的折舊比2011年少了581億，這代表成本減少了581億，已經是黎明前的黑暗**，只要產品的價錢稍微回溫，是容易賺錢的。果然2021年上半年面板漲價，很快群創半年報eps賺3.22元。我舉了四個例子，讀者應當可以體會看半導體財報如何掌握重點了吧？資本支出、建

廠、折舊，這些對獲利影響很大，其他則是技術層面與管理層面的問題，至於要從全球供需來判斷景氣可能更難了，若是年輕人或股市新手還是先讀讀我的基礎篇，先從基礎搞懂容易些。

# 第4章　認識半導體與IC

## 一、什麼是半導體材料？

電阻在導體和絕緣體之間，大約介於$10^{-6}$～$10^{7}$ Ω · cm的材料爲半導體材料，主要有化學元素表第IV族，矽、鍺等都是半導體材料，還有硒、碲……。常溫之下這些純質半導體有很高電阻，很難應用。但是加入了雜質之後（稱爲摻雜）它的電阻可以下降很多，藉由摻雜可以控制半導體的電阻——這也等於控制它的導電性。摻雜的雜質有硼、鋁，磷、砷（As）、銻等。摻入硼、鋁（第三族元素）稱爲P型半導體，摻入磷、砷（As）第五族就稱爲N型半導體。半導體材料可以分爲元素半導體、化合物半導體、金屬氧化物半導體，如下：（菊地正典，2004）[3]

元素半導體：矽Si、鍺Ge、硒Se、碲Te
化合物半導體：GaAs、GaP、InSb、AlGaA
金屬氧化物半導體：$SnO_2$、ZnO、$TiO_2$、$Y_2O_2$

第一代半導體是矽（Si），energy gap 約1.12eV。

第二代半導體是砷化鎵（GaAs）。

第三代半導體有碳化矽（SiC）和氮化鎵（GaN），第三代與第一、第二代半導體主要差異是energy gap較高（約3.25 ～3.4eV），比較耐高溫高壓，GaN可用於快充充電器。

第四代是氧化鎵（$Ga_2O_3$），energy gap更寬達4.5eV，耐高壓適合車用。

半導體的電阻受到摻雜的濃度影響很大，正是這種特性，使得半導體應用很大，可以藉由摻雜來控制導電性。目前應用最廣的半導體材料是矽（Si），所以矽晶圓是半導體製造最初始的材料。古時候有呂洞賓點石成金的故事，海邊的沙子主成分也是矽（主要是二氧化矽，$SiO_2$），早期的DRAM非常貴，DRAM售價若是稱斤論兩純粹看重量計價，曾經比黃金還要貴，所以半導體也可以說是現代點石成金術。

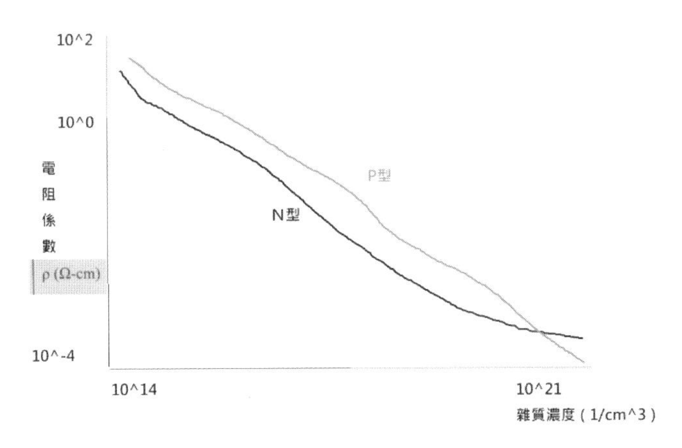


圖4-1：常溫時，矽的電阻係數與雜質濃度的關係，作者繪

## 二、電晶體

1947年，美國貝爾電話研究所Walter Brattain與John Bardeen以兩支金屬針接觸Ge的結晶體，金屬針加上不同電壓，觀查其電流，Ge（鍺）結晶接地，金屬針（E）加上正電壓，另一金屬針（C）加上負電壓。金屬針（E）有電壓，產生微小電流（$I_E$），另一端（C）與鍺之間有較大的電流（$I_C$）通過；意思就是給予較小電流，經過ECB裝置能夠產生較大電流，而使得電流具有放大作用，這就是歷史上最早誕生的電晶體（Transistor）。（菊地正典，2004）

最早的ECB電晶體屬於「點接觸」型電晶體，後來發展出NPN接面及PNP接面電晶體，這屬於接合型電晶體。雙極性電晶體（BJT）分爲NPN及PNP兩種，有三個電極，分別爲射極（Emitter）、基極（Base）和集極（Collector）這兩者都是藉由電流來控制輸入與輸出。後來又發展出場效電晶體FET（field effect transistor），場效電晶體是利用電壓形成的電場來控制輸入與輸出的信號。

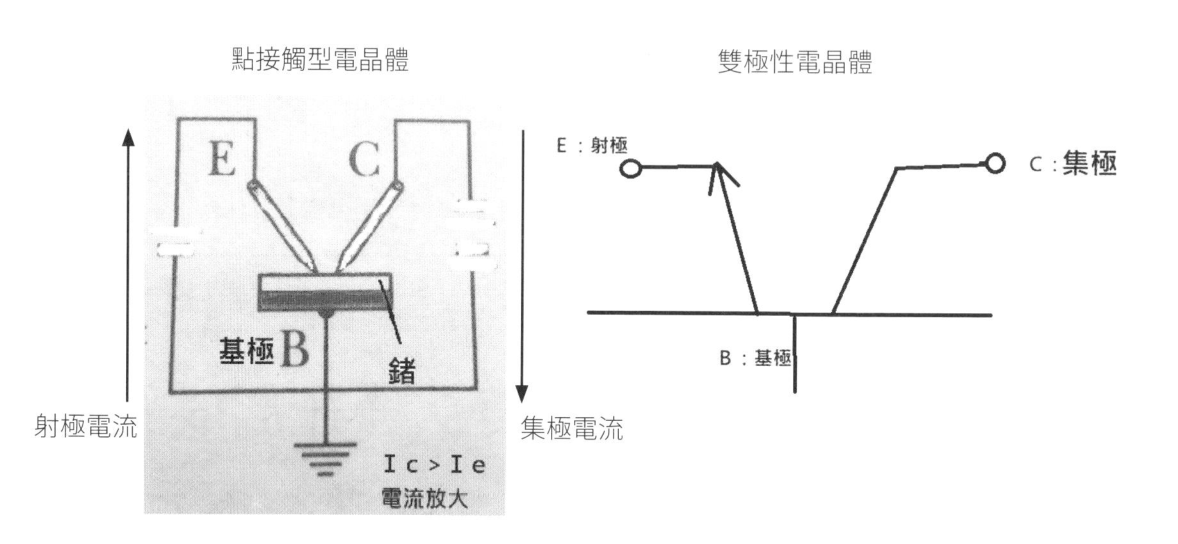


圖4-2：早期的電晶體

## 三、MOSFET電晶體

1960年美國貝爾實驗室D.Kahng與M.Atalla開發出MOSFET（Metal-Oxide-Semiconductor Field-Effect Transistor，金屬–氧化物–半導體–場效電晶體，中文稱爲「金氧半場效電晶體」），MOS是Metal-Oxide-Semiconductor三層結構的縮寫。所謂場效電晶體，就是

利用在上面的閘極施加電壓來產生電場的效應以控制元件的通道電阻，MOSFET後來逐漸成爲IC積體電路的基本元件，類似生物體的細胞，目前是IC晶片使用最廣的電路元件。場效應電晶體的三個電極，分別是源極（Source）、閘極（Gate）和汲極（Drain），一個MOSFET就像一個電晶體作用一樣。

MOSFET用於微處理機與記憶體，是極爲重要的元件，這是因爲MOSFET製造成本低廉而且容易微縮化。藉由閘極的電壓變化可控制通道（L）的電導（conductance），通道L的作用像是電阻一般，汲極的電流（$I_d$）與汲極的電壓成比例。底下爲MOSFET構造的透視圖（參考施敏，2002，p.287）[4]：

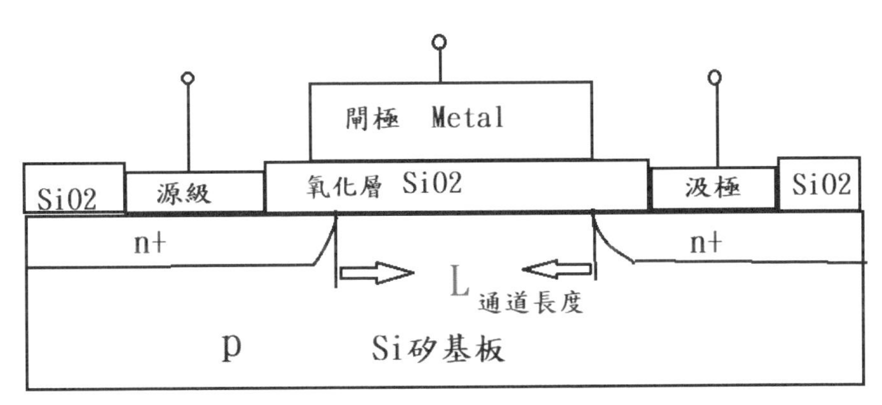


L：通道長度，一般說的多少nm技術就是指這寬度

圖4-3：MOSFET結構圖（作者小陳哥繪）

氧化物上方的金屬層就是閘極（gate），在閘極加適當的電壓（$V_g$）使得閘極下方產生反轉層，形成電流通道，連接源極（source）與汲極區（drain），以電壓形成的電場來驅動，所以叫做場效。源極爲載子的來源，經過通道流向汲極。當基板爲p型時，載子爲電子，故電流由汲極流向源極。

# 四、IC晶片

IC就是積體電路（Integrated Circuit），是在矽半導體結晶基板上同時製作多個電阻器、電容器、二極體與電晶體，這些元件藉由鋁（鋁製程）或者銅（銅製程）加以配線，完成整體的電路。IC晶片的特色與趨勢就是這些元件越做越小，以便在單位面積內容納更多電晶體。

通常半導體廠先製造出晶圓，然後切割後，下游進行封裝與測試。如果製程比較先進，線寬越細，就可以切割越多片晶片，成本比較低；同時12吋晶圓面積大，也可比8吋晶圓切割更多片，不計興建成本的話，12吋晶圓當然成本比較低，因爲可以切出比較多晶片，而製造流程差不多。所以，投資人可以發現，半導體廠現在已經很少興建8吋廠。

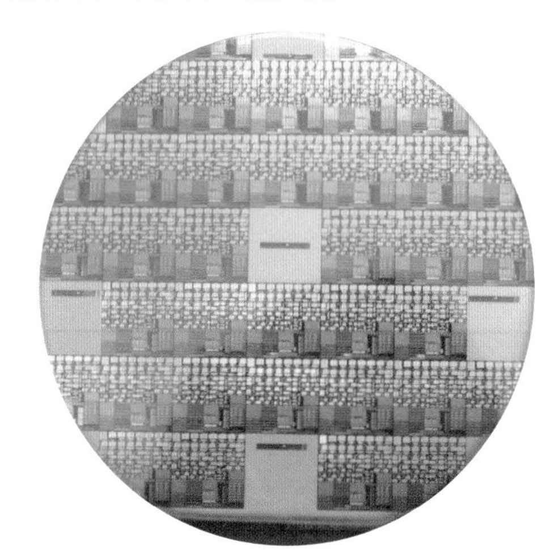

圖4-4：一片Power-Mosfet六吋晶圓
（筆者多年前於實驗室拍攝）

基本上，IC（積體電路），就是將很多MOSFET這樣的電晶體整合到一個晶片。晶片發展史上，後期稱爲超大型積體電路（very-large-scale integration，縮寫：VLSI），是一種將大量電晶體組合到單一晶片的積體電路。從1970年代開始，隨著複雜的半導體以及通信技術的發展，積體電路的研究、發展也逐步展開。電腦裡的控制核心微處理器就是超大型積體電路的最典型實例。一般來說，技術越微小化，單位面積的晶片可以裝越多電晶體，這樣的晶片功能也越強。一般定義超大型積體電路VLSI的電晶體數量是可以達到10萬個以上到1000萬個。1993年後隨著集合了1000萬個電晶體的16M FLASH和256M DRAM的研製成功，進入了特大規模集成電路ULSI（Ultra Large-Scale Integration）時代，後來又不夠形容，有10億以上電晶體的又改稱SLSI（Super Large-Scale Integration）。不過記憶這些名稱不重要了，因爲技術仍然在演進。

隨著技術不斷推進，Intel Core i7處理器的晶片整合度達到了14億個電晶體。蘋果iphone 13採用台積電生產的5nm A15晶片，Apple A15仿生晶片是一款由蘋果公司設計的64位元ARM架構處理器，由台積電以5奈米製程生產，擁有150億個電晶體，A15晶片使用於iPhone 13手機。MOSFET 是目前半導體產業最常使用的一種場效電晶體（FET），一個MOSFET 代表一個「0」或一個「1」，作用像是一個開關，就是電腦裡的一個「位元」（bit）。可以想像A15晶片是用金屬線將150億個開關（bit）連接起來。

## 五、製程技術nm是指什麼寬度？

一般說的製程幾nm 技術，通常是指汲極與閘極之間的通道長度「L」（圖4-3），例如說力積電90nm製程，指這個「L」線寬。爲何通常晶圓製造廠的技術是越微小化越先進？因爲，閘極通道長度「L」越短表示：

1. 元件運作速度越快，電子更快到達汲極。
2. 晶片越小，元件可以減少體積。
3. 晶片單位面積可以裝的電晶體越多，功能越強，若是做成記憶體就是容量更大。
4. 製程流程一樣，通常製造一片晶圓三個月左右。晶片越是微小，一片晶圓可以切割更多晶片（die），讓成本更低。

但是L通道長度越短，在20nm容易造成漏電問題，MOSFET微縮化遇到困難，後來才發明鰭式構造FinFET得以改善。製造半導體如同蓋房子一層又一層，所以10nm以下的技術就越來越困難，目前推到5nm製程，目前全世界也只有台積電與三星可以量產商業化。10nm以下不容易用傳統MOSFET結構，要改用FinFET技術（Fin Field-Effect Transistor，鰭式場效電晶體），目前5nm、3nm還是FinFET架構，2nm以下則採用GAA（環繞閘極），台積電開發的2nm預計2024年量產。

掃碼下圖可以觀看stockfeel網站關於FinFET的進一步說明：

FET、FinFET以及GAA結構圖的區分（閘極全環，GAA），讀者可參考以下網址：https://buzzorange.com/techorange/2021/06/07/what-is-finfet/。

作爲世界最大晶圓代工廠，台積電獲利能力驚人，一年賺超過5000億台幣，晶圓代工市占率超過世界50%，主要是以先進製程爲主，下圖顯示到了2021年第二季，台積電的營收，5nm佔18%，7nm31%，兩者合計49%，幾乎一半是以先進製成在生產，可說是全世界技術最先進的半導體公司，並且3nm、2nm也即將量產。

5nm已經佔營收約1/5，在5nm的大小製造IC，就如同在5nm的大小建造房子，因爲他是一層一層建造的，這是非常困難的工程。

$5nm=5\times10^{-9}$ m

一顆氧原子大小約爲$0.15nm=0.15\times10^{-9}$ $m=1.5\times10^{-10}$

表4-1：台積電各製程技術佔營收比重　資料來源：台積電法說會

## I. Revenue Analysis

| Wafer Revenue by Technology | 2Q21 | 1Q21 | 2Q20 |
|---|---|---|---|
| 5nm | 18% | 14% | 0% |
| 7nm | 31% | 35% | 36% |
| 10nm | 0% | 0% | 0% |
| 16nm | 14% | 14% | 18% |
| 20nm | 0% | 0% | 1% |
| 28nm | 11% | 11% | 14% |
| 40/45nm | 7% | 7% | 9% |
| 65nm | 5% | 5% | 6% |
| 90nm | 3% | 3% | 3% |
| 0.11/0.13um | 3% | 3% | 3% |
| 0.15/0.18um | 6% | 6% | 8% |
| 0.25um and above | 2% | 2% | 2% |

所以5nm寬度大約33顆氧原子排列，如果是2nm就大約是13顆氧原子寬度，已經是非常小的世界在蓋房子，這個尺度比新冠肺炎病毒小太多了，Covid-19病毒直徑大約100nm。所以，對於世界上最先進的積體電路製造廠來說，能夠推到2nm的尺度進行工程製造，一片晶片放進超過100億個電晶體，這種技術，眞得是歎爲觀止！

## 六、成熟製程28nm

聯電曾經長達20年與台積電追逐先進製程，結果公司沒賺到什麼錢，股價長期在10～15元之間。後來放棄先進製程，不再開發14nm以下，這樣反而有助於公司發展與獲利。2021年最缺的晶片根據報導是28nm製程，剛好是聯電強項。所以，不一定是所有電子產品都需要用到先進製程。28奈米採用HKMG（high-K高介電層＋金屬閘極），是平面式技術世代中最高階的製程，28nm是一個特殊節點，可提供客戶兼具效能與成本的選擇。

科技新報作者品玩對28nm做了以下解釋：（https://technews.tw/2021/06/11/is-the-chip-really-as-small-as-possible/）

「28奈米以上晶片製程都叫成熟製程，整個業界技術非常成熟，業者對晶片的成本控制也不會相差太多，三星、台積電在這領域對聯電、中芯國際來說沒有什麼絕對優勢。成熟製程晶片極缺，只要晶圓代工廠有產能就不愁銷不出去。」

根據科技新報雷鋒網有關28 nm相關成本說明如下：

「28奈米成本效益高，往後需要FinEFT製程的16/14奈米節點，晶圓製造成本將增加至少50%，同時使用壽命比不上28 奈米，更先進製程成本更高，只有擁有最大市場的智慧手機才能承受如此昂貴成本。另一方面，隨著28奈米成熟，市場需求呈爆炸性成長，從最開始應用在手機處理器和基頻，到後來在OTT機上盒和智慧電視等更廣泛的應用領域。」

有些產品不一定要像電腦CPU，手機晶片那樣用到最高階，夠用就好，28nm反而成爲2021年最缺的技術節點。目前手機已經使用先進5奈米，但是十多年前開發的28奈米製程，依然熱度不減，各晶圓廠仍在擴產以符合增加的需求。即使擁有最先進製程的台積電，2021年2Q其營收仍

有11%是採用28nm，且南京廠擴充計劃也是規劃28nm，目標在2023年中前達到4萬片月產能。這樣，有足夠的知識才能理解2020下半年起聯電股價為何能漲5倍了，2021年第3季eps1.43，股價在60以上，28nm具有重要貢獻。

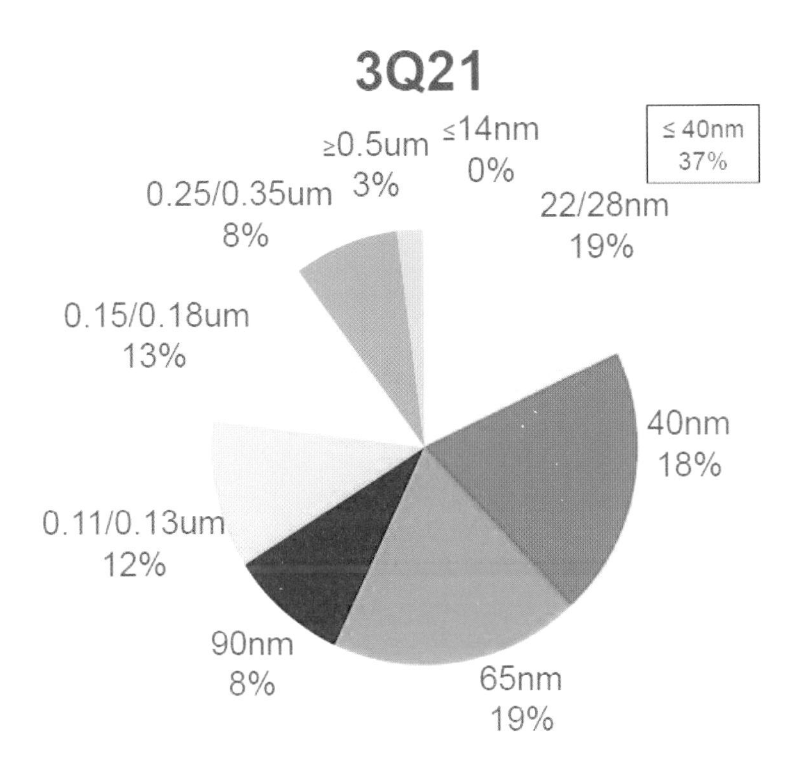


圖4-5：聯電2021年第三季，重要的28nm製程佔19%　資料來源：聯電法說會

# 第5章　台灣半導體產業

## 一、台灣是世界半導體重鎮

放眼全球IC產業，台灣算是一個大聚落，擁有從上游設計、中游晶圓代工、下游封裝測試完整的半導體產業鏈，競爭力很強，特別是晶圓代工，產值長期超過世界一半以上。歐美敗下陣來，部分原因是工資成本遠高於台灣，晶圓代工也不是砸錢就做得出來的，它是高度技術密集。IC Insights研究指出，臺灣地區晶圓產能自2011年超越日本後，又在2015年超車韓國，成爲全球晶圓產能龍頭，2020年月產能高達444.8萬片（約當8吋晶圓），在全球市占21.4%，台灣晶圓產能拿下第一名。21.4%當中，80%產能爲晶圓代工產業，主要生產廠商是台積電、聯電、力積電、世界先進。

表5-1：2020年12月，台灣晶圓每月產能世界第一
（每月約當8吋　千片）

| 區域 | 晶圓產量 | 世界佔有率 |
|---|---|---|
| 台灣 | 4448 | 21.4% |
| 韓國 | 4253 | 20.4% |
| 日本 | 3281 | 15.8% |
| 中國 | 3184 | 15.3% |
| 北美 | 2623 | 12.6% |
| 歐洲 | 1177 | 5.7% |
| 其他 | 1847 | 8.9% |

根據IC Insights公布的《2021-2025年全球晶圓產能報告》，截至2020年12月，台灣以佔全球晶圓產能的21.4%，領先全球其他地區。第二名則是韓國，佔全球晶圓產能的20.4%。日本則是以15.8%位居第三，至於中國在政府不斷扶植半導體產業下，以15.3%超車北美成爲第四名，至於北美則是以12.6%，位居第五名。

台灣、韓國各自有強項，其中，台灣在8吋晶圓產能上佔主導市場，但韓國在12吋晶圓產能則名列第一。台灣強項是晶圓代工，韓國強項是記憶體。DRAM廠商淘汰賽，全球剩下三大三小，三小是台灣的南亞科、華邦、力積電，還有零星的大陸小廠。南亞科全球市占率約3%，技術算有跟上，獲利能力也不錯，專業生產DRAM，目前技術主力是20nm（美光授權），公司並宣布2024年要量產10nm DRAM（自主研發），規劃要蓋一座新的12吋廠月產能4.5萬片，預計需要花3000億台幣。目前南亞科生產標準型記憶體的比例已經少於利基型。

黃欽勇（2021）（https://www.digitimes.com.tw/col/article.asp?id=1326）統計，全球12吋晶圓產能77%來自東亞四國／地區（韓國、台灣、日本、大陸），他並提到：

「全球12吋晶圓的產能有23%掌握在台灣手上，24%在南韓廠商手上，只是南韓以記憶體為主，台灣則強於系統IC製造。中國佔15%，但中國產能其實是涵蓋了三星、SK海力士在西安、無錫的記憶體，以及台積電在南京的產能。如果扣除外商的貢獻值，中國比重應該在6%以下。」

總之，台灣的IC半導體產能，這幾年與韓國相當，大約是第一或第二的市占率，2020～2025應可居於第一的位置。SEMI預估，全球2020年至2024年將新增38座12吋晶圓廠，月產能將增至700萬片以上規模；台灣將增加11座，中國增加8座，佔增加總數的一半。而至2024年半導體產業 12吋晶圓量產廠總數將達 161 座。可見到2025年前台灣都仍將是全世界半導體製造業的最重要地區。台灣的封裝測試，一直也是世界第一。

## 二、半導體產業鏈完整

半導體產業中最大宗是類別是IC（Integrated Circuit,積體電路）製造，主要在8吋廠及12吋廠晶圓廠製造，少部分還在使用6吋廠製造。半導體廠商多如牛毛，一般是將這產業分爲上游、中游、下游。

上游：IP設計／IC設計
中游：IC製造（矽晶圓、生產製程、檢測設備、光罩、蝕刻、化學藥品）
下游：封裝測試、IC模組、IC通路

2021年11月17日台股產生12檔史無前例的12千金大小姐（股價1000以上），千金股包括矽力-KY、信驊、力旺、大立光、譜瑞-KY、祥碩、旭隼、富邦媒、AES-KY、世芯-KY、聯發科、緯穎等。IC設計我不太懂，但是12千金當中，有7檔是半導體，幾乎都是上游的IC設計或IP股，這樣的股價值得投資者多花時間來了解IC上游產業。上游又可分IP與IC設計，IP股2021年也是狂漲，如力旺。兩者之區分說明如下：（取自https://ic.tpex.org.tw/introduce.php?ic= D000）

「IC產品的源頭來自IC設計，IP為IC設計的智慧財產權，IP開發流程包含IP設計與IP驗證，在IC設計中，IP核心再利用可以有效縮短產品開發週期並降低成本，現今IC設計大幅增加了許多功能，因此必須運用既有的驗證有效IP元件，以滿足上市前置時間的要求。但是，由於功能要求與技術製程的差異，各公司必須提供的IP種類太多，因此產生專門從事IP設計之公司。」

上游包含IC設計與IP矽智財，在2021年來說毛利率都高於IC製造，股價都狂飆，值得注意。力旺是IP股，主要經營業務是嵌入式非揮發記

憶體IP授權及技術服務，股價衝到2200元，市場給的本益比已經超過160倍。IC設計聯詠本益比沒那麼高，10多倍，但是2021年多數IC設計股eps都暴衝快速拉升，顯示出2021年半導體類股一片榮景。

表5-2：力旺eps約10元，本益比相當高

| 年度 | eps |
|---|---|
| 2020 | 9.31 |
| 2019 | 7.15 |
| 2018 | 8.09 |
| 2017 | 7.90 |
| 2016 | 7.06 |

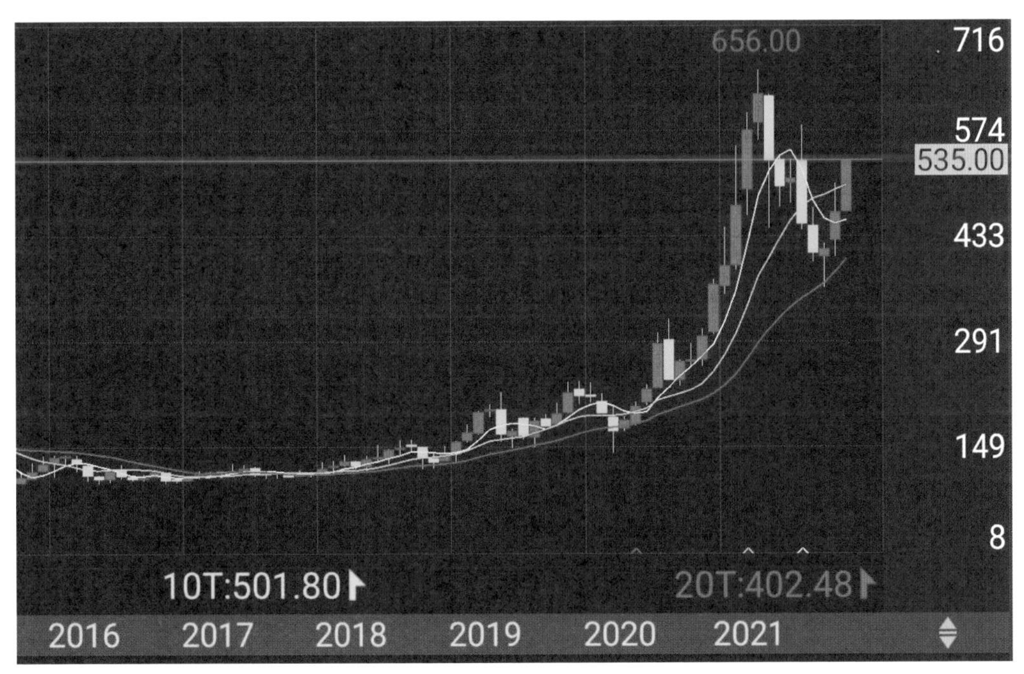


圖5-2：IC設計股聯詠　資料來源：元富行動達人

聯詠是做驅動IC的，2021年漲起價來，營收激增，毛利率47%，也都高於聯電或者力積電的毛利率，所以IC設計其實比IC製造更好賺，股價更高，聯詠股價2021年衝到600元。敦泰（3545），2021年第二季單季eps高達10.43元，股價翻漲了10倍，也難怪力積電董事長黃崇仁對著媒體說：「毛利率比我高的，我就漲價。」因爲2021年半導體製造眞是供不應求，製造方其實有很好的議價權。敦泰之前應該有在力積電下單，聯詠主要下單給聯電及世界先進。

依照moneyDJ新聞資料顯示，台灣的IC設計產值也很大，大約是IC製造的一半產值：（https://www.moneydj.com/kmdj/news/newsviewer.aspx/?a=6c9c85b4-867c-4d99-b630-df6914a5f419）

「工研院產科國際所最新預測，2021年台灣IC產業產值達4兆190億元，年增24.7%。四大產業別當中，IC設計業產值1兆1,946億元，年增40.1%。IC製造業2兆2,105億元，年增21.4%；其中，晶圓代工產值1兆9,275億元，年增18.3%。」

根據工研院產科所的預測，台灣IC設計的年產值，是僅次於美國以外的第二大產值國，此外，根據統計，2020年全球前十大IC設計公司中（以營收排名），台灣已有聯發科（第4名）、聯詠（第6名）、瑞昱（第9名）等三家IC設計廠擠進全球前十大，2021年IC設計產值也排全世界第二名。IC設計營收前10名依序分別是：Qualcomm、Nvidia、Broadcom、 MediaTek（聯發科）、AMD、Novatek（聯詠）、Marvell、Xilinx、Realtek（瑞昱）、Dialog。

根據工商時報報導，2021年我國晶圓代工市占率達全球65%，爲世界第一，不過這也不是什麼吸引人的大新聞，因爲多年下來大家都知道台積電晶圓代工的市占率通常超過50%，還有老二聯電在全球大概排第三或第四左右。2020第四季年晶圓代工全球市占率排名如下：

1. 台積電
2. 三星
3. 聯電
4. Global Foundries
5. 中芯
6. Tower Jazz
7. 力積電
8. 世界先進
9. 華虹
10. DB Hitech（東部高科）

（https://ctee.com.tw/news/tech/446049.html）

**************************** 新聞報導 ********************************

**我晶圓代工規模一枝獨秀 占全球65%**

工商時報 涂志豪 2021.04.16

根據市調集邦預估，2021年全球晶圓代工營收規模將達945.84億美元，較2020年成長11%並創下歷史新高。以地域來看，台灣晶圓代工占整體市場比重年增2個百分點達65%，韓國市占率約達18%，中國市占率僅5%。由前五大廠來看，台積電在晶圓代工市場占有率年增1個百分點達55%，三星晶圓代工市占率達17%，聯電及格芯（GlobalFoundries）市占率均為7%，中芯國際市占率降至4%。

**********************************************************************

SEMI全球行銷長暨台灣區總裁曹世綸指出，2020年台灣半導體產業在疫情衝擊下仍逆勢成長，是豐收的一年。總產值躍升全球第二，突破3兆新台幣，較2019年成長20.7%。之前台灣半導體產值有時候輸給韓國，爲世界第三名，不過2020年重新奪回第二名。以台灣一個小島只有36000平方公里來說，晶圓代工世界第一，IC設計世界第二，封裝測試及整體晶圓廠產能及都是世界第一名，台灣眞是名符其實的矽島、科技島，是世界半導體重鎮。尤其著名的台積電公司股價大漲，世界各國的先進製程晶片幾乎都採用台積電的先進製程如5nm、3nm製程，使台積電在2021年市值進入到全世界前10名，被稱爲護國神山。

## 三、台灣經濟命脈

依據行政院統計，台灣在民國109年出口產品統計：109年我國主要出口產品中，最大出口項目爲電子零組件，出口金額1,356億美元，創歷年新高，較108年增加20.5%，占整體出口比重39.3%；其次爲資通與視聽產品，出口金額491億8千萬美元，亦創歷年新高，增加15.4%，佔整體出口比重爲14.2%；第3大爲基本金屬及其製品，出口金額254億9千萬美元，占整體出口比重爲7.4%。電子零組件39.3%加資通與視聽產品14.2%，這兩項與半導體應該是密切相關，合計佔53.5%，可見半導體電子零組件佔出口大宗。台積電獲利創新高，爲台灣賺取大量外匯，股價漲到600多，由於股本大，因此其市值最高也衝到全世界第9名，超越Intel及三星。

**************************** 新聞報導 **********************************

**全球第9　台積市值12兆將超股神**

三立新聞網 2020年7月28日

記者戴玉翔／台北報導

台積電（2330）股價今（28）日早盤再創新高，市值突破12兆，也就是破了4000億美元關卡，達4317.4億美元，一舉超車VISA的3826.94億美元和嬌生（J&J）的3874.99億美元，躍居全球市值第9大公司。

台積電今（28）日早盤一度攻上漲停，達466.5元，漲42元，漲幅達9.89%，市值攀高至12.09兆元，股價與市值同創新高。

目前全球市值排名第一由沙烏地阿拉伯國營石油公司「沙烏地阿美」（Saudi Aramco）拿下，Saudi Aramco於2019年12月寫下史上最高金額的IPO紀錄後，今年旋即加入全球市值百大企業的行列，並一舉躋身百大企業之冠，自此長踞第一名寶座目前全球市值排名，目前其市值1.8兆美元、第二則是Apple的1.6兆美元、第三至第七名則由微軟的1.543兆美元、亞馬遜的1.5兆美元、Alphabet的1兆美元、臉書的6657.87億美元、騰訊6509億美元，而「股神」巴菲特的波克夏以4668.36億美元排行第八。

********************************************************************************

## 表5-3：我國出口貨品統計

表　C-9　我國主要出口貨品

單位：億美元

| | 106年 | 107年 | 108年 | 109年 | 110年 1-8月 | 年增率（%） | 構成比（%） |
|---|---|---|---|---|---|---|---|
| 合　　計 | 3 155 | 3 340 | 3 292 | 3 451 | 2 844 | 30.9 | 100.0 |
| 1. 電子零組件 | 1 072 | 1 108 | 1 125 | 1 355 | 1 086 | 29.1 | 38.2 |
| 2. 資通與視聽產品 | 341 | 353 | 426 | 491 | 385 | 26.1 | 13.5 |
| 3. 基本金屬及其製品 | 290 | 316 | 278 | 255 | 226 | 38.6 | 8.0 |
| 4. 機械 | 238 | 256 | 235 | 219 | 181 | 28.4 | 6.4 |
| 5. 塑橡膠製品 | 230 | 253 | 226 | 213 | 196 | 47.9 | 6.9 |
| 6. 化學品 | 194 | 222 | 187 | 167 | 151 | 41.0 | 5.3 |
| 7. 光學器材 | 125 | 117 | 113 | 118 | 93 | 27.6 | 3.3 |
| 8. 礦產品 | 118 | 145 | 140 | 73 | 75 | 39.1 | 2.6 |
| 9. 電機產品 | 104 | 108 | 107 | 109 | 92 | 33.4 | 3.2 |
| 10. 運輸工具 | 109 | 112 | 113 | 110 | 92 | 35.4 | 3.3 |
| 11. 紡織品 | 101 | 101 | 92 | 75 | 59 | 23.2 | 2.1 |
| 12. 其他 | 232 | 250 | 249 | 267 | 206 | 21.4 | 7.2 |

資料來源：財政部統計處「進出口貿易統計」。

台積電不但營業額很大，獲利超過一年5000億台幣，市值衝到全世界第9名，甚至因爲AMD給台積電代工，逐漸搶下Intel市占率，AMD股價大漲，逼得最後Intel從2020年開始考慮也要給台積電代工，Intel本身7nm生產不順，一時間突然全世界很有感——台積電似乎已經變成全世界半導體最頂尖的公司了。所以，慢慢的「護國神山」成爲台積電的代名詞……一個流行用語。

台積電不只技術方面、財務面對台灣經濟產生很大影響力，連加權股價指數也大受影響，台積電每漲跌1元，大約影響台股8.14點。以前台積電100元，現在600元，多了500元大約貢獻指數多4250點，台股若17000點扣除台積電影響剩下約12750點，其實也不是漲到太離譜，有些人說什麼17000點太高，資金應該全撤，其實還是可以找到相對便宜的股票。例如2021年金融股的股價，也大約在大盤8000～10000點時的價位而已，不是很貴。倒是IC設計及IC製造漲翻天倒是眞的。

（查權值網址https://www.taifex.com.tw/cht/2/weightedPropertion）

台積電漲跌對大盤指數的影響，可以如此計算：

2021年10月15日

大盤16781點

權重：29.0956

股價：600.0

對加權指數影響：8.14

也就是台積電每漲1元，貢獻大盤加權指數8.14點

有興趣的人，上面計算方法，掃QR-code

半導體類股的景氣變化與股價其實眞的不好抓、很不好預測，倒不是因爲半導體是絕對景氣循環，雖然DRAM是有景氣循環，晶圓代工營收相對穩一點，景氣不好抓是因爲高科技競爭很激烈，一個新發明往往可以改變整個戰局，例如台積電勝出，與研發人員林本堅發明雙重曝光（double patterning）有很大關係，在2002年開始推動以水爲介質的浸潤式微影技術（Immersion Lithography），使台積電取得微縮技術取得重大突破。DIGITIME的研究報告顯示2021～2026年全球晶圓代工營收年均複合增長率（Compound Annual Growth Rate，CAGR）仍將會高達9.6%，所以晶圓代工目前不是景氣循環股，成長性值得期待。在2018年9月時，張忠謀在第二大半導體展《SEMICON Taiwan》發表演講《從半導體業的重要創新看半導體公司的盛衰》，當時他也提出未來10年至20年半導體產業年成長率5%～6%，表現仍高於世界的GDP的2%～3%年成長率。只能說產業仍在成長，但是競爭非常激烈。

## 四、以科學園區為核心發展半導體

2020年台灣出口金額100079億台幣（美金3451億），三大科學園區（新竹、中部、南部）合計出口值24016億，佔了全台灣出口值的24%，大約1/4份額，可知，科學園區對台灣經濟發展佔有重要地位。

依據科技部2021.9.13在「科學園區2021年上半年營運記者會」公布的資料，2021年上半年，竹科上半年營業額7439億居首，中科與南科4800億非常接近。三大科學園區在積體電路營業額12248億，佔2021年上半年總額17128億（台幣）的71.5%，可知科學園區主要營業額還是IC產業，所以IC製造對台灣經濟以及整體出口影響非常大。IC產業蓬勃發展，跟早期新竹科學園區的成功有很大關係，再把成功經驗複製到南科、中科。

## 表5-4：2020年台灣的三大科學園區營業額

單位：億元

| 園區別 | 2019 年 | 2020 年 | 成長率(%) |
|---|---|---|---|
| 新竹科學園區 | 10,916.46 | 12,439.15 | 13.95 |
| 中部科學園區 | 7,972.32 | 9,359.79 | 17.40 |
| 南部科學園區 | 7,432.36 | 8,477.31 | 14.06 |
| 總計 | 26,321.14 | 30,276.25 | 15.03 |

## 表5-5：2021上半年台灣的三大科學園區營業額

單位：億元

| 園區別 | 2020 年上半年 | 2021 年上半年 | 成長率(%) |
|---|---|---|---|
| 新竹科學園區 | 5,660.94 | 7,439.72 | 31.42 |
| 中部科學園區 | 4,330.57 | 4,827.92 | 11.48 |
| 南部科學園區 | 3,689.53 | 4,806.64 | 31.74 |
| 總計 | 13,681.05 | 17,128.28 | 25.20 |

## 表5-6：2020科學園區各產業營業額統計

單位：億元

| 產業別 | 2019 年 | 2020 年 | 成長率(%) |
|---|---|---|---|
| 積體電路 | 18,298.24 | 21,868.93 | 19.51 |
| 光電 | 4,840.18 | 4,787.07 | -1.10 |
| 電腦及周邊 | 953.62 | 1,440.50 | 51.06 |
| 通訊 | 636.61 | 672.72 | 5.67 |
| 精密機械 | 1,175.52 | 1,024.42 | -12.85 |
| 生物技術 | 291.00 | 339.59 | 16.70 |
| 其他 | 125.97 | 143.01 | 13.53 |
| 總計 | 26,321.14 | 30,276.25 | 15.03 |

## 表5-7：2020科學園區進出口貿易總額

單位：億元

| 出口 / 園區別 | 出口額 | | | 進口額 | | | 貿易總額 | | |
|---|---|---|---|---|---|---|---|---|---|
| | 2019 年 | 2020 年 | 成長率(%) | 2019 年 | 2020 年 | 成長率(%) | 2019 年 | 2020 年 | 成長率(%) |
| 新竹科學園區 | 11,948.44 | 13,549.00 | 13.40 | 4,001.43 | 5,374.76 | 34.32 | 15,949.86 | 18,923.76 | 18.65 |
| 中部科學園區 | 4,469.94 | 5,375.26 | 20.25 | 1,481.15 | 1,442.40 | -2.62 | 5,951.09 | 6,817.66 | 14.56 |
| 南部科學園區 | 4,250.75 | 5,091.80 | 19.79 | 1,940.67 | 2,099.23 | 8.17 | 6,191.42 | 7,191.03 | 16.15 |
| 總計 | 20,669.13 | 24,016.06 | 16.19 | 7,423.25 | 8,916.39 | 20.11 | 28,092.38 | 32,932.45 | 17.23 |

表5-8：2021年上半年科學園區進出口貿易總額

單位：億元

| 出口 / 園區別 | 出口額 | | | 進口額 | | | 貿易總額 | | |
|---|---|---|---|---|---|---|---|---|---|
| | 2020年上半年 | 2021年上半年 | 成長率(%) | 2020年上半年 | 2021年上半年 | 成長率(%) | 2020年上半年 | 2021年上半年 | 成長率(%) |
| 新竹科學園區 | 5,637.15 | 7,468.99 | 32.50 | 2,339.98 | 2,873.97 | 22.82 | 7,977.13 | 10,342.97 | 29.66 |
| 中部科學園區 | 2,457.58 | 2,800.48 | 13.95 | 552.2 | 899.6 | 62.91 | 3,009.77 | 3,700.09 | 22.94 |
| 南部科學園區 | 2,345.58 | 2,530.44 | 7.88 | 1,132.53 | 1157.20 | 2.18 | 3,478.11 | 3,687.64 | 6.02 |
| 總計 | 10,440.31 | 12,799.92 | 22.60 | 4,024.70 | 4930.78 | 22.51 | 14,465.01 | 17,730.70 | 22.58 |

# 五、科技產業帶動地方發展

這幾年，新竹縣市居民收入越來越高，這跟科技廠薪資高應該是密切相關。國富調查顯示新竹是僅次於台北市的最富有縣市。根據主計總處最新公布的109年家庭收支調查結果，109年全台平均每戶家庭所得爲129.4萬元，台北市爲首都平均所得171.7萬元最高，新竹縣162萬元第二，新竹市161.9萬元排第三。

表5-9：台北市、新竹縣國民收入平均每戶家庭收入

**第2表　平均每戶家庭收支按區域別分**

民國 109 年　　單位：元

| | 總平均 General average | 新北市 New Taipei City | 臺北市 Taipei City | 桃園市 Taoyuan City | 新竹縣 Hsinchu County |
|---|---|---|---|---|---|
| 家庭戶數 | 8,829,466 | 1,594,111 | 1,060,320 | 834,453 | 202,656 |
| 平均每戶人數 | 2.92 | 2.86 | 3.01 | 3.25 | 3.24 |
| 平均每戶成年人數 | 2.48 | 2.49 | 2.59 | 2.61 | 2.67 |
| 平均每戶就業人數 | 1.37 | 1.34 | 1.40 | 1.54 | 1.57 |
| 平均每戶所得收入者人數 | 1.76 | 1.88 | 1.89 | 1.91 | 1.86 |
| 一、所得收入總計 | 1,293,719 | 1,352,548 | 1,716,591 | 1,424,027 | 1,619,782 |

表5-10：台中市、台南市、高雄市、新竹市國民收入平均每戶家庭收入

2020 Unit:NT$

| 臺中市 Taichung City | 臺南市 Tainan City | 高雄市 Kaohsiung City | |
|---|---|---|---|
| 993,132 | 699,095 | 1,113,881 | No. of households |
| 2.99 | 2.82 | 2.90 | No. of persons per household |
| 2.51 | 2.38 | 2.46 | No. of adults per household |
| 1.41 | 1.37 | 1.35 | No. of persons employed per household |
| 1.75 | 1.64 | 1.72 | No. of income recipients per household |
| 1,289,700 | 1,086,475 | 1,224,100 | A.Total receipts |

2020

| 基隆市 Keelung City | 新竹市 Hsinchu City | 嘉義市 Chiayi City |
|---|---|---|
| 155,018 | 169,186 | 100,858 |
| 2.64 | 3.01 | 2.87 |
| 2.29 | 2.44 | 2.39 |
| 1.08 | 1.30 | 1.15 |
| 1.60 | 1.73 | 1.61 |
| 1,106,963 | 1,618,903 | 1,225,219 |

居民收入新竹縣市收入特高，而且前五名都是由北而南，台北、桃園、新竹分居前五名，即便六都當中的台中市、高雄市也只能排到中間位置。早期政府的資源安排，往往放在政府所在地台北市，不然就是放在新竹居多。例如國立大學新竹就有清大及交大，國家奈米實驗室、同步輻射中心、高速電腦等等，特別是第一個科學園區設在新竹，這都帶動新竹發展。竹科從業工程師，非常多都是從中南部上去的年輕人，有些留在當地買房子就定居下來，南部就留下年邁的父母，新竹縣市居民收入分居高薪的二、三名，這個結果不難理解，很少人會感到意外。台南縣原本是比較窮的農業縣，2000年併入台南市，隨著第二家科學園區——南部科學園區——在新市、善化建立，對周邊經濟的帶動貢獻很大，這兩年台南新市、永康房價也很火紅，房價漲幅幾乎是全台灣第一名。科學園區現在很受歡迎，地方政府爭相爭取設置科學園區。

台灣房屋集團趨勢中心經理江怡慧2021.9.13則指出2021年六都房價全數上漲，其中台中、台南房價回升最強勁，漲幅分別達6.8%、6.5%，就算是漲幅較含蓄的新北，價格也上升了1.5%，房市呈現穩定走升的格局。達麗建設董事長更直接說，推建案要跟著台積電走，而且達麗建設在台南高鐵站推案「國家強棒」沒幾天就完銷，有台積電坐鎮南科，房子果然好賣。說著說著，到了2021年9月又傳說台積電7nm要進駐高雄中油舊

廠區，一時間短短一個月，高雄楠梓、橋頭的房價開始暴漲。台積電帶動地方發展的能量果然驚人。

***************************** 新聞報導 **********************************

**台積效應 高雄房市瘋了**

2021-10-05 03:03經濟日報 記者林政鋒／高雄報導

台積電設廠效應，帶動高雄房市暴漲。圖為高雄85大樓周邊地區。台積電設廠效應持續發酵，中北部投資客大軍南下、與在地置產者會合，形成購屋狂潮，地毯式橫掃北高雄新成屋以及預售案。

蛋黃區美術館大型預售案單周來客140餘組、售出190餘戶，凸顯不少人一次買二戶以上；愈來愈多建商認為，高雄房地產短期跳空漲停，市場結構已經被扭曲，恐「吃緊弄破碗」。

高雄市不動產開發公會理事長黃炯輝說，現在高雄房市「不是快要瘋了，是已經瘋了」。黃炯耀表示，傳言台積電選址北高雄中油總廠，加上市長陳其邁在行政院副院長任內催生橋頭科學園區，北高雄房價快速飆漲。國內科學園區從新竹、台中到台南的發展軌跡，區域房價往上走是必然現象，重點在於購屋者認同，高房價才賣得動。

**********************************************************************

北高雄房價火熱除了是傳聞台積電要設廠7nm的12吋晶圓廠，也與高雄市設置橋頭科學園區成功有關，橋頭科學園區與路竹園區、台南新市園區連成一線。地方政府不斷爭取科學園區，以及台中、台南、新竹房價漲幅大，都顯示科學園區促進當地經濟發展非常明顯。光是園區上班族就有數量龐大的購屋需求。現在，民間與政府都知道科技產業可以帶動地方經濟，科學園區的設置眞是遍地開花。

以上訊息顯示，半導體製造IC產業，眞的對台灣來說是經濟命脈，越來越重要，公司又很賺錢，又是最具競爭力的產業，又是2021年飆股，而且12吋晶圓廠進入門檻高，符合巴菲特說的護城河，不容易變成紅海市場，尤其晶圓代工業績穩定性佳。所以投資人投資時還是「加減」參與半導體股，資金不要缺席半導體才好！但是要非常注意第1～3章說的折舊、殖利率等問題，基本功要練。2020年講「護國神山台積電」成爲熱門用語，2021流行語變成「護國群山」，但是因爲殖利率偏低我很少買這檔。放眼未來，晶圓代工仍屬複合成長，是屬於成長中的行業，未來應用還非常廣。爲因應2020～2021年半導體供不應求的情況，各晶圓廠也都陸續提出擴產計劃，雖說資金不缺席，仍應依據專業愼選標的。

# 第6章　晶圓代工淺說

文／royo

談談晶圓代工之前，先來講講這個產業的發展史，讓大家了解台灣如何一步一步發展出今日的全球四大晶圓代工公司。

民國36年美國貝爾實驗室發明了半導體中最關鍵的元件——電晶體，由電話、電腦等應用開始，大力發展這個生活中不可或缺的半導體產業。其後歐洲諸國、日本急起直追；民國63年後台灣、南韓、新加坡等國也大舉投入，大陸也在鄧小平改革開放政策後，經濟起飛慢慢加入這個行列。半導體產業發展開始時，是以垂直整合製造（Integrated device manufacturer，IDM）的生產模式存在，IDM模式從產品設計、製造、封裝、測試、行銷，都由一間公司包辦，需要雄厚的資本才能支撐這種營運模式。第一間IDM公司是美國快捷半導體（Fairchild），率先提出商業化生產積體電路（Integrated Circuit, IC）的方法，後來它的主要創辦人離職創立了聞名的英特爾（Intel）公司，其後日本東芝（Toshiba）、德國西門子（SIEMENS）、美國德州儀器（TI）等公司也都是屬於這類型的IDM公司。

隨著半導體應用增加，一些擅長晶片積體電路設計的小型公司開始成長，但半導體製造設備這種昂貴的資金門檻造成了設立工廠的主要障礙需要克服。起初這些公司和IDM公司製造部門合作，利用它們能提供的製造能力來生產自己所需的晶片，產生了無廠半導體公司（fabless semicon-ductor company）與IDM晶圓代工廠的合作模式。其中IDM晶圓代工廠又因市場需求，衍生出放棄IDM模式而專注在晶圓代工的新事業型態。民國76年台灣積體電路製造公司（Taiwan Semiconductor ManufacturingCompany, TSMC）成立，是全球首間以晶圓代工

（Foudry）模式從事半導體製造的公司。

台灣的半導體產業發展始於民國63年，經濟部長孫運璿從美國無線電公司（Radio Corporation of America，RCA）挖角微波研究室主任潘文淵回國展開序幕，在團隊的評估下，選擇同意代訓人才、買回實驗工廠生產晶片、技轉費用低，對台灣比較有利的RCA公司合作，引進半導體電子錶IC設計和7.5微米（μm）互補金氧半導體（CMOS）製造技術，在工研院建立了台灣第一個實驗性的3吋積體電路工廠，產出第一顆可根據風向、風速調整的時脈控制晶片，用途為指定地點上空引發電路，讓空飄氣球爆裂對大陸散發宣傳品的CIC001「可設定時間的電子定時器」IC，這是由美國RCA受訓種子人員之一的曹興誠所設計。由於國人對工作的賣肝付出，7.5微米（μm）產品良率在工廠營運的第6個月已經高達7成，比技術轉移母廠RCA公司的5成良率更好，而軍方聯勤兵工廠、民間手錶製造等客戶下單生產的IC也都順利出貨。

為了將技術落實產業化，於是政府指定交通銀行率先投資聯電25%股份及民間東元10%股份（附註1），另外聲寶、華新麗華等公司也響應，在民國69年成立聯華電子（United Microelectronics Corporation, UMC）公司，並將工研院電子所此時發展出的4吋積體電路工廠及一些參與RCA技術轉移計劃的管理和技術人員轉給聯電，由曹興誠擔任總經理，至此聯電成為一家主要產品為低階消費性 IC和電話機IC的IDM公司。民國73年曹興誠提出一項「擴大聯華電子」的企劃書，期望結合美國華人來投資設計公司，在台灣做晶圓專工的構想，強調設計和製造走國際分工、產銷互補路線的營運方式。曹興誠將這份企劃書拿給德州儀器第三號人物且擔任台灣科技顧問的張忠謀希望合作，但並未得到他的回應。由於此計畫需要的經費是當時聯電年營業額的十倍，在缺乏資源的情況，只能繼續以IDM公司營運。民國80年張忠謀辭去聯電董事長，後來由曹興誠接任。民國84年台積電營收突破10億美元大關這

一年，曹興誠宣布將聯電轉型爲台灣第二間晶圓代工公司。（資料來源：Stockfeel；「晶圓代工」雙雄爭霸：台積電與聯電的愛恨情仇。https://www.stockfeel.com.tw/%E6%99%B6%E5%9C%93%E4%BB%A3%E5%B7%A5-%E5%8F%B0%E7%A9%8D%E9%9B%BB-%E8%81%AF%E9%9B%BB/）

民國71年行政院長孫運璿曾以工研院院長職務邀請張忠謀返台貢獻所長，被當時德儀股票選擇權未到期的張忠謀拒絕。民國73年工研院接下「超大型積體電路（Very-large-scale Integration, VLSI）計畫」進行次世代技術研發。民國74年工研院董事長徐賢修再多次去美國遊說已離開德儀、存款利息可滿足生活需求、財務自由的張忠謀返台效力得到同意，接任工研院院長兼聯電董事長。在我國半導體教父領導下，民國75年第一座6吋積體電路實驗工廠正式完工。民國76年政府爲了扶植半導體產業，由國發基金出資48.3%、荷商飛利浦投資27.5%、民間台塑等公司也加入合資，成立台灣積體電路製造公司，將VLSI計畫成果的6吋積體電路工廠、2微米（μm）互補金氧半導體（CMOS）製造技術與技術人員移轉給台積電，飛利浦並同時技轉一些關鍵技術給台積電，使用這座工廠幫飛利浦代工所需要的各類IC。張忠謀看到當時國善電子、茂矽、華智等半導體公司，設計完成IC成品時，找不到製造的工廠，於是張忠謀便提出台積電專門從事晶圓代工業務的企劃提案，成立台灣首創專業晶圓代工模式的積體電路工廠，充分發揮製造方面的血汗優勢以服務客戶。台積電很快發展成爲全球舉足輕重的晶圓代工廠，大幅改變產業生態。有別於早期半導體公司以IDM廠營運模式，台積電的晶圓代工模式成功後，設計公司只要專注做好積體電路產品設計，再委託代工量產即可，不必投資需要鉅額資金、生產設備的晶圓廠。

隨著國內個人電腦產業快速成長，負責電腦資料處理及運算暫存區（工作桌）的動態隨機存取記憶體（Dynamic Random Access

Memory，DRAM）需求大增，政府在民國78年委託工研院執行「次微米計劃」，延攬當時在美國貝爾實驗室任職的盧志遠負責研發DRAM製造技術，民國82年第一座8吋積體電路實驗工廠正式完工，產出8吋晶圓0.5微米（μm）的16Mb DRAM製程技術。民國83年，除國發基金外，台積電率領13家公司集資得標此8吋晶圓廠，衍生世界先進積體電路公司（Vanguard International Semiconductor Corporation, VIS），是具有記憶體IC設計開發能力的IDM公司，由張忠謀擔任董事長。然而，DRAM產品接近標準品的特性，國內外各廠商生產相同的產品、供應商取代性高、市場價格完全由供需決定。各國競相投入龐大的研發費用發展最新的技術使自己生產的DRAM有最低的成本，在高額投資尚未回收的情況下就必須再投入資金研發次世代技術。這種不斷燒錢的方式加上供需失衡不斷下跌的DRAM價格，只要不是擁有最新製程、成本最低的公司就會因設備高額折舊無法得到足夠的利潤回饋造成嚴重損失，在累計虧損超過一百億元後，民國88年由於力晶黃崇仁擔心被聯電惡意併購及世界先進需要先進DRAM製程技術的需求，張忠謀主導由世界先進花27億元以接近淨值、每股17.5元買下日商三菱（Mitsubishi）持有的力晶11%股權進行俗稱「跳蛙（三菱）策略」，期望用較低的代價取得先進製程技術降低製造成本使世界先進轉虧爲盈。此時台積–世界–力晶三方結盟，皆可使用三菱提供的0.2微米（μm）的128Mb DRAM製程技術，此股份的轉移也阻止了當時聯電曹興誠企圖賤價收購股票、入主力晶的可能；此外，世界先進同年也開始導入台積技術轉移的0.5微米（μm ）、0.35微米（μm）製程進行邏輯產品代工佈局。因國際大廠不斷使用更新的製程供貨，造成世界先進不夠領先的DRAM技術在跳蛙策略後仍持續虧損，反倒是邏輯代工越做越好、代工晶片數量越來越多竟超過了DRAM的產量也帶來獲利，於是世界先進陸續出脫力晶持股且在民國93年轉型爲晶圓代工公司，逐漸終止DRAM業務。爲了避免同時擔任台積電與世界先進董事長，皆以晶圓代工營運模式爲主可能產生的爭議，張忠謀也請辭世界先進董事長，委託專業經理人經營。

我國第四間晶圓代工公司也是由DRAM廠轉型產生。民國83年由力捷精英集團、日本三菱電機等公司共同出資成立了力晶半導體（Powerchip Semiconductor Corporation, PSC），業務是DRAM產品產銷的IDM公司。民國85年啟用8吋廠，由日商三菱提供技術，產出0.4微米（μm）16Mb DRAM，民國91年建立了台灣第一座、全球前三座生產DRAM的12吋廠，以三菱技術、0.13微米（μm）256Mb DRAM製程進入量產；此時8吋廠部分由於DRAM製程黃光設備極限因素，無法技術再精進降低製造成本，於是自日本三菱引進0.25微米（μm）／0.18微米（μm）／0.15微米（μm）邏輯代工製程技術逐年轉型代工。民國97年將此座8吋廠獨立爲鉅晶電子股份有限公司（Maxchip Electronics Corporation），且於民國98年達成0.18微米（μm）代工LCD顯示驅動晶片量產的重要目標。由於DRAM產業大起大落，力晶沒賺到多少錢，卻付出高達數百億元技術移轉費用，使得業績呈現高度不穩定狀態，往往有賺一年賠兩年的狀況發生。在8吋廠轉型晶圓代工後，公司逐步將邏輯代工技術轉移至12吋廠，民國101年於12吋廠開始90奈米（nm）LCD顯示驅動晶片量產。由於力晶科技長期虧損，淨值不斷減少，同年12月力晶科技因高額折舊導致淨值爲負，被櫃買中心公告必須下市。力晶下市後在邏輯代工產能持續滿載的情況下，民國102年轉型爲經營模式穩定的台灣第四間晶圓代工公司。至此國內四大晶圓代工公司相繼成立，也都在全球的晶圓代工產業扮演重大角色，多年來始終是全球十大晶圓代工公司中的四大公司。

隨著產業的發展與分工，晶圓代工公司除了分擔IDM公司產能不足與投資設備的高昂生產成本外，也因此讓不用投資晶圓廠的IC設計公司（Design house）得以蓬勃發展。此外，台積電晶圓代工模式的成功，也使得各家晶圓代工廠相繼成立。雖然晶圓廠的投資成本依據產能多寡會有不小差異，但一般來說，一座8吋晶圓廠的投資成本超過10億美元，而十二吋晶圓廠的建廠成本則高達30億美元。因爲晶圓廠的投資門檻很高使自有產品的IDM公司承受很大的投資風險，新製程伴隨高投資金額，使IDM公司新建廠的計劃日漸保守，也讓部分IDM公司不得不走向轉型之路，將製造生產方面全部或部分委託給專門的晶圓代工廠，轉爲無晶圓廠（Fabless）公司或是輕晶圓廠（Fab-lite）公司，將資金專注於IC設計及製程研發方面，深化其專長的領域、增強競爭力、並能與競爭力不斷增加的IC設計公司競爭。在IDM公司轉爲無晶圓廠案例中，著名的例子爲美國超微半導體（Advanced Micro Devices, AMD）在民國98年引進阿布達比資金，將晶圓製造工廠分割成爲格羅方德（GlobalFoundries）從事晶圓代工業務，AMD本身則成爲無晶圓廠公司。而IDM公司轉爲輕晶圓廠案例中，著名的例子爲德國英飛淩（Infineon Technologies, IFX）在民國94年放棄90奈米（nm）產能的建置而採行了「輕晶圓廠」策略，將需要先進製程的產品委託晶圓代工廠生產、成熟製程的產品交由自家舊有的工廠。至於擁有先進製程技術的IDM公司爲了本身策略與發展，也逐漸進入晶圓代工領域，美國英特爾（Intel Corporation）及南韓三星（Samsung Electronics）是最好的例子，特別是三星重點發展晶圓代工業務，成爲全球十大晶圓代工公司台積電的主要競爭對手。

晶圓代工公司最大的特色在於沒有自己的產品。而IC設計公司則是擁有自己的產品，靠設計產生附加價值，搭配適當的晶圓代工廠生產產品。因爲資本相對小，使得產品成功後分配到小股本下的利潤非常高。一旦設計出來的產品受市場歡迎，不但獲取暴利亦可支持公司設計出次世代產品的研發費用，當然，產品滯銷造成庫存也需要打呆帳提列庫存損失。相較之下晶圓代工廠賺的錢波動性較小，依據產能、製程種類、代工產品的光罩數目收取固定的利潤，無法從產品熱銷得到額外的獲益。由於此利潤分

配到高資本晶圓工廠大股本的情況下相對就顯得較少，爲了增加獲利只能加大投資金額往先進技術晶圓代工方向走，藉由先進製程大幅提高代工的報價。這種昂貴的資金的門檻也使市場上新加入的產能比起IC設計公司雨後春筍般增加保守許多，也多以成熟製程爲主。另外一方面，代工的客戶（IC設計公司、IDM公司）多，個別客戶公司的產品種類多，對於晶圓代工廠來說就像是很多的雞蛋放在不同且爲數衆多的籃子裡，風險極爲分散，只有如民國97年的金融海嘯，整體環境造成IC產業不景氣，晶圓代工廠的產能才會有明顯的影響，這種產業的營運模式算是穩定。

晶圓代工屬於高度客製化的行業，從業務端接收到客戶的需求，評估後投入人員、光罩、實驗晶片、時間、製程材料、設備，研發客戶所需要的製程、產出客戶所需的試作品，試作品被下游客戶接受後下單產出產品，代工數量龐大且代工價格高的產品對晶圓代工廠來的獲利很有幫助，只要維持製程穩定、滿足客戶的產出即可；對於代工數量很少、不被市場所接受，甚至一年需求量只有數盒晶片的產品，此產品製程研發生產投入的心血、花費的成本，可能連正常的利潤都達不到而落入虧損的窘境，前幾年沸沸揚揚的生物晶片就是最好的例子，不過這是許多新產品面臨的風險無法避免，因此新產品是否能放大產量就是晶圓代工成功與否最簡單的判別方法。晶圓代工廠製程的代工技術除了少數外購技術或合作開發之外，公司的技術都是自己廠內的製程研發單位開發完成，所以不需要支付高額權利金有助於公司減少支出；代工技術的合作常常來自客戶端的IDM公司或是輕晶圓廠，簽訂保密合約後由IDM公司提供或聯合開發次世代技術做爲代工產品使用，也防止此技術供其他在同一晶圓代工廠代工的公司使用而增加競爭者的能力，畢竟爭奪同一市場的不同公司委託同一晶圓代工廠代工是常有的事。雖然IDM公司自己有工廠生產產品，但是因爲市場需求大、本身的產能不夠、或是本國人力成本過高不符合經濟效益的情況下，把部分產品跟技術交給晶圓代工廠生產使產品出貨更有效率也是一種雙贏模式；也有IDM公司已轉型爲輕晶圓廠，已經沒有生產新產品所需製程的工廠，就與晶圓代工廠合作，在現有的技術下，在晶圓代工廠內一起將技術進行製程推進、微縮，合作代工所需的新技術。

晶圓代工廠代工製程涵蓋的很廣，除了以高效能運算（High Performance Computing, HPC）製程代工的手機平板、自駕車等各種處理器要由12吋5奈米（nm）往3奈米（nm）甚至更細線寬的製程繼續往下做之外；手機（CMOS Image Sensor, CIS）影像感測IC視解析度不同，1.44 億畫素的CIS晶片使用14奈米（nm）先進製程但2百萬畫素的CIS晶片卻只要使用0.11微米（um）成熟製程代工、（Image Signal Processor，ISP）影象處理器IC、（Organic Light-Emitting Diode, OLED）有機發光二極體驅動IC等產品，目前也才慢慢導入28奈米（nm）成熟製程；將面板驅動IC和觸控面板IC整合成一顆晶片的（Touch and Display Driver Integration，TDDI）觸控面板感應IC逐漸以55奈米（nm）成熟製程取代原本的80/90奈米（nm）成熟製程爲主流；電視及平板電腦用液晶（Display Driver IC，DDI）顯示驅動晶片、電源管理用（Bipolar CMOSDMOS，BCD）IC仍是0.11及0.15微米（μm）成熟製程爲主。只要產品有需求，0.35微米（μm）、0.9微米（μm）粗線寬製程代工的二極體及分離式元件至今都仍在六吋與八吋晶圓代工廠生產。

由於積體電路不同於一般的產品，製程的程序高達一百多道，製程溫度控制及微塵、缺陷（particle、defect）要求非常高，沒有精準的控制不但影響裸晶測試良率（Chip probe，CP，Yield）、最終封裝後測試（Final test，FT），甚至進入汽車用車載產業的極端高低溫度測試的裸晶良率、最終封裝測試結果、產品銷售到市場後的百萬分之一客戶退貨率（Defect part per million，DPPM），這種情況使得卽使是在同一晶圓代工廠旗下的不同工廠生產的產品都無法避免差異，卽使同公司內轉

廠都要經過詳細的評估，更別說是轉公司。內部評估如同產線上新設備加入生產的小量晶片（如一盒25片中挑個數片）、中量晶片（如一盒25片中挑三分之一或二分之一）、大量晶片（如一盒25片全選，每天挑數盒連續挑半個月或是不限時間總數挑數十盒）實驗等，都需要重新執行過一次，確認產線的缺陷（particle、defect）、晶圓的電性測試（Wafer Acceptance Test，WAT）及裸晶測試良率在不同工廠之間的差異性小於規格。以需要六週製程時間及二週測式時間的產品爲例，這樣小中大量晶片的轉廠評估，可能長達半年甚至一年的驗證（如車用晶片需要更多變溫、最終封裝等測試），增產的複雜程度遠非一般性產品可比較，這也降低了大量製造標準品導致產品大幅跌價、新競爭者容易切入市場的風險。

由於晶圓代工業涵蓋了製程、良率、客退DPPM、代工價格等綜合因素，這些因素結合形成了晶圓代工不易被同業取代，譬如同樣28奈米（nm）製程代工，客戶會比較有28奈米（nm）製程能力的台積電是否良率高且穩定代工價格高、聯電良率略低代工價格略低、中芯良率稍低不穩定、格羅方德良率不明，但SOI（Silicon on Insulator）絕緣層上覆矽技術太昂貴而選擇高CP值的晶圓代工廠。這種會同時考慮品質與代工價格的情況，也等於阻斷了一種常見的低價惡性競爭可能性。超微半導體（AMD）近年毛利率大幅提升乃是放棄曾經屬於自家工廠的格羅方德而轉向台積電代工、高通驍龍手機處理器因發熱問題放棄三星75折代工價格而回到台積代工等等。當代工品質不夠好時，即使工廠已經完全折舊完畢也會因代工客戶過少，收益無法維持工廠的基本運轉費用導致必須將工廠賣掉，南亞科技獨立出來做晶圓代工的勝普、馬來西亞全球晶圓代工排名第十六名的矽佳也都是著名的例子。客戶選定晶圓代工廠一旦成爲習慣後，轉廠所需的重新評估及所需產能也會納入考量，這樣導致某些八吋代工產品相同製程的代工價格在世界先進由於不斷漲價反而高於台積電；而12吋代工產品相同製程的在聯電代工價格也因爲代工價格數度調漲而高於台積電的奇特現象。種種因素使得多年以來，雖然全球多年都有新的晶圓代工廠加入，但具有競爭力、排名前十名的代工廠總是特定公司少有變化。可參考媒體引用歷年由TrendForce或Gartner所提供資料。

在疫情在家辦公催生出來的5G需求、電動車等產品IC數量越來越龐大的趨勢使得IC需求量大增，全球晶圓代工廠發生產能嚴重不足的現象。爲了鞏固晶圓代工廠的產能，客戶被迫接受晶圓代工廠異於以往的代工價格調漲機制，甚至幫忙購買設備、用高額訂金綁複數長約的現象。譬如台積電集團挑選願支付高代工價幫助高毛利率的客戶優先提供產能保障、聯電與八大客戶議定價格並預收訂金，綁六年、前兩年允許聯電漲價，共同投資千億元的P6廠新增28奈米（nm）製程產能的新代工合作方式，此方式有助聯電減輕投資建廠成本壓力，確保了未來新廠產能開出後訂單無虞而客戶也可取得穩定晶圓代工產能，對於客戶及晶圓代工廠是雙贏。此外，聯發科出資幫力積電購買生產機台以確保產能也是一種合作的方式。

【附註】

[1]爲了聯電衍生案，工研院特別成立「創新技術移轉公司」，協助聯電籌措開辦資金。聯電初期資本額三點六億元，電子所技術作價占5%股分，卽一千八百萬元。聯電成立之初，沒有一家公司對它有信心。直到政府指定交通銀行率先投資聯電25%股分後，東元、聲寶、華新麗華等大財團才勉強跟進。東元參與聯電的投資案，初期投資三千六百萬元，約占聯電的10%，當時投資聯電，東元內部股東曾引起強烈反彈，東元一位副總對朋友說道。現在，若加上每年的配股換算，東元持有聯電股票的成本每股不到一元，已完全回收。

# 第7章　面板股與DRAM股

面板產業算是半導體嗎？嚴格說也是算半導體產業。一般液晶面板稱爲TFT-LCD（thin-film-transistor liquid-crystal-display，薄膜電晶體液晶顯示器），在液晶與玻璃基板底下，每個RGB畫素底下都有一個對應的薄膜電晶體，這個電晶體就是半導體產品。這個TFT的構造，類似於MOS-FET元件，製造流程也非常類似與晶圓半導體製造，只不過製造流程比較簡單。TFT液晶爲每個像素都設有一個半導體開關，這樣可以單獨的控制一個像素點，液晶材料被夾在TFT玻璃層和彩色濾光片之間，通過控制的電壓値就可以控制最後出現的光線強度與色彩。

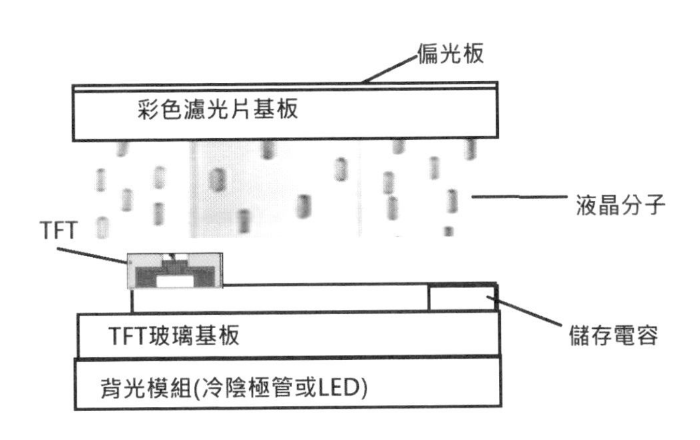


圖7-1:TFT-LCD基本結構，每個RGB畫素底下都有個電晶體（作者繪）

面板股、DRAM曾是2002年政府要扶植的兩兆雙星產業，後來這兩個產業景氣不好，又加上太陽能與LED兩個行業，在2019年時被合稱爲四大慘業。大陸面板業有政府補貼政策而形成殺價競爭，DRAM則有韓國殺價競爭（技術更先進）。面板業是典型景氣循環股，這麼多年來有好幾次景氣循環，DRAM也有景氣循環。我們最好了解不同產業的特性，彼得林區（2019）[7]在他的著作《彼德林區選股戰略》第7章當中（p.142），將股票分為六種類型：

1. 緩慢成長股
2. 穩健成長股
3. 快速成長股
4. 景氣循環股
5. 資產股
6. 轉機股

面板及DRAM股確實有明顯景氣循環現象，屬於上述分類的第4種。通常大宗商品例如電視面板，規格一樣，內容一樣，又如標準型記憶體DDR4，都屬於大宗商品，大宗商品由於規格一致，容易大量製造，價格容易暴起暴落。必須認清這類型公司的獲利的波動性質，公司獲利波動大股價當然也會波動大，面板股如友達獲利波動很大。

表7-1：友達eps

| 年度 | 2010 | 2011 | 2012 | 2013 | 2014 | 2015 | 2016 | 2017 | 2018 | 2019 | 2020 |
|---|---|---|---|---|---|---|---|---|---|---|---|
| eps | 0.76 | -6.94 | -6.21 | 0.45 | 1.83 | 0.51 | 0.81 | 3.36 | 1.06 | -2 | 0.36 |

彼得林區對於景氣循環股寫到：

通常景氣復甦時，本益比通常會降低，而一旦盈餘創新高投資人就要小心景氣擴張或許即將結束。

我們必須注意景氣循環股這種特性。況且前幾年面板產業，大陸政府有在補助，台灣雙虎在競爭時明顯不利，日本公司多半已經退出，幸好面板雙虎減少投資，財務還沒出現大問題，韓國方面甚至三星與LG也打算退出液晶面板製造。經過幾年虧損，面板雙虎被戲稱爲雙貓，經營很辛苦，面板雙貓2018～2019景氣又不好，等到2020年下半年景氣好轉，再度變成雙虎，2021年上半年eps達3元。然後2021年第3季又傳出電視面板開始跌價，因此股價跌四個月都腰斬，股價波動很大。底下我來說說我投資兩兆雙星的心得：

## 一、DRAM

本來DRAM會是我虧損最多的個股，2010年我200萬積蓄都壓力晶，下市時虧了87萬，後來因爲認識一些網友，也學會看財報反而逆轉勝，力晶也幸運地生存下來，目前力晶仍是我賺最多的單一個股，讀者可進一步看我的實戰篇。至於2012年時，幸虧我躲開茂德，茂德後來減資很恐怖，跟消失了差不多意思。DRAM產業台灣幾乎全倒了，唯一倖存的是南亞科、華亞科，不過華亞科的原始股東南亞科已經把它賣給美光，華亞科也等於消失了，不過南亞科有得到美光資金與技術，華亞科是被賣掉而不是倒閉。世界上主要的標準型DRAM製造商剩下三大一小：三星、Hynix、美光、南亞科，大陸有一些DRAM製造商規模與技術基本上還排不上名號。台灣的力晶及華邦市占率很低，目前做一些利基型DRAM，利基型英文是specialty，其實就是特殊規格的意思。雖說剩下三大一小，產業仍然具有週期循環，南亞科獲利波動仍然很大，由於競爭對手「三星」實在太強，雖然我在力晶是賺最多的個股，然而現在我很少買DRAM股了，因爲我抓不住景氣，我只能後知後覺。

南亞科能生存下來，幾乎100%是因爲台塑集團支持，茂德沒有富爸爸就熬不過來了。通常集團資金奧援時，會先來個減資再增資，以增加自己持股比例，無法後續提供資金的先前投資者，股份就會大縮水。投資DRAM股真的要看清楚該公司的財務體質，南亞科已經在開發10nm製程。力晶賣了瑞晶換得美光25nm技術，之後技術沒跟上，一直停在25nm，不過利基型（specialty DRAM）或許還有其市場，所以華邦與力晶（力積電P3廠）也許還能有一點利潤，一些生存空間。目前力晶的廠已經轉讓予力積電，P3廠仍然生產DRAM。不只半導體製造廠，像是威剛這種模組廠獲利變化也很大，景氣循環很明顯。模組廠投資金額比較小，比較少會發生財務困難。因爲力晶讓我反敗爲勝，所以我在DRAM產業投資算是成功，其他DRAM股我幾乎都沒買，現在也不太想碰DRAM股。茂德要下市前我看報紙是繳不出利息，我沒碰。

表7-2 :威剛獲利變化

| 年度 | 2010 | 2011 | 2012 | 2013 | 2014 | 2015 | 2016 | 2017 | 2018 | 2019 | 2020 |
|---|---|---|---|---|---|---|---|---|---|---|---|
| eps | -0.58 | 0.34 | 3.03 | 9.08 | 3.52 | -0.2 | 6.21 | 8.59 | -0.82 | 1.9 | 6.1 |

**************************** 新聞報導 ********************************

**《半導體》南亞科減資近9成，今年拚賺逾一股本**

2014年12月29日

【時報-台北電】台塑集團旗下DRAM廠南亞科（2408）今年5月股東常會中，通過台股史上最大減資案，6月27日為減資基準日，並於7月9日完成實收資本額變更登記。**為了彌補虧損，總計南亞科2014年共減資2,156.49億元，減資比率高達89.99%**，減資後實收資本額降至239.83億元，減資後每股淨值達10.15元，重新回到10元票面以上，並順利脫離全額交割。南亞科減資後獲利大成長，2014年第3季稅後淨利74.62億元，每股淨利3.11元，累計前3季稅後淨利196.74億元，以減資後股本計算，每股淨利8.21元。

**********************************************************************

表7-3：南亞科eps

| 年度 | 2010 | 2011 | 2012 | 2013 | 2014 | 2015 | 2016 | 2017 | 2018 | 2019 | 2020 |
|---|---|---|---|---|---|---|---|---|---|---|---|
| eps | -4.34 | -8.06 | -2.24 | 0.34 | 11.77 | 7.07 | 8.67 | 14.36 | 12.8 | 3.23 | 2.51 |

## 二、面板股

TFT-LCD原理，是由兩片玻璃基板中間夾著一層液晶，上層玻璃基板下面是彩色濾光片、而下層玻璃則鑲嵌著電晶體，當電流通過電晶體所產生的電場變化，利用液晶分子偏轉藉以改變光線的偏極性，來控制光線，再利用偏光片決定畫素（Pixel）的明暗狀態，電晶體作用像是開關。如果要顯示彩色，因光通過彩色濾光片CF而顯示顏色，經過RGB三原色的合成，顯示器卽可產生彩色效果。因爲面板用到TFT電晶體，其實也可以歸屬於半導體的一種，不過相對於IC製造廠，TFT製程大約5～20道製程，25nm DRAM可能要數百道製程，DRAM製造技術明顯是更難。所以同樣是大陸政府要扶植的產業，面板股透過政府補助其實比較容易成功，並且由於大陸不斷衝市占率，積極擴產造成面板跌價，後來台灣面板雙虎一度變成雙貓，股價不到10元。至於要扶植12吋晶圓廠，事際上會比扶植面板廠要困難。

如果沒有顯示器，你根本不知道電子器件運作的狀況，你很難控制及使用電子產品，所以液晶顯示器其實是電子產業非常重要的一環，需求也是一直在增加，問題是大陸一直在擴產，所以供給增加更快，造成2019～2020面板景氣還是很差，產品跌價很厲害。

筆者新購買的OPPO-X3手機配備有顯微鏡頭，只要靠近Notebook液晶螢幕就可拍出面板最上層的紅藍綠（RGB）三畫素。這可以更爲直覺地到達肉眼可見的程度，幫助了解液晶構造，也幫助理解變化多端的各種顏色，確實是由紅藍綠3種顏色組成。

圖7-2：筆者以oppo手機拍攝電腦螢幕三原色

雖然大陸低價競爭，但是產業界認爲台灣面板雙虎的技術還是優於大陸廠，所以面板股我還是持續有在投資，其實面板廠減少投資後折舊下降很多，比以前容易賺錢。群創及友達的財務體質都還行，因爲已經五年沒有很大筆投資，相較於大陸10代廠、10.5代廠一直蓋，台灣廠商保守多了，這沒辦法，政府沒補助只能靠自己生存下去。我投資友達3次都獲利，如果在10元以下買都容易賺錢，後來我發現群創股價低於友達後，2020年我發現其實群創財務體質好一點，我就改成買群創，這兩檔我都盡量10元以下買比較安全。

2021年比較特殊，新冠肺炎造成各種產業供需大失調，友達及群創上半年都賺eps超過3元，全年可能都會超過5元，目前股價都17元左右而已，市場還是關注大陸擴產而有顧忌，雙虎本益比都不到5倍，甚至只有4倍，這也符合上述所說景氣循環股並不是選本益比最低時買就是對的，上半年大賺但是好景不長，好像第四季又開始跌價。黃嘉斌（2021，p.100）[2]建議這種景氣循環股要用PBR（股價淨值比）而不是用PER（本益比）評估股價。不過，平心而論，顯示器是人機溝通的主要管道，沒有顯示器，人們就看不見電子訊號，將來需求肯定是要增加的。目前由於大陸面板廠商全球市占率已經超過50%，後市還是看大陸的供給量。面板廠商只要不再大額投資，由於營業現金流入很可觀，當景氣不好時要撐個5年都不是難事，基本上我都是在10元以下買友達或群創，幾次下來獲利都不錯。

據竹科工程師告訴我，面板的製造流程比起晶圓廠其實相對容易，晶圓代工一片晶圓製程都是數百道，這對我來說也算是新知識，難怪大陸砸錢扶植面板廠很成功，但是想要複製到晶圓廠好像失敗的案例比較多，面板成功經驗不是可以簡單複製到晶圓代工的，目前2021年還是台灣的晶圓代工有明顯優勢。

投資面板股要先認清楚面板股具有「景氣循環」特性，不然很容易受傷，面板股大賺大虧景氣循環很快，有時DRAM也有這種特徵。這是因為大宗商品使然，意即產量很大，生產過程標準化，廠商彼此之間商品差異化很小，容易造成殺價競爭。這種現象在晶圓代工比較少發生，晶圓代工的產品量比較小，每個產品適應不同廠商的project需求，價格比較不容易快速大幅度波動，穩定性相對好一些。因為筆者知道面板股具有「景氣循環」特性，所以受傷少，賺的次數比較多。2021年第二季面板一季可以賺2元，股價友達、群創飆到30多，當時我就賣光了。我年輕時有一次看到中環第一季賺1元，就以為全年可賺4元，然後20元買進以為很便宜，結果買了之後，中環獲利越來越差，幾乎再也沒有好過，因為光碟片CD-R漸漸被取代。電子股全年獲利可不是簡單用第一季乘以4，沒這麼簡單啦。

2021年7月群創從32.55跌回20元時，我認為很便宜買了8張，到8月時一樣套牢，但是損失不大，還好張數少，這是我少數投資面板失利的一次，暫時套牢放著。參考圖7-3，群創股價從4月到8月，股價從32跌到16，四個月就跌掉一半，雖然第二季大賺2元，半年報賺3.15，但是下半年跌價消息一出來，20元以上買的人就套牢了。2021年4月13日成交109萬張，4月29日衝到32.55那天成交65萬張，又要套牢一堆人了，30以上買的不知何時能解套？

不過，不管是叫做面板雙虎或雙貓，它們財務體質都不錯，套牢還是有機會解套，等待景氣好轉，要是踩到DRAM股的茂德或是曾經在台發行的爾必達TDR就沒機會回本了。南亞科及華亞科2012年主要是靠台塑集團的支持才撐過財務危機，解救方式常見的是「先減資再增資」。

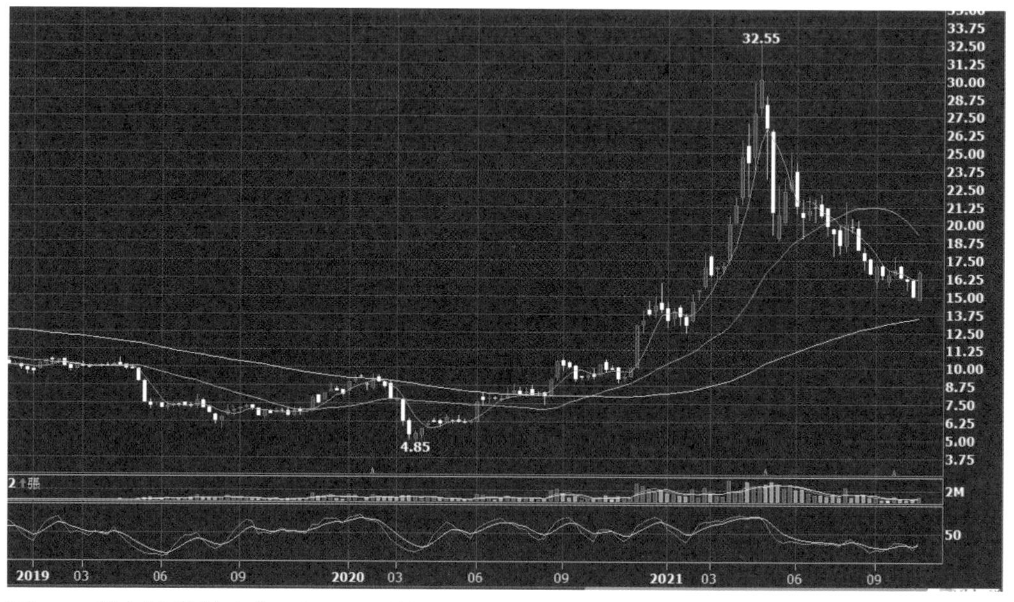


圖7-3：股價波動甚大的面板股，群創股價　資料來源；元富新環球大亨

# 第8章　金融股與營建股

金融股與營建股，彼此關聯不大，我算是常買也多半是賺，尤其金融股我有偏好，爲什麼？我是教育界出身，不是產業界。這背景要搞懂電子股，要能看出未來兩年景氣實在不容易。事實上大多數電子股我都很難看懂景氣，我很難預知其景氣變化，雖然我知道總體經濟一些數據，也知道資金面M1、M2b有參考價值。但是要想當常勝軍，我必須更有把握抓住景氣，只有晶圓代工像「聯電」或面板雙虎這種接觸久了，我還稍微可以預估到。所以金融股與營建股要說有什麼關聯，對於我來說，這兩者的關聯就是我可以基於舊經驗，比較容易看懂。尤其，時間到了2021年，半導體個股不論IC設計或者IC製造類股，股價都已經飆上天空，投資人不該只會一招，一直買昂貴的半導體相關股票。我常在LINE群組開玩笑，我是「科技新跪」+「地慘大王」+「金融大餓」。如果在半導體賺到一桶金，可以考慮適當分散投資，盡量投資自己能力圈之內，所以我也介紹一下其他類股。

## 一、金融股

金融股我有偏好，主要是因爲他每個月10日左右都會公布前一個月業績，讓我可以完全掌握景氣變化，尤其京城銀幾乎每個月都在隔月的3日甚至2日，就會公布上個月「稅後」獲利，這是多好啊！我只要3天時間就可以知道跟「董事長」一樣的消息，我沒有處於資訊不對等情況，而且京城銀屬於獲利在成長中的個股，可以編入到Peter Lynch分類的「穩定成長股」。金融股最近五年本益比往往都很低，很多都不到10倍本益比，雖然配息率偏低（特別是壽險股），但是也多在4%以上。金融股穩定性也不錯，某些金融股殖利率其實高於電信三雄（中華電信、台灣大哥大、遠傳）。中信金殖利率約5%，2015～2021年的殖利率都高於中華電信的4%。

表8-1：中信金殖利率與中華電信比較

| 發放年度 | 2014 | 2015 | 2016 | 2017 | 2018 | 2019 | 2020 | 2021 |
|---|---|---|---|---|---|---|---|---|
| 中信金殖利率 | 3.72 | 7.93 | 9.45 | 5.2 | 5.08 | 4.77 | 5.05 | 4.81 |
| 中華電信殖利率 | 4.86 | 4.97 | 5 | 4.74 | 4.4 | 4.06 | 3.87 | 3.82 |

不過中信金不是我常買的標的，只能說偶而碰一下，也就是殖利率要考慮一下，京城銀才是我久放的，因爲其獲利帶有成長性。而且它只要隔月3日就會公布業績，然後相關指標都很漂亮，例如「逾放比」及「備抵呆帳覆蓋率」。雖然殖利率也沒5%，但是董事長已經說未來10年配息1.8元是基本盤了，然後它獲利略有成長性，本益比則大約只有7倍，所以「元大0056」ETF也把京城銀納入高股息持股名單。股海老牛（2021，p.206）[8]也在2020年把它列入「抱緊處理」名單。

表8-2：京城銀eps及配息情況

| 年度 | 2012 | 2013 | 2014 | 2015 | 2016 | 2017 | 2018 | 2019 | 2020 |
|---|---|---|---|---|---|---|---|---|---|
| eps | 3.28 | 3.53 | 4.33 | 3.19 | 4.17 | 4.89 | 2.51 | 2.99 | 4.9 |
| 股利（隔年發） | 1.5 | 1.5 | 1.5 | 0.5 | 1.5 | 1.5 | 1.5 | 1.5 | 1.8 |

京城銀算是我放最久的金融股，目前成本36，有80張，主要是它有一點成長性，獲利也算穩定。更重要的是它符合各種銀行績優指標，呆帳覆蓋率、逾放比等等數據都很漂亮，還有報載董事長說未來10年配息

1.8元會是基本，然後我相信他會做到。元大0056中的仁寶，我也放很久了，都是長期穩定配息。

元大台灣高股息基金0056持股，有興趣者掃碼閱讀

**************************** 新聞報導 **********************************

https://ec.ltn.com.tw/article/breakingnews/3446968

〔記者李靚慧／台北報導〕京城銀（2809）董事會昨日決議每股配發現金股利1.8元，但對照2020年eps4.9元、創歷史新高，引發部分投資人失望性賣壓，今日金融股普遍上漲，京城銀股價卻逆勢走跌近3%，京城銀董事長戴誠志指出，股利政策要求一致性、穩定性，**期望未來5至10年，股東都能獲得至少1.8元的現金股利**，是一個對股東的長期承諾。

**********************************************************************

幾年前我偶然間認識到一位新光金的員工，他說壽險股不像以往給的利息很高，以前都有利差損，這幾年壽險股反而有利差益，再加上2020年壽險股的投資資產因爲全球股市大漲而上漲，2020年開始媒體就報導富邦金前三季大賺，前10月eps已經7.0元，這樣2020年10月底富邦金股價才40.5元，於是我一路買富邦金，直到2021年一月最多買25張，我也在LINE鼓勵朋友買40多元的富邦金，後來大約在50到80之間逐步賣到剩下1張，多半是賣在50～60元，不算賣得很漂亮，因爲後來一直漲到85，我大約半年賺30～60%。雖然我鼓勵LINE群友買富邦金，而且說了三個月，但是有跟進的人其實不多，因爲大家看銀行股都不會漲，而且以爲美國聯準會都在降息，所以最後有賺到這半年一倍漲幅的朋友不多。

我富邦金賺的錢，除了加碼38元的京城銀，也換股加碼48元的國泰金，我比較一下，發現比價後國泰金比較有潛力，然後我又鼓勵朋友買國泰金，也沒讓我漏氣，大約3個月國泰金就從48漲到60元。富邦2021年6月時股價大約已經漲到72，我也賣得快沒了，經過比價，轉股到國泰金控，後來7～8月國泰金確實也漲幅大一點。其實，若我正式推薦的個股，最近這7年下來，勝率大約有8～9成。2021年運氣好，買了不少的聯電與富邦金，大約都有漲1倍，所以除了研究半導體「科技新跪」，也可以當當「金融大餓」。

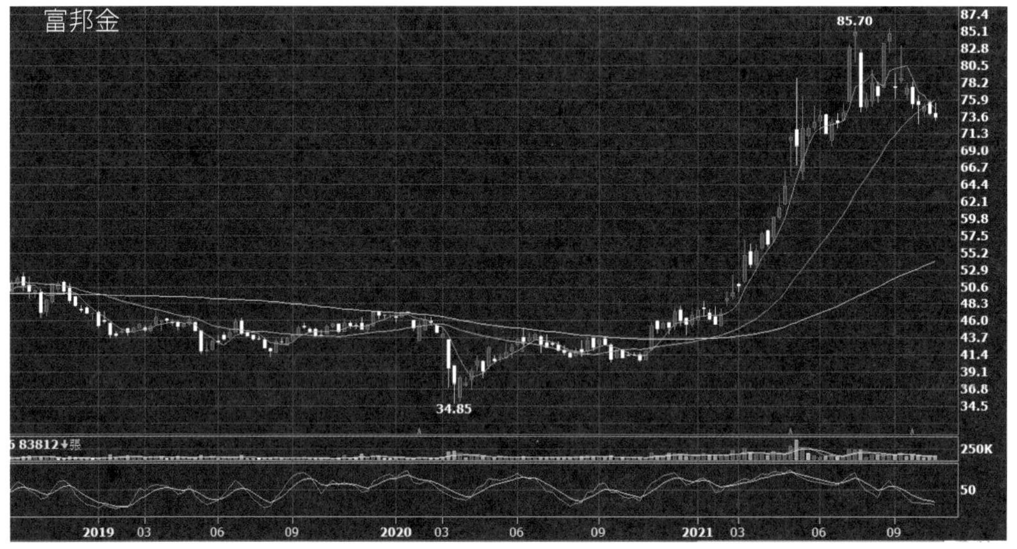


圖8-1：2020年10月富邦金股價才40.5元　資料來源：元富新環球大亨

富邦金

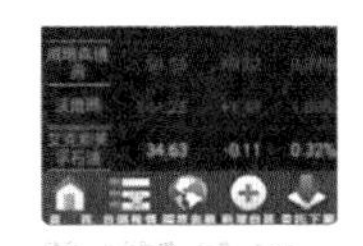

2020.10.13

2020.12.10

我明天富邦金多買點 eps 7.5了

釣到一條聯電大金魚

星宿老仙 法力無邊 吸星大

圖8-2：我常會在LINE「零時差、同步」分享投資

曾經金融股我是新光金買最多，經過幾年發現，它的eps常常虎頭蛇尾，到了年底第四季常常莫名其妙虧損，後來不碰新光金了，除了主軸京城銀，再加上2021年大賺的富邦金、國泰金，所以2021年我持有金融股三哥：大哥富邦金、二哥國泰金、三哥京城銀，這三檔剛好eps是金融股前三名，不過感覺京城銀獲利最穩定，列入長期投資。至於壽險股，受限於資產評價而於2021年大漲，2021年年底本益比仍然不高，連10倍都沒有，這是因爲市場覺得下一年不容易持續大好，因爲其獲利與所投資股票上漲有關聯。

昨日庫存部位

9616-0

重新查詢 說明

| | | | | |
|---|---|---|---|---|
| 敦陽科 | 現股 | 2,000 | 64.74 | 129,483 |
| 京城銀 | 現股 | 88,000 | 36.14 | 3,180,747 |
| 富邦金 | 現股 | 25,000 | 42.95 | ,073,760 |
| 國泰金 | 現股 | 5,000 | 39.11 | 195,554 |
| 新光金 | 現股 | 26,781 | 8.25 | 220,839 |
| 中信金 | 現股 | 20,000 | 18.59 | 371,737 |
| 茂訊 | 現股 | 3,000 | 46.34 | 139,021 |
| 力晶 | 現股 | 15,818 | 0 | 0 |
| 達麗 | 現股 | 81,317 | 27.2 | 2,211,993 |
| 慧智 | 現股 | 2,000 | 58.28 | 116,565 |
| 力積電 | 現股 | 1,000 | 26 | 26,000 |
| 群聯 | 現股 | 2,000 | 331.72 | 663,443 |

圖8-3：2021年1月時持有低成本富邦金25張

## 二、營建股

幾年前偶然間板橋的朋友聊起日勝生，那時是2014年，日勝生也因為捷運美河市建案鬧很大，茶桌的茶友也在聊日勝生，後來又爆出板橋浮洲合宜住宅房屋因地震龜裂，一大堆利空，股價跌到10元附近。因為朋友說他有買板橋那個合宜住宅。我問：你敢住嗎？他說：「敢住啊，為何不敢住？問題不大。」因為報紙說板橋合宜住宅總銷440億，是大建案，我看到營收出來果然暴增，我又去該公司網站一查，耐震補強有做，新北市政府同意發使用執照。

**************************** 新聞報導 ***********************************

**原文網址：浮洲合宜宅交屋發威　日勝生7月營收激增近40倍**

| ETtoday房產雲 | ETtoday新聞雲

記者葉佳華／台北報導

隨著板橋浮洲合宜宅「日勝幸福站」A6區持續交屋，日勝生（2547）6、7月營生大爆發，6月營收來到53.4億元、7月表現更為突出，營收升至76.99億元，年增幅達近40倍。上半年每股盈餘達1.3元。

*************************************************************************

由於網路新聞預估該建案至少貢獻eps 3元，後來2018年eps是3.77，我大約7月買了90張均價11左右，沒多久就漲到18，這只是印象大約3個月賺了50%。這使我對營建股產生興趣，我發現營建股的營收真的可以預知。預知營建股營收，通常可查詢他的建案何時取得使用執照？何時交屋？這種訊息有時報紙真的會幫你整理好，部分縣市業務單位也可以查到何時取得使用執照。不過日勝生股本大，賺了一波後，發現它後續無成長性，我也只買那一次。

後來因為達麗建設在高雄有大建案，我轉而對達麗產生興趣，我從日勝生學來的經驗，就是發現我可以預知營建股的營收，連看報紙也算是準確，這吸引我興趣。我發現達麗在橋頭有個大建案叫「全民萬歲」可以讓2019年業績很好看，我買了約50張，大約賺了20%，大約是28買，賣34。這兩次在營建股都是打勝仗，只是看看報紙，說有大建案。經驗顯示，確實可以預知營收。不管什麼股，要是你可以預知營收，那就很有趣了！

於是在2020年我買達麗，加碼到2021年最多96張，因為我查過年報，公司也是說2021建案完工約有170億，不過2020年底政府開始打房，提高短期交易稅，又因新冠肺炎之後台灣建地到處缺工，營建成本上漲很多，工期也有延誤，但是報紙說大約2021年應該還有128億房屋可以賣，我最早預估2021年eps大約6～7元，後來因為工資上漲缺工導致工期延後，eps只能下修到我預估3.5～4.0元，我還是持有96張，成本28.3，到了10月漲到32，賣了10張，獲利14%。目前是現在進行式尚未大漲，無論如何，房子還是必需品，老屋住久了，還是會想換更舒服的房子。房子一定會有需求，但是我會注意他房子賣得好不好，因為達麗預售屋銷售率不錯，資金不至於產生大問題，營收有出來，就是有回收現金。達麗建設，行筆至此，算是持股第三名。也許讀者質疑說才賺14%也在寫書？那你可以查一查同時間2021年航海王（陽明海運、長榮海運）7月跌到10月的樣子……股價剩下不到一半。況且，預估達麗建設，主要營收本來就是要到12月才會出來，行筆至此（10月），股價開始動了，已經很有趣。

目前2021年11月我持股市值最多依序是宏碁、京城銀、達麗建設、聯電、中鋼……。這些高持股個股有幾個要件：

1. 本益比要夠低，最好10倍以下。

2. 殖利率要夠高，最好5%以上。

3. 財務體質要好，可以少賺但是別讓我擔心。

4. 未來1～2年業績要向上，而且必需我看得懂，有信心，我才會買多。我不能賺了股息，賠了差價。必須是「前景穩中升」，這幾年下來連賺了8年，基本上看走勢，看對的時候是比看錯多。不過，投資股票最難的點就是這第4點——未來1～2年業績要向上，要看清楚這一點不容易。

如果我能看懂更多股票，對未來1～2年業績能精準判斷，當然我不會死守金融、營建、半導體類股。但是問題還是在於，我對未來景氣變化，其業績能否正確判斷？如果不是很有把握，不敢多買。

# 第9章　挑選長期投資標的

「長期投資標的」很適合50歲以上中老年，人過了50歲，把太多時間花在追高殺低實在不值得，有時看了股市三小時，發現股價根本回到原點，眞是浪費時間。尤其我們這種在力晶幸運賺到第一桶金的，或者有些積蓄的人，適合長期投資配息。一年365天，人生過了50歲，還有多少個日子？試算一下：

365（天／年）×30（年）=10950天

不管你能賺多少錢，老天給你的時間，應該基本上大家很公平。大約剩下一萬個日子，所以啊，過了50歲看盤時間不要太久、買賣不要過度頻繁，其實上班族也不宜花太多時間看盤，這也是很多長期投資的人生勝利組常見的方法，如謝士英存股年領200萬股利（謝士英，2020，p.182）[9]。長期投資適合找穩定配息的，如果你有1000萬放長期投資，5%殖利率大約一年可以領到50萬現金。你可以只花利息，本金不會減少，如果還有公教退休金，其實退休生活就是不需工作而收入沒減少，且本金不會逐年遞減。如果你有1000萬積蓄，但是不想承擔任何風險，決定放在銀行定期存款，目前利息最高0.9%，你一年只能領到9萬台幣，這樣很可能導致你得吃老本，你的積蓄很可能逐年遞減，如果小孩還在唸書這種可能性很大。

長期投資不一定只適合中老年人，如果找到成長股，年輕時能買台積電長期放著，有人算過台積電放20年（1995～2015）下來財富也增加38倍超過，128萬變成4867萬（https://money.udn.com/money/story/12040/4762164）。

台積電放30年結果，近一步閱讀請掃碼

我也聽過有人專門投資台化，長期下來也是很可觀。台化38年累計配發107元，加上股價從20變成100，至少也是賺10倍以上。不過長期投資台化雖然很賺，但是這種案例倒是比較少聽見；反倒是長期投資台積電的人倒是常聽過，我眞的遇過好幾個。台化能成功應該與王永慶的六輕建廠成功有關，因爲可以認列台塑化的獲利，這可能要對石化業有深入地了解。

表9-1：台化股利

資料來源：元富行動達人

股利分配

| 年度 | 現金股利 | 盈餘配股 | 公積配股 | 合計 |
|---|---|---|---|---|
| 2020 | 2.5 | 0 | 0 | 2.5 |
| 2019 | 3.8 | 0 | 0 | 3.8 |
| 2018 | 6.2 | 0 | 0 | 6.2 |
| 2017 | 7 | 0 | 0 | 7 |
| 2016 | 5.6 | 0 | 0 | 5.6 |
| 2015 | 3.5 | 0 | 0 | 3.5 |
| 2014 | 1.2 | 0 | 0 | 1.2 |
| 2013 | 2.5 | 0 | 0 | 2.5 |
| 2012 | 0.65 | 0.3 | 0 | 0.95 |
| 2011 | 4 | 0 | 0 | 4 |
| 2010 | 7.5 | 0 | 0 | 7.5 |
| 2009 | 4.5 | 0 | 0 | 4.5 |

到了中老年，健康是最重要，若沒健康，賺太多錢也無法享用，長時間看盤可能就減少了與家人或朋友互動的機會。天天追高殺低或者擴張信用，或者太高持股造成心理壓力，對健康都不好。若有一筆公教退休金，再搭配股利所得，下半輩子可以過得比較輕鬆。對於中老年人，健康還是第一，不要爲了追逐獲利造成健康問題。所以對於50歲以上的朋友，眞的該好好思考尋找可以長期投資的標的。

當你有了足夠積蓄，應該考慮選擇長期投資標的。長期投資標的最好符合以下條件：

1. 業績要有成長性。
2. 若是公司業績不能成長，至少要穩定，不可衰退，不然領了股利可能賠了差價，這是常常發生的事情。
3. 最好獲利的配息率高一點，至少50%以上，意即若eps 2元，至少願意配發1元現金股利。
4. 當然老話一句，你對公司要非常了解，老闆也足夠誠實可靠。
5. 財務要穩健，公司的長短期借款負債比低。
6. PBR，股價淨值比當然是低一點比較好。淨值越高，表示以前的獲利，留下很好的基礎。

上市櫃股將近2000檔，如何挑選？台灣股市資訊網，是很好的選股網站（https://goodinfo.tw/StockInfo/）。裡面有歷年eps與配息記錄，券商APP通常也有配息資料。例如仁寶（2324）就是這樣入選我長期投資標的。

仁寶連續32年配發股利總共68.95元，而且2010年以後都配現金，而且都在1元以上。2015～2020年股價都在15～24之間，大約殖利率都有6～7%。由於我放了4年，把配息扣除後成本只有17.3。2021年3月漲到24元，賣掉一半還有12張。公司

表9-2：仁寶2006～2021年的股利
資料來源：元富行動達人

股利分配

| 年度 | 現金股利 | 盈餘配股 | 公積配股 | 合計 |
|---|---|---|---|---|
| 2020 | 1.6 | 0 | 0 | 1.6 |
| 2019 | 1.2 | 0 | 0 | 1.2 |
| 2018 | 1.2 | 0 | 0 | 1.2 |
| 2017 | 1.2 | 0 | 0 | 1.2 |
| 2016 | 1.2001 | 0 | 0 | 1.2001 |
| 2015 | 1.2005 | 0 | 0 | 1.2005 |
| 2014 | 1.5 | 0 | 0 | 1.5 |
| 2013 | 0.9995 | 0 | 0 | 0.9995 |
| 2012 | 1.0069 | 0 | 0 | 1.0069 |
| 2011 | 1.3997 | 0 | 0 | 1.3997 |
| 2010 | 2.7092 | 0 | 0 | 2.7092 |
| 2009 | 2.3676 | 0 | 0.1973 | 2.5649 |

今年突然宣布配息增加到1.6元，而且公司認爲2021前景不錯，剩下12張不能再輕易賣了。前面10張賣的有點可惜，但是獲利已經不錯。

我如何選擇長期投資標的？可以利用台灣股市資訊網、奇摩股市、券商app等網路資源找配息狀況，可以特別注意哪些股票在2008年仍然有獲利？以及該公司於2008年的獲利是否在2009年有配發現金股利？如果全球金融風暴時都還能配發現金，表示這種公司財務體質不錯，比較能夠活得久，不怕下一次又來股災。仁寶2008年eps3.26，配現金1.5元，表示將來仍然可以應付大空頭景氣，2008年金融風暴都不怕財務出問題了，還要怕什麼？我很多選股都是依據這種方式挑選來的。整理如下（2021年資料）：

表9-3：連續發股利的不倒翁公司

| 股票名稱 | 連續發放股利年數（年） | 股利合計多少元 | 現金股利多少元 | 2008年獲利eps | 2009年配現金 | 2011-2020這10年有虧損記錄年數 |
|---|---|---|---|---|---|---|
| 仁寶2324 | 32 | 68.95 | 35.9 | 3.26 | 1.5 | 0 |
| 敦陽科2480 | 24 | 67.34 | 41.3 | 1.33 | 1.69 | 0 |
| 福興9924 | 29 | 51.26 | 42.4 | 0.33 | 0.7 | 0 |
| 大華9905 | 35 | 69.9 | 44.1 | 0.93 | 0.9 | 0 |
| 京城銀2809 | 9 | 12.8 | 12.8 | 0.05 | 0 | 0 |
| 富邦金2881 | 11 | 21.29 | 18.8 | 1.41 | 0 | 0 |
| 國泰金2882 | 11 | 18.18 | 15.8 | 0.02 | 0 | 0 |
| 中信金2891 | 13 | 14.98 | 8.94 | 1.51 | 0.18 | 0 |
| 久元6261 | 21 | 82.39 | 69.3 | 6.09 | 3 | 0 |
| 中鋼2002 | 38 | 67.01 | 57.7 | 2.03 | 1.3 | 0 |

為了避免「賺了股利賠了差價」，以上述方式選股仍需再篩選，符合以下條件：

1. 必須符合「前景穩中升」，景氣前景不能是在衰退。例如有一年大華金屬在衰退，我買了，配息後還是小虧。
2. 最優先是挑選「前景穩中升」的股票，所以京城銀及敦陽科是符合。仁寶算是很穩，但是到2020年開始，eps才有回升。不過，至少仁寶營收沒有衰退。
3. 若業績符合前景穩中升，但是股價還是不宜漲太多（參考第一章殖利率那一節）。例如2021年初買台積電650以上，股價是過高了。敦陽科2020年初漲高了漲到75我就賣光，62再買回，而且其配息有緩慢增加的趨勢，穩定中仍有小幅成長，成長也是重要，不然可能賺了股息賠了差價。

如果你買了大立光，但是代價是股價6000元，2017年後公司業績幾乎沒成長了，不過也沒太多衰退，股價6000時殖利率只剩1.61%實在很低，這樣就不符合上述3點原則，大立光如果長期投資就變成長期套牢了，所以5000元以上的大立光，不宜做長期投資，會賺到股息（領374.5元，2017～2021年），賠了差價（賠4000元，6075剩下2070）。考量重點應該是殖利率，無法保證大立光是一直成長。

表9-4：大立光配息資料，2017-2021配374.5元

| 年度 | 2013 | 2014 | 2015 | 2016 | 2017 | 2018 | 2019 | 2020 | 2021 |
|---|---|---|---|---|---|---|---|---|---|
| 配息 | 17 | 28.5 | 51 | 63.5 | 63.5 | 72.5 | 68 | 79 | 91.5 |

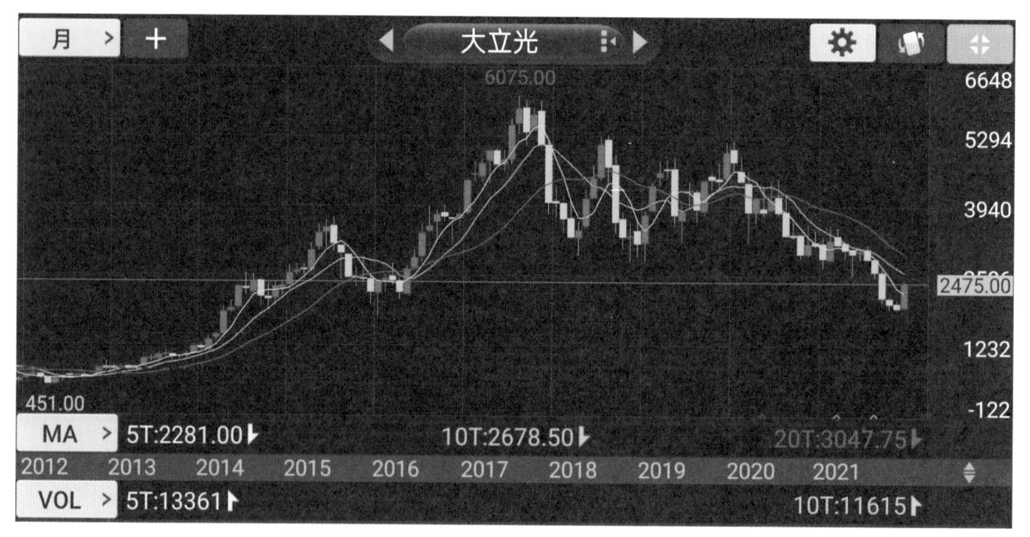


圖9-1：賺了股息，賠了差價　資料來源：元富行動達人

有些股的股性是景氣循環股，例如中鋼我這10年幾乎不碰，直到2021年看到景氣不錯才在25開始介入。我曾經遇過不少南部人，一直把中鋼當成長期投資標的而長期持有，前幾年績效不好。選股仍然是要挑選業績、營收成長的，或者至少不能衰退。若買到eps衰退的，賺了股利賠了差價是常發生的事。中鋼我在2021年才開始買，很快就獲利30%，因爲我選擇景氣回升時介入。你不能在景氣下滑階段，把中鋼當成長期投資標的。

我中鋼買價大約是25.5，而且是大約10年來第一次碰中鋼。很幸運的，2021年中鋼我一個月就大約賺30%，因爲我發現它景氣在好轉，而且基本上我只看報紙，沒什麼熟人給我什麼消息。46跌回38我買30張卻套牢，目前繼續放，印象中的鋼鐵股也是景氣循環，不過循環週期好像不至於這麼短，目前景氣好轉才三個季度。

表9-5：我的中鋼買進、賣出價

[買]

| | | | | | | | | | |
|---|---|---|---|---|---|---|---|---|---|
| 2021/02/18 | 現股買進 | 中鋼 | 3,000 | 24.2 | 72,600 | 103 | 0 | 0 | 0 |
| 2021/03/08 | 現股買進 | 中鋼 | 2,000 | 25.1 | 50,200 | 71 | 0 | 0 | 0 |
| 2021/03/17 | 現股買進 | 中鋼 | 6,000 | 25.65 | 153,900 | 219 | 0 | 0 | 0 |

[賣]

| | | | | | | | | |
|---|---|---|---|---|---|---|---|---|
| 2021/04/16 | 中鋼 | 普通 | 1,000 | 35.25 | 35,095 | 25,332 | 9,763 | 38.54 |
| 2021/04/16 | 中鋼 | 普通 | 1,000 | 35.1 | 34,945 | 25,332 | 9,613 | 37.95 |
| 2021/04/14 | 中鋼 | 普通 | 1,000 | 32.75 | 32,606 | 25,332 | 7,274 | 28.71 |
| 2021/04/14 | 中鋼 | 普通 | 1,000 | 31.55 | 31,412 | 25,332 | 6,080 | 24 |
| 2021/04/14 | 中鋼 | 普通 | 1,000 | 32.85 | 32,706 | 25,332 | 7,374 | 29.11 |
| 2021/04/14 | 中鋼 | 普通 | 1,000 | 31.85 | 31,710 | 25,333 | 6,377 | 25.17 |
| 2021/04/13 | 中鋼 | 普通 | 1,000 | 30.55 | 30,416 | 25,332 | 5,084 | 20.07 |
| 2021/04/13 | 中鋼 | 普通 | 1,000 | 30.7 | 30,565 | 25,332 | 5,233 | 20.66 |

基於上述一些選股原則，2017年這4年來，我實際有長期投資並一直持有的是：京城銀、仁寶、敦陽科。關於敦陽科，偶而有賣出再買回，事後看起來都不對，因為有賣出造成持股都不多，少賺很多。所以這檔股票很適合長期投資的，穩定性很高，還有小成長，如果太早賣就會少賺。我把從半導體力晶賺到的一些獲利，適度分散到長期標的。

至於福興（9924）我在2008金融風暴時曾買到10元的，有10張，隔不到半年漲到15賣光，當時很爽，事後來看是實在很笨，因為這10年光配現金都超過15元，好股實在不要隨便賣。關於「前景穩中升」概念，對於長期投資非常重要，但是散戶其實不容易判斷某公司前景，真的很難，你如何知道某公司3～5年後前景？你目的是想賺錢，既然很難，你就要克服困難，要深入研究多方了解，盡量在自己「能力圈」之內來研究。能力圈就是你自己熟悉的公司，你熟悉的產業，當然比較容易判斷正確，然後年紀增長慢慢拓展能力圈。投資績效如何？最關鍵還是在於你能否正確判斷「前景穩中升」，股市有一句老話：股價是反映未來。如果不買到業績衰退的股票，基本上就是賺多賺少的問題，所以基本上大部分時間我只看基本面。上述我選股方式可再更精簡到兩點：

1. 公司是否前景穩中升？
2. 殖利率是否大於6%或者5%（要根據當時銀行利率，如果一年定存只有0.8%，殖利率要求標準可以降到5%）

上面我提的兩點觀念，彼得林區曾經更把它量化結合起來，寫出一條評估股價方法，考慮盈餘成長性、殖利率及本益比，提出一套可量化選股的GYP評估公式，彼得林區GYP選股方法：

[（盈餘年成長率）+（股利殖利率）]*100 /（P/E）

[（G+Y）*100] /（P/E）

表9-6：彼得林區GYP選股方法

| G：eps年成長率　Y：股息殖利率　P/E：本益比 | |
|---|---|
| [（G+Y）*100] /（P/E）>2 | 便宜價 |
| [（G+Y）*100] /（P/E）=1.5 | 合理價 |
| [（G+Y）*100] /（P/E）<1 | 昂貴價 |

當公司獲利成長性越高，市場願意給予的本益比也越高，有時超過科學統計性數字支持，加上許多想像就變成本夢比。彼得林區提出一個簡單的觀察方式：公司的合理本益比約等於（近5年eps年複合成長率+殖利率）數值除以本益比，指標等於1.5時為合理本益比。當彼得林區指標大於2時算便宜價，潛在報酬率很高。彼得林區GYP指標，投資人需同時考慮本益比、殖利率和成長性。

網路上有一篇文章GYP選股文章，網址如下：

（https://huodalife.pixnet.net/blog/post/248567147）

彼得林區選股法近一步閱讀

有朋友問我：要怎麼知道公司未來前景？這當然是很難的，有時連董事長自己都抓不準的，我們只有不斷努力，研究該公司基本面，也盡量選自己熟悉的產業，你想賺錢就得做功課。另外就是利用物理學的慣性定律，可從券商app或goodinfo網站，看看過去10年業績，推敲日後狀況，這就是我說的企業的慣性，我說的慣性定律。例如可寧衛（8422），如果要猜2021年賺11元配10元，應該也會很接近：

表9-7：可寧衛（8422）eps

| 年度 | eps | 股利（年度獲利的下一年度發） |
|---|---|---|
| 2020 | 10.81 | 10 |
| 2019 | 10.83 | 10 |
| 2018 | 12.13 | 10 |
| 2017 | 12.52 | 11 |
| 2016 | 13.23 | 11.5 |
| 2015 | 11.32 | 10 |
| 2014 | 9.43 | 8 |
| 2013 | 11.46 | 8 |
| 2012 | 13.38 | 12.03 |
| 2011 | 13.03 | 10.88 |

可寧衛是一間處理事業廢棄物的公司，這個表可以看出慣性定律，不用太深入了解其營業內容，股性應該很像中華電信，就是很穩定但是成長性不高，每年大約配發10元現金股利，殖利率大約在6%之間，也算不錯了。其實，彼得林區大師的方法「5年eps年複合成長率」，也是從過去來推估，也是利用慣性定律，並沒有更深入到公司前景研究。前景……眞的是比較難看準，俗語說「千金難買早知道」，有誰能知道航海王陽明海運在2020年上半年虧損，eps-0.34，股價才5元，很快地隔年上半年卻大賺eps17.88，股價漲到230元？

# 第10章　小陳哥避虧劍法

## 一、避虧劍法

我投資股市是從退伍時開始，當時聽到同事在聊股票，我就跑去開戶，剛開始買就小賺，於是產生興趣。而且我對產業界本來就有興趣，我興趣是理工，只是家裡窮去念了師專。

退伍後的前10年投資賺很少，不過還是有賺，薪水多半交給母親幫老家蓋房子，後來念研究所，一段時間不太注意股市，資金有限，算是空白10年，直到研究所念完，又貸款買自己房子，資金很少，差不多45歲才存了100萬，不過這也符合年輕時規劃——先念完書攻博士——再來賺錢，認真投入股市賺錢才10多年。後來自學會計學，績效有顯著改善，連賺8年，勝率大約從10賭6勝4敗，改善到8勝2負，最近幾年買的股票會套牢的相對較少，8勝2負績效已經不錯，可以說大部分「積蓄」都是股市賺的，薪水不是很高，若是光靠薪水，生活開銷及房貸就花完了。所謂「敗」，就是指投資虧損最後認賠殺出，這幾年頂多也是輕傷，損失多半少於10%。我用100萬花10年變1000萬，報酬率算是不錯，1000多萬在股市不是很多。

2012年力晶下市前，積蓄大約只剩100多萬，當時已到中年，因爲小時家境不是很好，年輕時賺錢要負擔家中經濟，要幫老家蓋房子，又要自己買一間房子繳房貸。由於力晶的反轉，以及個人交了益友，自己也念了點投資的書，目前已連賺8年。有記錄的績效如下表：

表10-1：小陳哥的投資記帳

| 投資日期 | 一年度投資損益 | 備註 | | |
|---|---|---|---|---|
| 87.8.1~88.7.31 | 128958 | | | |
| 88.8.1～89.7.31 | 90000 | | | |
| 89.8.1~90.7.30 | -203420 | | | |
| 90.8.1~91.7.31 | 210160 | | | |
| 91.8.1~92.7.31 | 201420 | | | |
| 92.8.1~93.4.2 | 300843 | | | |
| 93.4.12~94.7.31 | 136841 | | | |
| 94.8.1~95.7.31 | 2986 | | | |
| 95.8.1~96.7.31 | -452655 | 中環虧293600 | 精碟虧115775 | 華映虧32820 |
| 96.8.1~97.7.31 | 5425 | | | |
| 97.81~98.7.31 | 468792 | | | |
| 98.8.1~99.7.31 | 642200 | 力晶賺+137000 | | |
| 99.8.1~100.7.31 | -8000 | 力晶虧152000 | | |
| 100.8.1~101.7.31 | -495100 | 力晶虧500000 | | |
| 101.8.1~102.7.31 | -335000 | 力晶虧356000 | 力晶累虧-869000元 | |
| 102.8.1~103.7.31 | 704300 | 力晶獲利+409500 | 力晶累虧-459500元 | |
| 103.8.1~104.7.31 | 371100 | 力晶獲利+334000 | 力晶累虧-125500元 | |
| 104.8.1~105.7.31 | 531000 | 力晶獲利+459000 | 力晶累計賺 +333500元 | |
| 105.8.1~106.7.31 | 1006000 | 力晶獲利+890400 | 力晶累計賺 +1223900元 | |
| 106.8.1~107.7.31 | 2707700 | 力晶獲利 +2324800其他賺112800 | 力晶累計賺 +3808700元 | |
| 107.8.1~108.7.31 | 1300000 | | 力晶沒計算了 | |
| 108.8.1~109.7.14 | 3253300 | | 力晶沒計算了 | |
| 109.8.1~110.7.31 | 3662863 | 力積電、富邦金、群創貢獻較多 | 力晶沒計算了 | |
| 110.8.1~110.12.22 | 921900 | 聯電、宏碁貢獻較多 | | |
| 歷年總計 | 15151613 | ⊕⊕⊕:表示獲利 | "-" 表示虧損 | |

因爲蘇松泙先生出版了一本書叫做《不蝕本投資術》（蘇松泙，2012）[10]，金庸小說笑傲江湖中有避邪劍法，所以我把30年經驗整理成一首短詩，叫做「小陳哥避虧劍法」，方便股友記憶。如果是我自己以此法買賣，大概是8勝2敗。如果是我推薦給股友的明牌可能有9勝1敗勝率，影響到別人我會更謹慎。我在LINE群組自稱「安打王」，個股常常賺，但是膽子還是不夠大，臂力也不夠粗，沒成爲全壘打王，也就是沒有賺很大，有些全壘打王一檔就只可以賺上千萬，膽子比較大。可能這幾年走大多頭，也比較容易獲利。希望這劍法對後代小孩及對朋友能有幫助。

蘇松泙的觀念是「不蝕本」，他號稱40年連續賺，最後可以累積賺了好幾億，所以能連續賺是很不容易，自從我學了會計學，也連賺了8年。我把這幾年的心得寫成容易記誦的口訣，想起9年前我資金只剩大約100萬，這幾年算是績效不錯的，資金翻10多倍。若在群組提建議，必須更有把握，勝率高，比自己隨性買勝率還要高一點。例如2020年10月起建議富邦金，當時股價約40，本益比很低，市場一片看衰金融股，後來一年就漲了一倍。下面是我寫的短詩：

〔小陳哥避虧劍法口訣〕

避虧劍法者，
漲時賺差價，
跌時賺股利，
六趴抵風險。
崩盤我不怕，
殖利率回本，
前景穩中升，
業績衰退閃。
降龍十八掌，
先練基本功，
馬步得站穩，
資金比控管。
燈紅又酒綠，
平盤真無趣，
見紅停看聽，
見綠投資金。
九月驚又恐，

秋天我播種，
二月門聯紅，
老闆發紅利，
股價日日高，
賣股喝春酒。
富貴或貧賤，
命定切入點，
力晶點二六，
晶友樂陶陶，
天朗氣又清，
曲水見流觴。

## 二、避虧劍法解說

### （一）第一段

避虧劍法者，漲時賺差價，
跌時賺股利，六趴抵風險。

股票上漲時，覺得賺錢很快，這是當然的，銀行定存一年利息大約0.8%，放了一整年，財富增加不到1%，當然很無感。問題是股票不可能天天漲，雖然漲得時候多一點，但跌起來又快又狠，估計一年也有30%時間在跌。漲起來當然很爽，只有賺多賺少的問題，反正只要漲，賺起差價那完全不是銀行定存可以比擬。

問題是跌起來，有些股票根本很難解套，例如宏達電買到1300元就很難解套，更別說有些財務困難的、倒閉的、董事長亂搞的。虧損下市

的如茂德、勝華，更誇張的是2020年亂搞的KY康友，康友以前明明很賺錢，也可以突然搞出大事，2021年下市了，財報似乎問題很多。高層亂搞即使不倒閉，也可以造成股價大跌，造成很大損失，所以進股市，不能天天只想著漲！問題是遇到下跌怎麼辦？幸好那三檔我都沒買過。

遇到下跌怎麼辦？這就牽涉到股市本質問題。既然來到股市，應該思考它本質是什麼？股市跟打麻將一樣嗎？打麻將四個人一桌，錢在四個人口袋裡跑來跑去，可是麻將桌沒有生產性，外面的錢進不來，打一個晚上四個人的錢總和也不會增加。股市呢，因爲有營收，外面的錢可以進來，可以有獲利，股市有生產性，這種獲利可以配發現金給股東，所以股市本質上跟打麻將很不一樣。股市與賭博本質上的差別就是買上市公司股票，可以領現金股利。心中想著上漲，可是買了卻一直跌？是要認賠殺出嗎？事實上有些人提的「停損點」我很少使用。我思考了10年，我發現股市值得我留戀是因爲他有一半本質不是賭博，它會配發股利，公司有生產性，不過股市還是有一半（或是說一部分）本質是在賭博，因爲漲漲跌跌飄忽不定，因爲明天可能漲也可能跌，企業經營也有競爭激烈的風險，這種幾率性就是賭博的本質一靠幾率與運氣。

我再問一次讀者聰明的你：買了之後下跌怎麼辦？你不能只想著漲，不過只要有配息，殖利率夠高，總有回本的一天，所以下跌也不需太擔心，股市本來就是很會波動。如果上漲就賺差價，下跌就領股利，這樣就很難遇到虧損了。這時你就要看重殖利率。殖利率怎麼運用？爲何殖利率很重要？因爲如果股價一去不回頭，到底如何拿回我的資金？很明顯就是靠配發股利。如果股價100元，發現金股利5元，殖利率是5%。

5%的倒數：1/0.05=20，殖利率5%的倒數是20。

這倒數20就代表當股市永遠崩盤，你要回本就要等20年。20年就是回本時間，就是相對於銀行定存的高獲利必須承擔的風險，20年回本然後繼續領，其實，你參加保險都不一定有這麼好報酬！如果你遵守殖利率，這20年等待才回本就是你最倒霉的結果。但是通常你不會這麼倒霉，因爲公司有生產性，通常崩盤後股市還是會好轉，你要慎選好公司。 至於風險就是你可能遇到地震、颱風、公司火災、戰爭、金融風暴、董事長挪用資金、瘟疫、景氣變差……等等一大堆風險！

以前的觀念，當銀行定存還有1～2%時，一般認爲殖利率6%算比較合理，後來銀行一直降息，放銀行實在沒吸引力，於是股市吸引力提高，6%殖利率的好股不好找了，目前普遍來說，5%殖利率已經可以接受。下跌時先領股利，多領幾年等待股價回升。不要看到下跌就忘掉當初爲何買它？然後一死心就是殺低，有些人常常如此，本金越玩越少。如果個股很賺錢，但是殖利率只有2%，基本上我不會投資，因爲如果大盤重挫，很難回本，我要等50年才回本，太久了！不過還是要參考個股未來性。例如台積電2021.1.18日股價679元，配息10元，殖利率才1.47%，就不是我中意的標的，下跌後如果股價回不來，會長期面臨虧損。我們來看2008年的福興（9924）：

表10-2：長期投資標的—福興股利（9924）

股利分配

| 年度 | 現金股利 | 盈餘配股 | 公積配股 | 合計 |
|---|---|---|---|---|
| 2020 | 2.6 | 0 | 0 | 2.6 |
| 2019 | 2.6 | 0 | 0 | 2.6 |
| 2018 | 2.4 | 0 | 0 | 2.4 |
| 2017 | 2 | 0 | 0 | 2 |
| 2016 | 2.8 | 0 | 0 | 2.8 |
| 2015 | 2.8 | 0 | 0 | 2.8 |
| 2014 | 2 | 0 | 0 | 2 |
| 2013 | 2 | 0 | 0 | 2 |
| 2012 | 1.5 | 0 | 0 | 1.5 |
| 2011 | 1.2 | 0 | 0 | 1.2 |
| 2010 | 1.2 | 0 | 0 | 1.2 |
| 2009 | 1.5 | 0 | 0 | 1.5 |

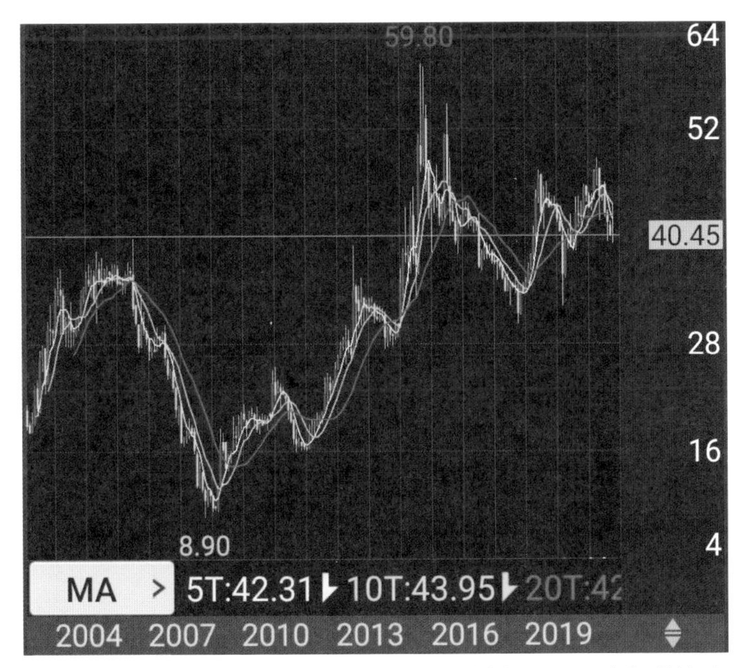

圖10-1：2008年大跌的績優股福興，資料來源：元富行動達人

福興（9924）在2008年時配發現金1.5，發生世界金融風暴後股價卻跌到8.9元，殖利率16%。那一年我有買到10元的福興，買了10張。這表示即使繼續崩跌，我如果不停損，大約6年可以回本。不過好的股票如果你放長期，2008～2021總共配發26.8元，股價則來到40，這樣經過13年9元變成67元，財富增加7.4倍。可惜2008年時買了放不到1年就漲到15元，我把它賣掉了，當時投資功力還不行。**漲時賺差價，跌時賺股利，崩盤我不怕，就是依靠股利。**

我在旺宏2元時買進也是這理由，當時淨值大約還有4元。如果配個2元就回本，雖然後來減資一半。如果你是2元買的旺宏，4年配了4.59元，如果買在2元（減資一半成本爲4元）早已回本，股價40則讓你財富增值10倍，我們來看旺宏：

LINE股友曾經笑我善於抓低點，不善於賣高點，這完全說中我要害。福興10元我在2008買過，旺宏2元我也買過，但是都賺不多，福興漲到15我就賣了，旺宏4元我就賣了，我有股友旺宏賺了2000萬。後來我改掉這習慣，不會因爲漲多（可能是波浪理論12345的第1波）然後遇到一個小回檔就急著賣，現在我不但會抓低點，也比較能持久放，賣得比以前好。

## （二）第二段

崩盤我不怕，殖利率回本，

前景穩中升，業績衰退閃。

表10-3：旺宏的現金股利，資料來源：元富行動達人

股利分配

| 年度 | 現金股利 | 盈餘配股 | 公積配股 | 合計 |
|---|---|---|---|---|
| 2020 | 1.2001 | 0 | 0 | 1.2001 |
| 2019 | 1.1894 | 0 | 0 | 1.1894 |
| 2018 | 1.2001 | 0 | 0 | 1.2001 |
| 2017 | 1.0003 | 0.2001 | 0 | 1.2004 |
| 2016 | 0 | 0 | 0 | 0 |
| 2015 | 0 | 0 | 0 | 0 |
| 2014 | 0 | 0 | 0 | 0 |
| 2013 | 0 | 0 | 0 | 0 |
| 2012 | 0 | 0 | 0 | 0 |
| 2011 | 0.3798 | 0.3798 | 0 | 0.7596 |
| 2010 | 1.6959 | 0 | 0 | 1.6959 |
| 2009 | 1.4852 | 0 | 0 | 1.4852 |

圖10-2：2021年5月12日大盤盤中急殺1400點　資料來源：元富新環球大亨

我記得2021年5月新冠肺炎在台北肆虐時，2021.5.12那一天盤中跌了1400點，如果平時就算好殖利率是多少，比較不會因爲恐慌而殺股票。殖利率夠，就不需太害怕風險，也就不需要亂砍股票，因此我很少設定停損點，除非基本面不可逆。5月12日大跌1400點那天，我是站在買方，連買3天，當天現買現虧，但是很快大盤沒多久就創新高衝到18000點。崩盤怕不怕？如果你全部資金都在股市就會怕，如果你有現金就不怕，所以「資金控管」很重要。像現在大盤17000點，雖然景氣很好，企業很賺錢，還是要留點現金。但是如果股災真的發生了，你是要認賠殺出嗎？通常我是很少認賠，因爲買的時候就算過殖利率了，而且平時會控制資金比。例如敦陽科買的時候就算過殖利率有6%以上：

**2480敦陽科，配4.3元，買進65元**

**殖利率就是：4.3/65=6.6%**

俗語說：高獲利、高風險。6.6%殖利率，這已經比銀行0.84%高出7倍的利息，得到這麼高的利息，股價下跌就是我必須承受的風險，事實上敦陽科2020年跌到62我沒賣，反而加碼。

表10-4：急殺1400點那天我是站在買方

重新查詢　說明

總損益:-26,630 筆數:7(頁次 1/1)

| 明細 | 股票名稱 | 交易別 | 股數 | 成交均價 | 投資 |
|---|---|---|---|---|---|
| 明細 | 敦陽科 | 普買 | 1,000 | 69.1 | 69 |
| 明細 | 久元 | 普買 | 5,000 | 74.46 | 37 |
| 明細 | 群創 | 普買 | 3,000 | 21.32 | 64 |
| 明細 | 群聯 | 普買 | 100 | 475 | 47 |
| 明細 | 聯電 | 普買 | 4,000 | 46.77 | 18 |
| 明細 | 茂訊 | 普買 | 1,000 | 53.9 | 53 |
| 明細 | 力積電 | 興櫃買 | 3,000 | 56.67 | 17 |

| 成交日期 | 交易類別 | 股票名稱 | 成交股數 | 成交單價 | 成交價金 | 手續費 | 交易稅 |
|---|---|---|---|---|---|---|---|
| 2021/05/12 | 現股買進 | 聯電 | 1,000 | 47.45 | 47,450 | 67 | 0 |
| 2021/05/12 | 現股買進 | 聯電 | 1,000 | 47.05 | 47,050 | 67 | 0 |
| 2021/05/12 | 現股買進 | 聯電 | 1,000 | 46.7 | 46,700 | 66 | 0 |
| 2021/05/12 | 現股買進 | 聯電 | 1,000 | 45.9 | 45,900 | 65 | 0 |
| 2021/05/12 | 現股買進 | 敦陽科 | 1,000 | 69.1 | 69,100 | 98 | 0 |
| 2021/05/12 | 現股買進 | 茂訊 | 1,000 | 53.9 | 53,900 | 76 | 0 |
| 2021/05/12 | 現股買進 | 群創 | 2,000 | 21.3 | 42,600 | 60 | 0 |
| 2021/05/12 | 現股買進 | 群創 | 1,000 | 21.35 | 21,350 | 30 | 0 |
| 2021/05/12 | 現股買進 | 久元 | 1,000 | 75.8 | 75,800 | 108 | 0 |
| 2021/05/12 | 現股買進 | 久元 | 1,000 | 75.7 | 75,700 | 107 | 0 |
| 2021/05/12 | 現股買進 | 久元 | 1,000 | 74.4 | 74,400 | 106 | 0 |
| 2021/05/12 | 現股買進 | 久元 | 1,000 | 74.7 | 74,700 | 106 | 0 |
| 2021/05/12 | 現股買進 | 久元 | 1,000 | 71.7 | 71,700 | 102 | 0 |
| 2021/05/12 | 現股買進 | 力積電 | 1,000 | 58.5 | 58,500 | 50 | 0 |
| 2021/05/12 | 現股買進 | 力積電 | 1,000 | 56.1 | 56,100 | 50 | 0 |
| 2021/05/12 | 現股買進 | 力積電 | 1,000 | 55.4 | 55,400 | 50 | 0 |
| 2021/05/12 | 現股買進 | 群聯 | 100 | 475 | 47,500 | 67 | 0 |
| 2021/05/13 | 現股買進 | 群聯 | 100 | 426 | 42,600 | 60 | 0 |
| 2021/05/14 | 現股買進 | 仁寶 | 1,000 | 22.6 | 22,600 | 32 | 0 |
| 2021/05/14 | 現股買進 | 京城銀 | 1,000 | 39.5 | 39,500 | 56 | 0 |

但是宏達電2011年配37元，如果股價1300跌到740，殖利率5%時該怎麼辦？要不要怕？如果你不怕就等著2021年跌到30元。股價崩跌要不要怕呢？就是要謹記：前景穩中升，業績衰退閃。

表10-5：宏達電配息狀況及股價

| 年 | 股利 | 股價高點 | 股價低點 |
|---|---|---|---|
| 2013 | 2 | 307.5 | 122 |
| 2012 | 40 | 672 | 191 |
| 2011 | 37.5 | 1300 | 403 |
| 2010 | 26.5 | 921 | 277.5 |
| 2009 | 27.5 | 543 | 308.5 |
| 2008 | 37 | 888 | 256 |

有人問我：我要怎麼判斷前景呢？其實這就是股市最難的一個點了。能不能賺錢？你有沒有用功？主要就是看你能否判斷一家公司未來1~2年的景氣，這個很重要，你必須很用功研究，你必須投資你熟悉的公司。你要能判斷公司前景，最好是成長股，但是成長股股價常常很貴，像台積電是成長股。所以可以退而求其次找穩定的股，例如中華電信很穩定是出名的，我常買的京城銀獲利也很穩定，穩定股成長性低，因此股價會比較便宜，像京城銀本益比常常低於10。投資你熟悉的股票，當然比較容易猜中前景，或者如上一章說的找找前幾年資料，找出慣性，這都是判斷前景的方法，前景才是影響未來股價的主要因素。不然外資法人花高薪養一堆分析師、基金經理人是爲什麼？

如果你找到前景是成長或是基本上穩定的股票，殖利率也有6%以上，那麼股價崩盤其實就是發財的機會。例如敦陽科在2015年歐債危機時跌到22，我就買過22的，我發現這公司穩定性不錯，但是當時還是賣太早，後來我努力修正賣太早的毛病。

所以，能投資自己熟悉的公司最好，即使大盤不崩盤，你也不要買到衰退的產業，不然會「賺了股息，賠了差價」。像我以前常買電腦零件的順發，早期我常常買，後來我開始發現它業績有逐步在衰退。2014-2020基本上股價是下跌，領到股利沒什麼用。這樣，不符合「前景穩中升」，後來我就不碰了。

表10-6：敦陽科配息穩定成長，資料來源：元富行動達人

股利分配

| 年度 | 現金股利 | 盈餘配股 | 公積配股 | 合計 |
|---|---|---|---|---|
| 2020 | 4.3 | 0 | 0 | 4.3 |
| 2019 | 4.45 | 0 | 0 | 4.45 |
| 2018 | 3.42 | 0 | 0 | 3.42 |
| 2017 | 2.62 | 0 | 0 | 2.62 |
| 2016 | 2.1 | 0 | 0 | 2.1 |
| 2015 | 2 | 0 | 0 | 2 |
| 2014 | 2 | 0 | 0 | 2 |
| 2013 | 2 | 0 | 0 | 2 |
| 2012 | 2 | 0 | 0 | 2 |
| 2011 | 1.9 | 0 | 0 | 1.9 |
| 2010 | 1.87 | 0 | 0 | 1.87 |
| 2009 | 1.8 | 0 | 0 | 1.8 |

表10-7：順發營收衰退

| 年度 | 2014 | 2015 | 2016 | 2017 | 2018 | 2019 | 2020 |
|---|---|---|---|---|---|---|---|
| 營收（億） | 54.42 | 51.76 | 47.9 | 44.29 | 40.93 | 38.56 | 40.92 |

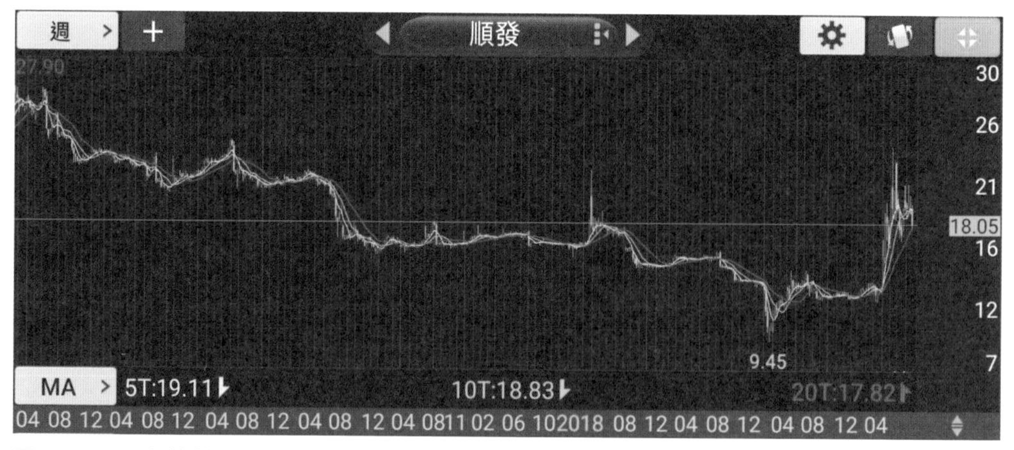

圖10-3：順發營收緩慢衰退，股價也往下滑　資料來源：元富行動達人

## （三）第三段

降龍十八掌，先練基本功，
馬步得站穩，資金比控管。

30年下來，有太多次「含恨」經驗，就是遇到大跌，一大堆股票，便宜的要命，到處是黃金，但是你已經沒有子彈，因爲在大盤高點時，資金已用完，我只能看著低價流口水，看它事後大漲。這其實也算是誤判，沒有判斷出大盤會重挫，但是我們很難知道什麼時候會重挫。大家都知道危機入市是最容易賺錢，但是真的重挫時，手上還有子彈嗎？

所以要練就絕世武功，還是要從基本功練起，先學習蹲好馬步。加強內力，這好比是平時多積蓄，多存點資金。有時看好一檔股票拼命買，但是買了卻下跌，只能乾瞪眼、搥心肝，滿地黃金卻沒有資金撿便宜貨。最近一次大崩盤就是2020年2月發生新冠肺炎之後，大盤一直跌，跌到三月，美股天天在熔斷。當時LINE流傳一張圖（著作權之故，我只轉錄文字如下）：

2020年3月8日

巴◯特：我活了89歲，只見過一次美股熔斷。

2020年3月9日

巴◯特：我活了89歲，只見過二次美股熔斷。

2020年3月12日

巴◯特：我活了89歲，只見過三次美股熔斷。

2020年3月16日

巴◯特：我活了89歲，只見過四次美股熔斷。

2020年3月18日

巴◯特：我……又熔斷了，我…忘了我幾歲了。

可見2020年3月跌勢之慘烈，在1月時漲到12000點其實我已有回收資金100多萬，不過100多萬實在買不了多少股票，大約跌到9600點，我留的資金幾乎就耗盡。所以我資金控管能力還是有待加強，蘇松泙在《不蝕本投資術》中所言，資金比控管能力要做好，他說（p.144）：

「過去10年，我嚴控投資股票部位不超過所有資產的三成。……量力而為就好」

其實我資金控管也沒做的很好，2020年3月時，跌破10000點之後，到8000多點時我突然帳面從賺100多萬變成虧100多萬，看到很多股票跌很深，一種遍地黃金的感覺，雖然股災時我有買，但是資金有限只能買一點點，不過至少我沒有在低點殺股票，我算是有經驗的老鳥，沒有殺低股票，但是資金控管能力還是有待加強。很多人都知道，危機入市報酬率很高，可惜我在12000高點時只回收100多萬，大約1/10資金。股災時，那100多萬買幾張股票就沒有了。我在10500～9600點時接的股票都很便宜，事後證明報酬率都很高。2020.3.19跌到最低點8523那一天我還是有買，但是資金少，只能塞一點牙縫。

成交筆數:3(頁次 1/1)

| 股票名稱 | 盤別 | 交易類別 | 成交股數 | 成交價 |
|---|---|---|---|---|
| 聯電 | 普通 | 現買 | 2,000 | 14.35 |
| 仁寶 | 普通 | 現買 | 1,000 | 18.05 |
| 聯電 | 普通 | 現買 | 2,000 | 14.4 |

2020.2.3買入（大盤11354點）

總損益:+5,785 筆數:4(頁次 1/1)

| 明細 | 股票名稱 | 交易別 | 股數 | 成交均價 |
|---|---|---|---|---|
| 明細 | 群創 | 普買 | 10,000 | 6.04 |
| 明細 | 仁寶 | 普買 | 6,000 | 16.5 |
| 明細 | 新光金 | 普買 | 3,000 | 8.12 |
| 明細 | 京城銀 | 普買 | 1,000 | 31.5 |

2020.3.13買入（人盤10128）

益:-831 筆數:4(頁次 1/1)

| 股票名稱 | 交易別 | 股數 | 成交均價 | 投資 |
|---|---|---|---|---|
| 仁寶 | 普買 | 1,000 | 15.7 | 15 |
| 新光金 | 普買 | 1,000 | 6.87 | 6, |
| 達麗 | 普買 | 1,000 | 21.3 | 21 |
| 欣銓 | 普買 | 1,000 | 18.9 | 18 |

2020.3.19買入（大盤收8681點）

總損益:-494 筆數:2(頁次 1/1)

| 明細 | 股票名稱 | 交易別 | 股數 | 成交均價 |
|---|---|---|---|---|
| 明細 | 久元 | 普買 | 1,000 | 39.2 |
| 明細 | 群創 | 普買 | 5,000 | 4.92 |

2020.3.23買入（大盤收8890點）

圖10-4：2020年3月股災時低價買入的股票

我在2020年3月19盤中最低點8523那天有小買，3月23日還在8000多點那天也有買，基本上10000點以下，帳面的股票都虧損了，沒有賣。大盤到隔年4月衝到17300點，足足漲了一倍。我在那一波賺了不少，我給群組網友的印象一直是善於抓低點，不善於抓高點，後來這狀況是有一點改善，但改善還是有限。例如：久元、欣銓這兩檔都賣太早。久元我買到39.2很低價，事後久元漲了2倍，但是我大約賺40%就跑了。欣銓我買到18.9，也是漲大約30%就賣了，後來足足漲了2.8倍。

股災時出手，不管賺多少，反正賺多賺少都是賺，證明危機入市容易大賺，2008金融風暴時，我也在大盤5000點買了一些，事後也是大賺，我都有留一點資金，但是留的都不夠，這個練功還是要加強。但是讀者須知道，資金比控管，還是基本功。由於我從來不融資融券，基本上大崩盤時，比較不會緊張，只是看到帳面虧損，沒有很舒服而已。

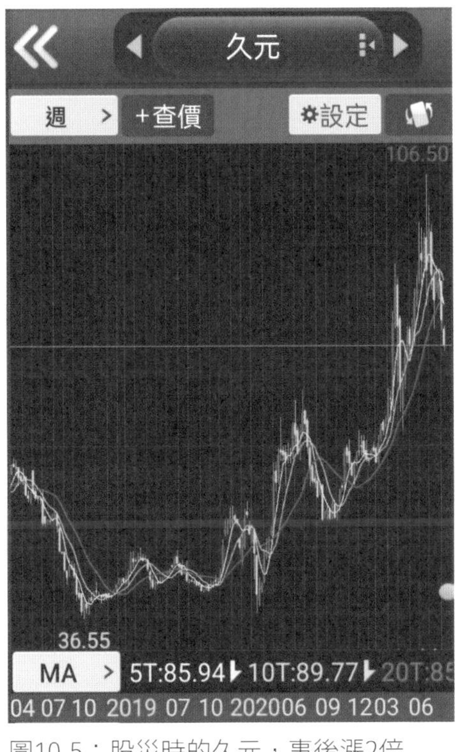

圖10-5：股災時的久元，事後漲2倍

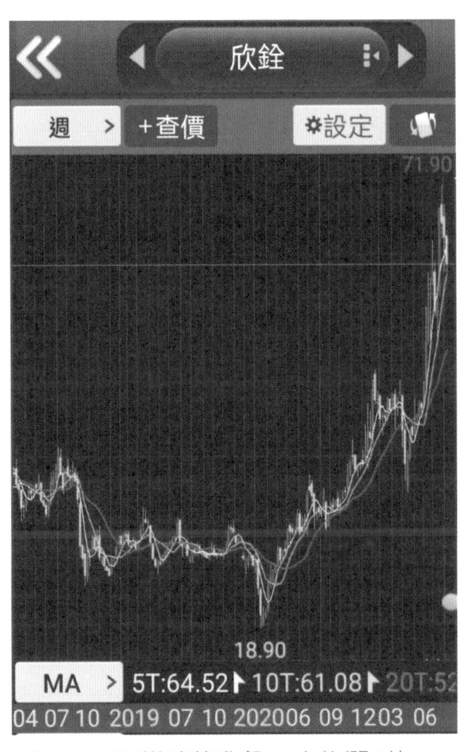

圖10-6：股災時的欣銓，事後漲4倍

資料來源：元富行動達人

## （四）第四段

燈紅又酒綠，平盤真無趣，

見紅停看聽，見綠投資金。

股市資金人來人往，大約6成時間是收紅，大約4成時間是收綠，彷彿十里洋場燈紅酒綠，有時看的眼花繚亂，散戶往往容易追高殺低，所以根據統計才會有8成散戶虧錢。追到最高點，殺在很低點，如白居易的長恨歌，「上窮碧落下黃泉」，看到12000點漲到碧落去（天上），有一天忽然反轉，跌掉地底下去。漲漲漲！追追追！追高價忽然有一天大反轉，成爲最後一隻老鼠，或者最新術語叫做被「割韭菜」。有時平盤都沒波動，看久了也眞是無聊。散戶常常容易虧，容易追高殺低。有時需要一點反市場心理，因爲股市6成時間是漲，4成是跌，通常是慢慢漲，然後急跌。不過爲了簡單說明，我們可以假設成股市一半時間漲，一半時間跌。所以機率上來說，除非對個股有深入研究，不然大盤開紅盤，或是個股開紅，最好是「停看聽」，不要輕易買進；反之，我是比較喜歡大盤大跌時買進喜歡的個股，大跌時買進可以降低成本，這樣基本上勝算比較高。不過有時技術線型突破新高的也是可以追，這種「買強勢股」投資法，蘇松泙提到很多次。**兩種投資風格不同，所以說投資是一門藝術，採取適合自己的方法。**

當然，這只是大原則，仍然必須對個體有深入研究，才能把勝算提高，印象中五年下來，我買的股票上漲機率大約是8成有的。但是，如果是看好的個股一直漲，通常我就不會追了，因爲等於一直墊高成本。「見紅停看聽，見綠投資金」，可以把它養成習慣，但是仍然是要對個體有深入研究，兩者搭配。

我對游泳是小有心得，拿過一些獎牌，我常用游泳在比喻投資，爲何有人游自由式很累？教練教的他都記住了，就是游不好。我在游泳過程發現，這是因爲一個人專注於手的姿勢時，就容易忘了踢腳；專注於踢腳，手就會開始亂划；手腳都處理好了，呼吸換氣又亂掉。因爲有些人運動時，大腦、小腦不容易同時處理這三個變數，我經過自我訓練後可以同時注意這三個變數，這樣游起來比較不費力。股市中的變數就像游泳這樣，

變數很多，不容易全注意到，而且股市的變數更多。我舉游泳爲例，可以先抓3個選股主要重點：eps、本益比、殖利率，選股時訓練到自己可同時注意這三個變數。等訓練好了，可以再加入淨值，變成四個變數，隨著功力增強，再增加變數。

股市中要注意的變數比起游泳多太多了，「見紅停看聽，見綠投資金」、「資金比控管」，也是都要注意，對於個體的前景要有深入研究，這一點更重要，因爲主導未來走勢的就是個股未來獲利，俗語說「股價反映未來」。讀者可發現2020.2.3大盤在11354時我聯電買在14.4（圖10-7），現在回頭看，當時漲漲跌跌就不重要了。但是如果是「見綠投資金」才有機會買到14.4低價，拉高報酬率，當天大盤開高走低收平盤，開盤14.45，高點16.5元，低點14.15元，可以見綠時才出手買到比較便宜的價。但是我們要的是深入研究個股，看長期大波段走勢，2021.9.6聯電已經來到72元，回想當時買14.4或15.0就不是很重要了。所以，深入研究個股，才是最重要的，你必須當做自己經營該公司一樣，深入了解，抓住趨勢，漲漲跌跌就是次要的，這就是我從巴菲特書籍中學到的長期投資觀念。

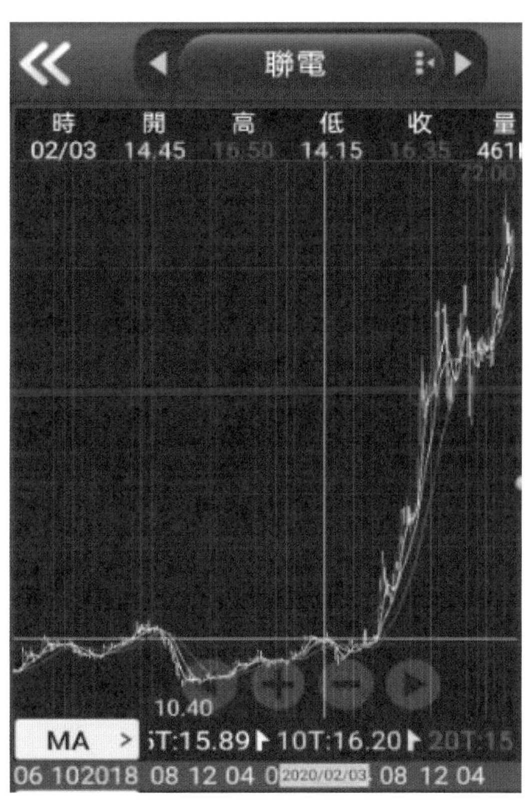

圖10-7：聯電2020～2021年走勢圖
資料來源：元富行動達人

## （五）第五段

九月驚又恐，秋天我播種，

二月門聯紅，老闆發紅利，

股價日日高，賣股喝春酒。

根據自己經驗及統計，發現台股一年中是9～10月最容易跌，跌起來往往10月更恐怖，有時都要到10月才止跌打底，所以最好6月底7月初就回收一點資金。九月驚又恐，很多次了，美國911、台灣921，921當然這是天災很難說。但是呢，2015歐債也是跌8～9月，2008雷曼風暴也是8-9月爆開，2001波斯灣戰爭，很多次都是8月開始跌，跌到10月初，統計值是10月跌最兇。依照個人經驗，9月底到10月初是買股好時機，容易出現大跌見底機會，所以說適合秋天佈局。每年12～3月容易漲，1月容易漲可能是公司整個年度獲利數字都出來了，容易建立信心，2～3月通常公司會發佈股利。

2月容易漲還有個原因，可能是中國農曆年過了，需要的現金減少了，民衆存回股市，而且農曆春節長假也結束。然後2月開始，慢慢的一家家企業開始發佈股利，股利一發佈，持股信心就會增強，感覺有好處可以拿了，股票感覺似乎又很吸引人。2月到3月常常可見到股市高點，因爲各家公司陸續發佈股利，形成一個上漲氛圍，大家都想藉由股票領取股利，還會有比價效應，氛圍形成，股價越墊越高，一直到6月該配息的都還沒除息，大盤指數往往是在高點盤整甚至墊高指數。2月～4月股票大漲，趁機獲利了結，佈局只需半年，有時都有20%～30%漲幅，只要賣個1～2張，朋友就可以好好聚聚餐喝春酒，讓生活增添一些樂趣。2014年當時我們力晶科技持股的「竹林七閒」聚餐就是過年後，前後沒幾天，力晶4元突然漲到7元，我突然想慶祝一下，當時由我出面第一次召集鉅亨吧股友餐敘慶祝。賣股喝春酒，那天股友聚會來了7個人，7個閒人。以月份

統計台股上漲下跌次數，整理在表10-8。

最會漲的月份：12月～3月。12月是漲的機率最大，但是2月漲幅4%，則是漲幅最大，比12月漲幅2.5%大。

最會跌的月份是：6月、9月、10月。10月雖然是上漲比下跌次數多，但是平均跌幅最大，表示跌起來很兇猛，9月也類似。5～6月容易跌，但是幅度比較小，還是9月～10月跌幅比較大。

表10-8：台股股市漲跌與月份的相關性（1987～2021年）

| 月份 | 統計年數 | 上漲次數 | 下跌次數 | 平均漲跌幅 | 易漲或易跌（漲跌幾率） | 2021年檢驗 | | | 與平均值是否相符 |
|---|---|---|---|---|---|---|---|---|---|
| | | | | | | 上月末 | 本月末 | 本月漲跌點數 | |
| 1 | 35 | 20 | 15 | +3.2 | 易漲(57%) | 14732 | 15552 | +820 | √ |
| 2 | 35 | 24 | 11 | +4.0 | 易漲(69%) | 15552 | 16080 | +529 | √ |
| 3 | 35 | 23 | 12 | +4.0 | 易漲(66%) | 16080 | 16431 | +651 | √ |
| 4 | 35 | 19 | 16 | +2.5 | 易漲(54%) | 16431 | 17566 | +1135 | √ |
| 5 | 35 | 15 | 20 | -0.2 | 易跌(57%) | 17566 | 16504 | -1062 | √ |
| 6 | 35 | 16 | 19 | -0.8 | 易跌(54%) | 16504 | 17282 | +778 | × |
| 7 | 35 | 18 | 17 | +1.4 | 易漲(51%) | 17282 | 17656 | +374 | √ |
| 8 | 35 | 17 | 18 | +0.1 | 易漲(51%) | 17656 | 17490 | -166 | × |
| 9 | 35 | 19 | 16 | -0.7 | 易跌(54%) | 17490 | 16934 | -556 | √ |
| 10 | 35 | 21 | 14 | -1.7 | 易跌(60%) | 16934 | 16987 | +53 | × |
| 11 | 34 | 20 | 14 | +1.9 | 易漲(59%) | 16987 | 17428 | +441 | √ |
| 12 | 34 | 26 | 8 | +2.5 | 易漲(76%) | 17428 | 18218 | +790 | √ |

註：本表漲跌是以歷年平均來判斷，2021年的檢驗也是以歷年平均

檢驗今年（2021）年1～12月與歷年漲跌幅比較，有9個月是符合，可見統計值還是有參考價值。要賣最高點，2月～4月通常最有機會。至於買進佈局時機，還是9月及10月最好。10月跌幅超過10%的月份有6次，

10月漲幅超過10%的年度只有1990年1次（+22.7%）。10月大跌狀況如下：

2018年 -10.9%（11006 → 9802）
2008年 -14.8%（5719 → 4870）
2000年 -10.4%（6185 → 5544）
1997年 -16.0% （8708 → 7313）
1988年 -25.9% （8402 → 6226）
1987年 -39.9% （4459 → 2722）

所以8～9月買股要小心，要多一點忍耐、等待功夫，10月最危險。至於買入時間點，低點有時出現在9月底10月中，這時間點買容易買到低點。通常每年11月到隔年3月最容易漲，你不能等到12月才買，依經驗可以在9月底或10月大力布局，也許10月買股最好。放個5～6個月，通常有一大波段大約10～15%利潤，不過這也不是100%機率，只能說勝算比較高，還是要深入研究個股。上面所謂賣股喝春酒，關於賣股時機，須注意：

1. 對於某些績優股，有成長性，有時放越久賺越多，如台積電，不一定漲到300元就要賣，但是600元時殖利率實在太低了，殖利率只有1.8%。
2. 從谷底漲第一波上來，不要小小拉回就緊張要賣，對於波浪理論有1-2-3-4-5等5波，第一次大漲小回那可能是第2波的拉回，很可能還有主升段、末升段在後頭，所以要有點耐心，這點我以前是沒做好，常常初升段就跑了。例如:幾年前旺宏2元漲到4元，拉回到3.6（應屬1-2-3-4-5的第2波）我一緊張就賣了幾十張，這賣太早。

3. 賣的時機，可以觀察看看是否放大量，如果當日成交量來到總股份5/100就要很小心，可以賣出一些收回一部分現金。如果日成交量逼近總股份1/10，那要非常小心了。以下四檔（圖10-8～圖10-11）股票都是2021年衝18000點時火紅的個股，股價最高點時都是爆巨量，日轉手成交佔股本5%以上，**尤其陽明（航海王）2021.7.7那天熱到日成交量佔股本17%，熱到爆表**，當日股價234元，成交值1423億，可以說股市資金動能已大部分被吸走。當日上市股成交5841億，光陽明海運一檔，佔了成交值24%。股市上漲需要資金動能，當大部分資金都被吸走，表示想買的都衝進來了，其他剩下就是不會想買的人，剩下的人即使有錢，對於股價已經不敢再追高。所以有句話說：老手看量，新手看價。
4. 反之，要抓低點，除了看大盤嚴重下跌，也可以看個股股價在低點躺平很久，**然後每日成交量低到很可憐，超低成交量一段時間，股價躺平跌不下去，表示業績雖不好，但是想要殺低的人已經很少，這就是反彈的契機了**。
5. 買賣可以參考日KD、週KD、月KD，一般來說日KD值時間太短不具太多意義，週KD依據某些專家指出，最有參考價值，KD的K值80以上開始向下反轉，要注意賣出時機；KD的K值20以下開始向上黃金交叉是買進訊號。週KD與月KD可當重要參考。（今周刊，2014）[11]

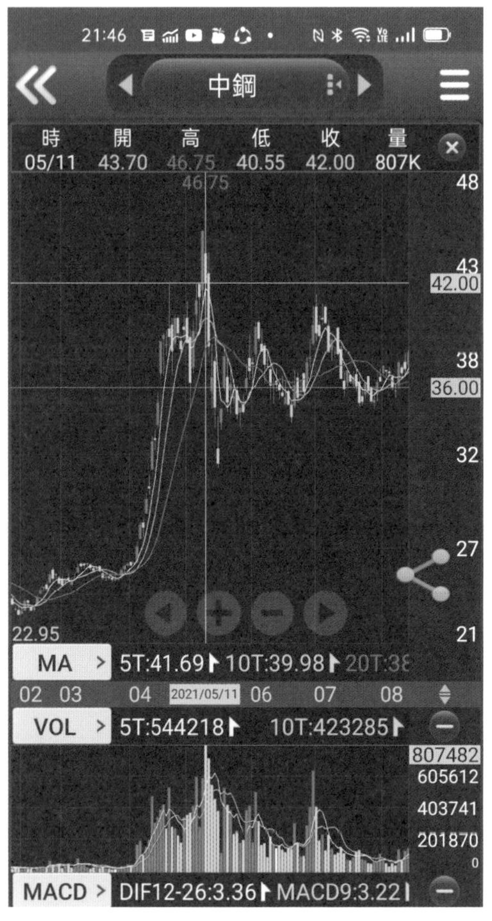


圖10-8：中鋼5月11日80萬張，爆量5%

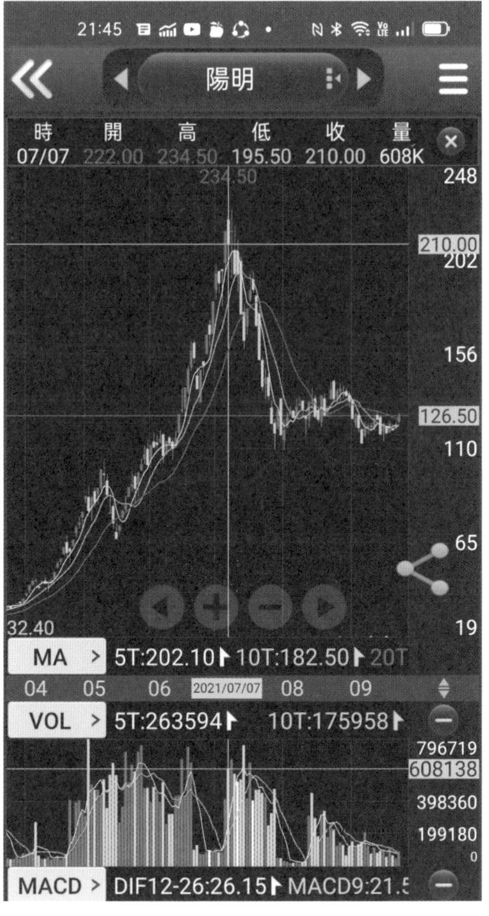


圖10-9：陽明7月7日60萬張，爆量17%

## （六）第六段

富貴或貧賤，命定切入點，
力晶點二六，晶友樂陶陶，
天朗氣又清，曲水見流觴。

話說2014年竹林七閒第一次聚餐，當時是我出面邀集餐敘，邀請在

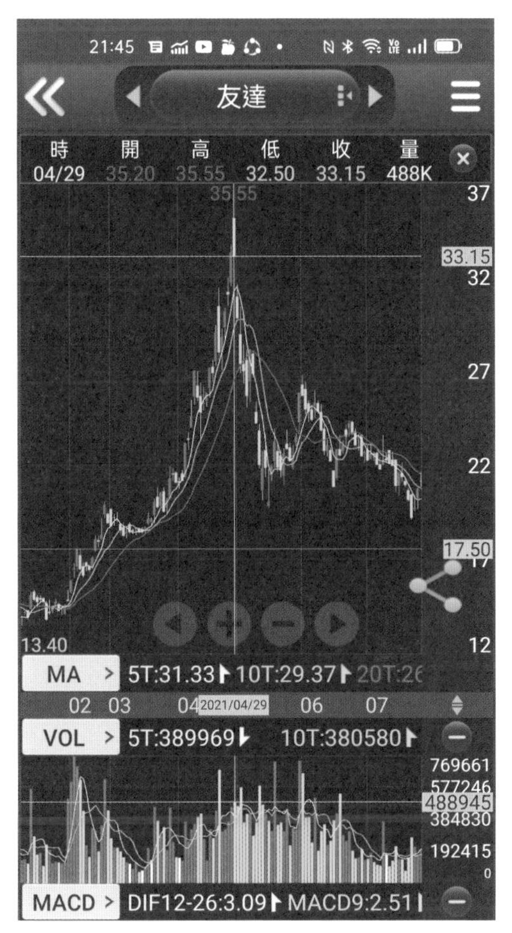


圖10-10：友達4/29日爆量49萬張，佔股本5.1%

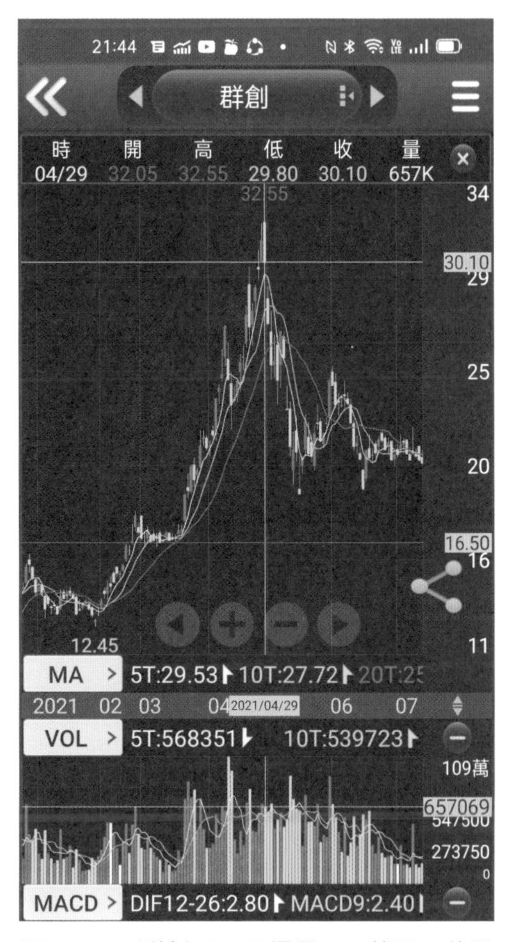


圖10-11：群創4/29日爆量65.7萬張，佔股本6.3%　資料來源：元富行動達人

鉅亨網力晶吧聊股票的朋友，因爲過了農曆年力晶原本行情4元突然跳到7元，這當然是大漲，所以邀請大家同樂。力晶餐敍之後，我認識很多力晶股友，很多都是下市前買的，買在1元以下的千張大戶，至少30人，尤其我認識至少15人是買在0.5以下的，都是1000張以上。

要論績效，沒有人比得上0.5以下買了1000張的人，所以說要大富大貴，2012年要下市前就是關鍵點。那個時間點勇敢買進的的人，當時已經註定大富之命，這比起力積電上興櫃後47～80元之間移動，你再多麼厲害的來回操作，要賺個1倍都是非常困難。2012年12月下市前我是以0.26元抓了一些，加上原有的持股，當時168張一路發諧音買到「下市」。下市後有繼續買4元的、7元的、10元的，持股最多時有460張。所以力晶（零）點二六很快樂，當然也有（零）點二零的，點一八的，只要有買到0.5以下的晶友都是樂陶陶。

旺宏也曾經跌到2.2也是很甜的價位，所以抓低點的功力很重要，甚至比賣高點的能力重要。因爲你要賣高點，本身風險不小，例如大立光漲到4000元，也許你可以等到6000元，但是大立光股價4000元時風險已經不小。而力晶跌到0.3，如果你相信不會倒閉，其實一張300元，風險很低，所以，能夠低點切入那是最好了。如果猜對了拗對了，景氣翻轉上揚，那漲幅都是很嚇人。買到0.17～0.5元之間的力晶股友，下市兩年後，大約漲到7元，兩年就漲了24倍，這在當時未上市盤，其實很容易賣出。只是我也是事後才知道可以在未上市盤交易，事前以爲下市後無法賣，所以才抓168張而已。

我們投資，我們追求什麼？想過什麼樣的生活？力晶沒有倒閉，度過2012年風暴，才隔一年多，股友樂陶陶開心相聚，讓人想起王羲之著名的書法「蘭亭序」前半段，那一段悠閒暮春時光。東晉穆帝永和九年（西元353年）三月三日那一天，王羲之與兒子及謝安等友人相聚浙江紹興的會稽山，那一天，天朗氣清惠風和暢。王羲之寫道：「此地有崇山峻領（嶺），茂林脩竹；又有清流激湍，映帶左右，引以爲流觴曲水」，一副悠閒的情景，天氣很好。流觴曲水的意思是：

用酒杯盛酒，放入彎曲的水道中讓它自然飄流，看杯停在誰面前，誰就取杯飲酒。這是古人一種勸酒取樂的方式。觴是指酒杯，曲水，彎曲的水道，以流酒杯。

這蘭亭序所寫應該年代應該是古時候東晉時期，描述一些文人雅士（想必屬於財務自由者）的休閒娛樂。我們投資也是要追求讓自己不用太奔波忙碌，天天工作爲了領薪水。人生在世，短短幾十年，賺太多花不完也帶不走，可以留一些給子孫，有了積蓄下半輩子也該好好過日子。天朗氣清，曲水流觴也是古人的一種瀟灑的娛樂。當你財務自由之後，好好享受與規劃你的生活。2014年第一次力晶吧股友的網聚那天來了七個人，我取諧音古時有竹林七賢，我們不是賢能人士，但是希望能悠閒，所以我稱爲「竹林七閒」。那天雖沒有曲水流觴，不過也準備了上等的葡萄美酒暢飲一番。改善生活之餘，行有餘力幫助他人並回饋一些給社會。這幾年我捐助到國中小的獎助學金已經幾十萬，加上朋友贊助的，前後將近100萬了。改善經濟，自助助人，先有個正確目標。

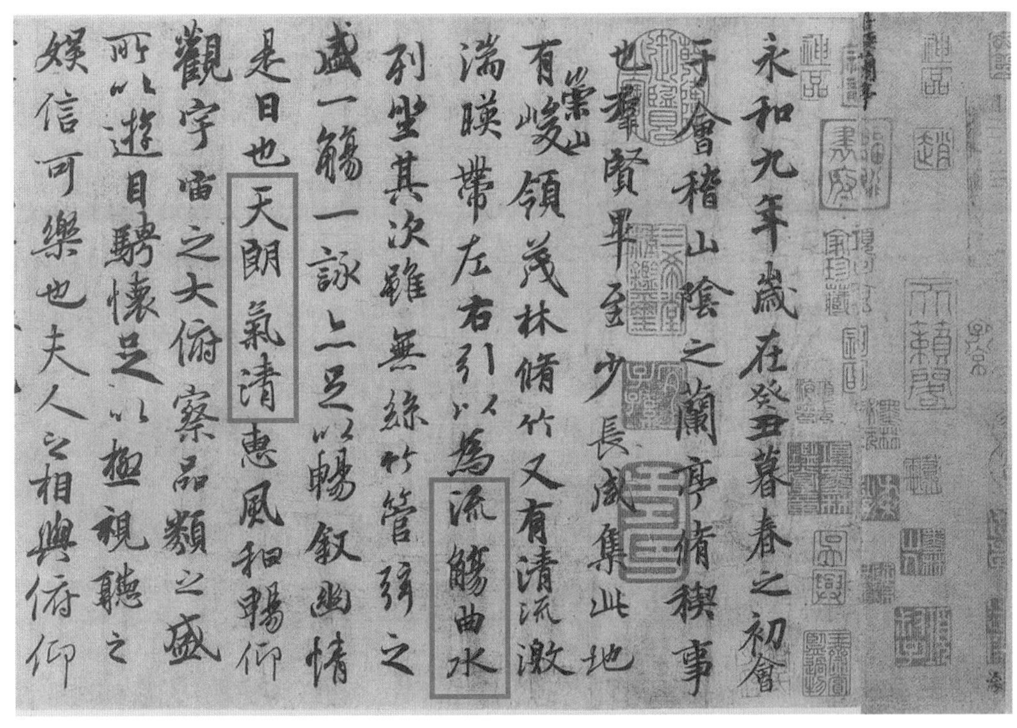


圖10-12：蘭亭序書法「天朗氣清，流觴曲水」。

本章引用蘇松泙「不蝕本投資術」觀念，蘇先生號稱在股市連賺40年，累積好幾億財富，不蝕本就是投資先要求不虧本。我把一些個人投資經驗要點寫成好記的口訣，稱爲「小陳哥避虧劍法」，目前2021年學過會計學之後已是連賺8年，準備邁入第9年。希望能連賺下去，如果能連賺20年，獲利應該會很可觀。除了自學，跟認識的力晶股友一群人在LINE切磋，對投資績效也幫助甚大。著書流傳於世，幫助芸芸衆生財務自由。持股是當做持有一家公司的（部分）所有權，投資事業獲利，我自己是定位「事業有成」。

# 第二篇
# 力晶篇

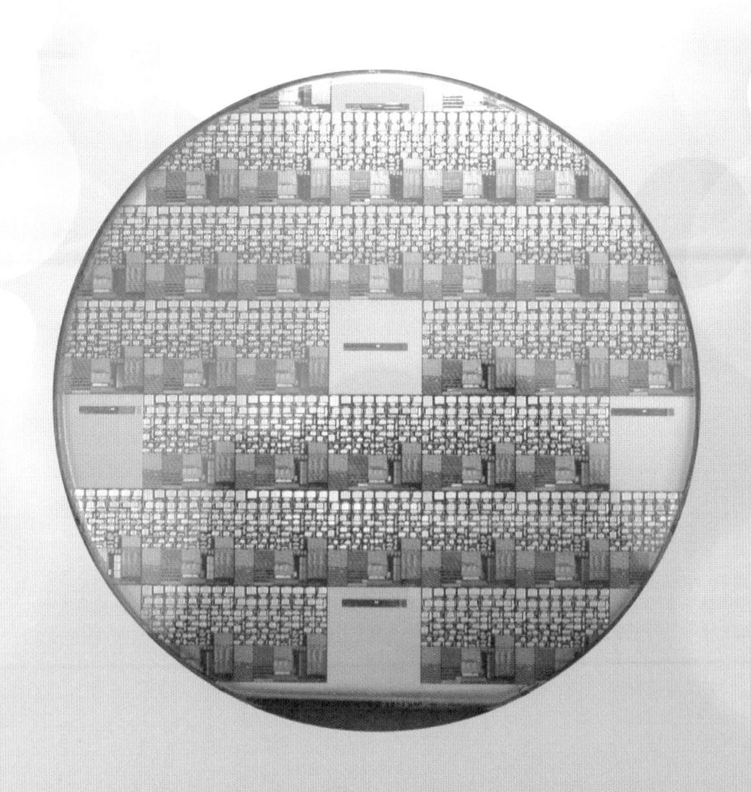

# 第11章　力晶下市之投資機會

力晶在2012年被金管會以「淨值爲負」的規定在10月公告下市，並於12月11日正式離開股市交易畫面，最後一個交易日是2012.12.10。由於我感覺應該不太會倒閉，所以還好有加碼。

當時在跟朋友喝茶時，我說過「不會倒」很多次，我還跟朋友說最好「多少買一點」，不過他們想到下市，都沒有人敢買，所以都沒發到財。力晶沒倒，當然金士頓在最後關頭出資買下P3廠也很關鍵，使得P3廠沒被拍賣分解掉，還能繼續生產。第二個原因是力晶有提早轉型晶圓代工，DRAM價格崩盤時，還好力晶已經有在接驅動IC的單，還幫蘋果iphone4生產晶片，這對力晶還債穩住局面影響很大，提早轉型這也是黃董厲害之處。這些技術細節一般大衆不一定能懂，但是財務上可以注意到一些跡象，如下：

1. 可以從四大報表發現力晶負債在大幅減少。
2. 可以從四大報表發現力晶折舊（納入成本）在下降。
3. 可以從報紙看到力晶有正常繳利息。

力晶在2012年9月第二次減資後一直跌停，接著被櫃買中心公告下市後繼續跌停，大約從0.89一直跌停到11月22日那一天，11月22日那一天開盤又跌停0.17，沒多久突然變成漲停0.18，收盤0.18。接下來連續13天漲停，最後在12月10日（最後一個交易日）是以連續漲停13次，收盤收在0.29，最後一天成交62306張，有人掛買沒買到，隔天（12月11日）消失於看板。最後幾天有很多人要買，有些人買不到股票，既然有成交，就表示也有很多人同時不計成本砍殺。我很多力晶的股友事後提起，聽說力晶要下市，要掛買單時，很多人都收到營業員「充滿善意」的勸阻。

8年之後的2020年，力晶最後分割出力積電（1000股變成608股）及力晶科技（1000股變成392股），力積電2021年上興櫃後股價多半在58以上，至少漲200倍（58÷0.29=200），分割後力晶科技還是在未上市，股價也有35以上，大約120倍漲幅。我親眼見過我朋友在0.18買到力晶499張的記錄。2021年興櫃時力積電有很長時間有72元的股價，換算一下，先不計算配息配股，光股價就漲400倍。所以本書書名「半導體漲百倍」，不但沒有吹噓，100倍其實還是少說了。

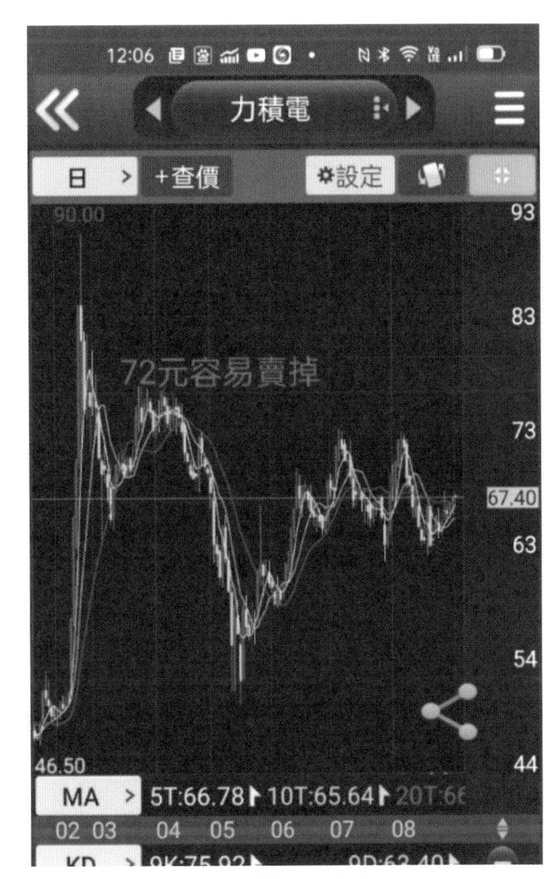

圖11-1：2021年力積電容易賣72元
資料來源：元富行動達人

| 2021/11/10 | 現股買進 | 宏碁 | 3,000 | 26.75 | 80,250 | 11 |
|---|---|---|---|---|---|---|
| 2021/11/10 | 現股買進 | 達麗 | 1,000 | 30.65 | 30,650 | 4 |
| 2021/11/10 | 現股賣出 | 力積電 | 1,000 | 75.5 | 75,500 | 6 |

圖11-2：2021年11月筆者的力積電還賣到75.5元

當然這400倍，某些人只有賣到100～200倍的漲幅，是經過長達8年的等待，還有股東自己的努力，散戶自己推動上市及參選董事等等，還有董事長黃崇仁沒有跑路堅持經營下去，解救力晶成功。

本章就來談談下市這種「直覺式」大利空，又怎麼會是機會？就是因爲下市問題，讓原有股東之中某些人恐慌一直殺股票，才會經過兩次減資後繼續跌到0.17。此時就要判斷，力晶股價這麼便宜，買了會怎樣？最壞就是變成壁紙而已，一張虧損180元新台幣。但是最後奇蹟發生：8年之後力晶從0.18漲400倍到72元。（我有朋友甚至賣到更高價）。

到底下市值不值得買？其實下市並不是倒閉，只是交易比較困難，而台灣的未上市交易平台其實很多，交易不困難，這我也是後來才知道。2012年時我不知道有未上市可以交易，我以爲從此賣不掉，所以不敢買多，幸虧我有一種觀念：股票的本質，是領股利，我買0.26，如果有一天力晶配給我0.26，我就回本了。

現在問題是當時2012年時如何判斷力晶會不會倒閉？這其實很難說，但是倒閉幾率不是很高。原因上面提過：

1. 力晶有正常繳息
2. 力晶當時已經有接單部分晶圓代工，不純粹是生產DRAM，而且驅動IC有接到蘋果的單。財務報表顯示力晶債務有效在下降。

但是，當時力晶科技財務方面還是很吃緊，不能說沒有危機。此時我的考量是投資本質到底是什麼？我想應該是領股息，如果哪一天發出股息0.26我就回本了，因爲下市前漲停板時我搶到股價0.26的，未來10年出現0.26配息也不無可能。股價是0.26又不是26元，下市若不能交易就不要交易。這樣的假設其實還眞的應驗了，力晶果然在10年內配息又配股。2017～2021年光是現金股利合計3.5元就賺超過10倍，還有股價可賣到40元，大約漲150倍，還有配股未計算。

表11-1：力晶2017～2021光現金股利就有3.5元

| 年度 | 現金股利 | 股票股利 | 現金+股票合計 |
|---|---|---|---|
| 2021 | 0.3 | 1 | 1.3 |
| 2020 | 0 | 0 | 0 |
| 2019 | 0.5 | 3 | 3.5 |
| 2018 | 1.7 | 0.5 | 2.2 |
| 2017 | 1 | 0.3 | 1.3 |
| 2016 | 0 | 0 | 0 |
| 2015 | 0 | 0 | 0 |
| 2014 | 0 | 0 | 0 |

所以我們必須認清股票的本質，賺差價當然很爽，但是股票真正的本質是持有一家公司，享受公司賺錢時的利潤分配，即使它不能隨便交易了，你還是公司的擁有者，下市不代表公司消失了。所以，重點不是「短線不斷地」股票買賣，而是你是不是要投資一家公司？應考慮幾點：

1. 這公司未來前景如何？
2. 這公司競爭力如何？
3. 財務狀況如何？
4. 董事長或執行長可靠嗎？
5. 殖利率如何？我值得付出這樣的成本嗎？（值這個股價嗎？）

賺價差當然比領股利更快，但是大家炒短線，你是散戶，你有資訊優勢嗎？你不但沒有優勢，應該你是處於接收資訊的最末端，這就讓你處於劣勢了。何況目前的散戶也慢慢學聰明了，沒有股利支撐，現在股價沒有以前那麼容易被人爲左右，散戶也比較願意買ETF，將錢交給專業人員處理。

下市還能起死回生的案例畢竟也不多，不是每次都那麼幸運，我的股友在2012年時很多人同時押「力晶」與「茂德」兩檔DRAM，結果茂德不行了，損失不少，但是因爲同時壓兩種，力晶賺的可以補很多倍回來，加總結果是賺。我是沒有買茂德，因爲我看他合作對象是韓國Hynix，不太穩定，財務體質也不好，關係企業是茂矽本身也沒實力當後盾，所以我沒有同時賭。依據自由時報資料，下市後又活起來的案例並不多，報導如下：

**************************** 新聞報導 ********************************

**下市股票敗部復活案例**

2014/12/15 06:00

〔記者羅倩宜／台北報導〕（https://ec.ltn.com.tw/article/paper/839192）

下市股票捲土重來，今年不少下市公司營運出現改善，或者出現轉機題材，股價起死回生，包括黃崇仁旗下的力晶（5346）、孫道存的太電（1602）。對照過去曾經敗部復活成功的太設（2506）、東隆五金，今年這些下市公司又給被套牢許久的投資人帶來不少想像空間。

**力晶 大起大落 戲劇十足**

DRAM大廠力晶是大起大落最戲劇性的案例之一。2000年股價一度高達80元，但PC產業盛極而衰，DRAM也跟著供過於求，2008年金融海嘯之後更慘，國際大廠如奇夢達、爾必達相繼倒閉，力晶也跟著在2012年12月11日下市，當日股價還漲停至0.29元。

不過，DRAM產業歷經整併後，去年開始谷底翻身，2013年力晶大賺

100億元，今年估計也差不多；負債也從最高達千億元之譜，還到目前剩下200-300億元。力晶執行長黃崇仁去年3到4月間，以每股0.3元的價格，在市場上大舉收購自家股票，到今年中力晶的未上市價格已漲到15元。曾有媒體估算，力晶這段時間收購4.5億張（筆者按：記者應該是寫錯）計算，獲利就逼近百億元。

**太電 資產雄厚 殘值百億**

太電（1602）2004年下市，下市價格只有0.52元，很多小股東，壁紙一抱就是10年，一度歷經減資8成的慘劇。不過最近終於看到曙光。太電的未上市股價從年初的6元左右，漲到目前約9元。漲幅雖然沒有力晶那麼戲劇性，但關鍵主要是太電的資產題材。2012年太電控告前財務長胡洪九案，被香港法院判決勝訴，被胡洪九五鬼搬運的房地產，可望順利取回，資產價值估計超過百億元。

**東隆五金 1元變42元**

除了力晶及太電的最新發展，過去也有不少下市公司救亡圖存的案例。台灣最大的製鎖公司東隆五金，在1998年發生88億元掏空案，股價從50幾元跌到1元。2000年由債權銀行之一的匯豐銀行找各方金主增資收購，進行重整，並邀來前中鋼董事長王鍾渝坐鎮。三年之內就把負債從60多億打到剩下四分之一。2005年每股盈餘超過5元。

2006年東隆重新掛牌，風光上市，當年底就獲得特力集團以42.85元的價格入股6成以上，2012年又被美國史丹利百得集團併購，風光下市，是台灣證券史上首家上市公司重整成功重新掛牌，最後圓滿收場的案例。

**************************************************************************

東隆五金是力晶之外下市又重新上市的極少數案例，但是上市後又被美商買走又下市，相對而言，仍是力晶最爲成功，漲幅也最大，是20年來最有發財機會的股票（下市前賣掉的人不會這麼認爲）。我有股友胡亂買一堆下市股，一大堆都不見了，不過出現一檔力晶，結算下來也是大賺一票。股票買到變成壁紙也是常遇到，例如：復興航空、康友、茂德；或如淘帝-KY（2929）2020年跌掉9/10變成雞蛋水餃股，避免踩到地雷的方式主要靠財報，其次要看董事長人品，第三是要看產業前景。

力晶這種漲上100倍、200倍的，可能幾十年才一次，我的股友曾經討論起是否可以再發現「下一檔力晶」？大家覺得很難，有一段時間，大約2～3年之間眞的都找不到，都沒發現新的大飆股。不過如果是要找漲10倍的，就在我們絕望時，其實它就出現了，就看自己能否用心找，並且持有夠久。所以我們群組認爲不能再找到大飆股，最後發現其實是錯的。力晶之後還出現過旺宏、被動元件、航運股，我們群組股友當中只有極少數人抓到旺宏這一檔。航運股後來在媒體叫做「航海王」，股友中有人抓到，但是放得不夠久。「下一檔力晶」（10倍速）這種機會其實都還會出現的，整理如下：

1. 旺宏：2.11漲到60.9，扣除減資因素大約漲14.4倍。

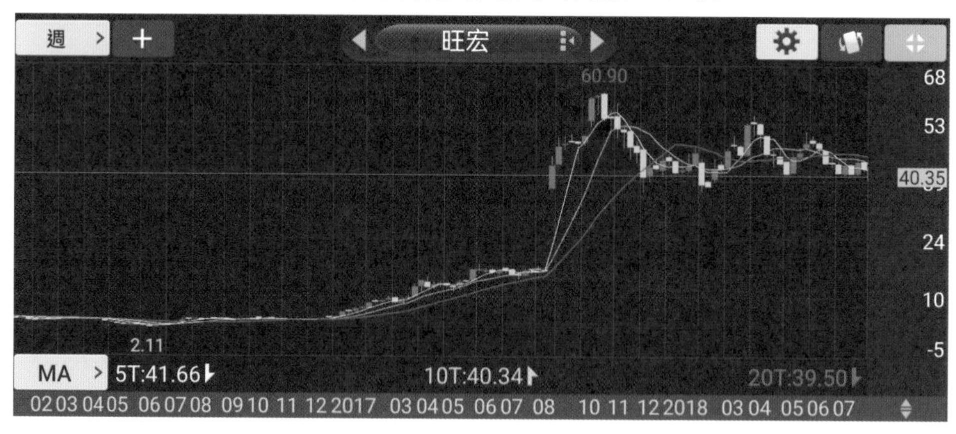


圖11-3：轉機飆股旺宏，還原減資約漲14.4倍　資料來源：元富行動達人

2. 華新科：5.42漲到491.5約漲90倍，股本從69億減資變成48.58億，減資3成，換算仍然漲了63倍。若從2017到2018算，再扣除減資影

響，也漲了10倍有。雖然我未曾買到5元的，但是群組人員很久以前推薦過，我是買到過12元的華新科，不過據我所知，我們有7～8個人買華新科，最多賺一倍就溜了，所以不是你買得到，就能放得夠久抓得到高價。

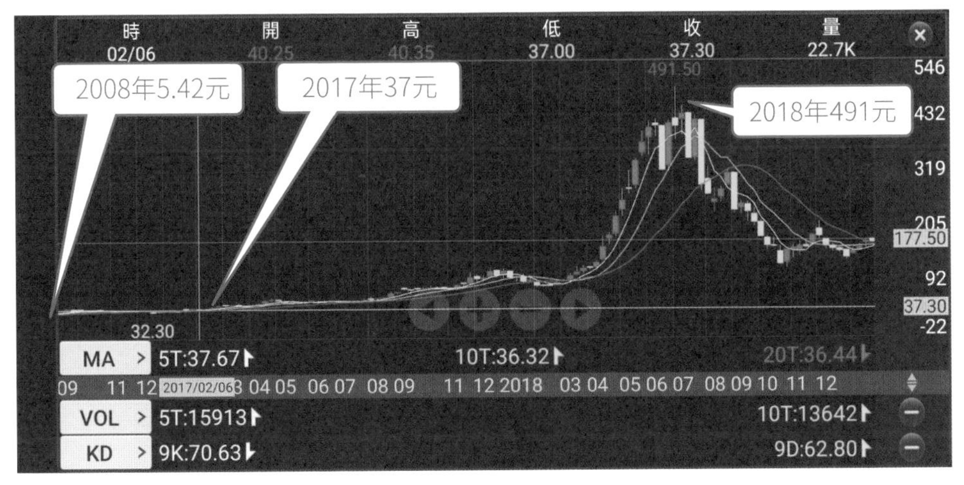


圖11-4：2018年飆股　華新科　資料來源：元富行動達人

3. 航海王陽明：陽明從2020年4.72元，沒有減資情況漲到234.5元，只花了1年，漲了49.7倍，速度之快不輸給力晶；長榮海運一年也漲了26倍，可說是2021年台股最熱門話題。不過像海運這種股，你要賺到10倍也是很難，因爲一般人對它不夠了解，很難放那麼久。筆者2021年3月也以35元買了2張，不到一個月漲到50我就賣光了。我們群組有人一樣在33元買100張，結果放到200元沒賣，跌回130還是繼續放著，還沒賣。所以，疫情產生的航運股行情，不容易抓高低點。

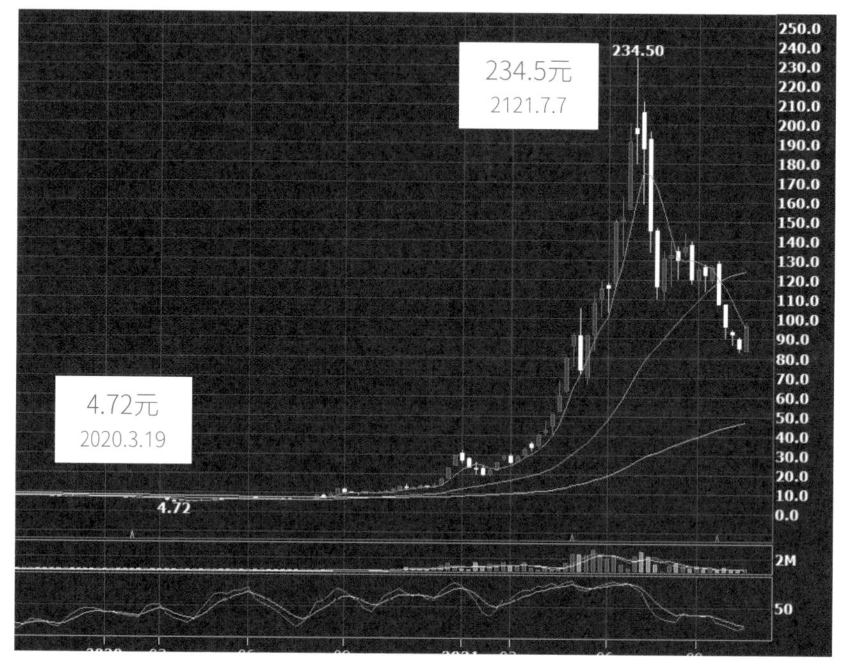


圖11-5：2021年飆股陽明海運，1年漲49倍　資料來源：元富新環球大亨

縱合上面所述，半導體賺百倍，我只有在力晶賺到，首先我夠了解它，其次是它下市買賣不方便，這種不方便反而讓我放更久。其他旺宏、華新科、陽明這種狂飆股，我都有買到低價，但是只能小賺，因爲無法長期持有。所以你想在某檔賺10倍100倍的，其實每2～3年都有機會，不過有一些條件：

1. 你必須找低價股，夠便宜。
2. 你必須對它夠了解，特別是景氣不好時，你要確定它財務體質健康，公司能長期維持營運，所以本書一開頭我就提會計學與財報。
3. 你必須長期持有，守得住股票，因爲不管怎麼飆一定有下跌波段。

力晶下市符合這些條件，加上黃執行長沒有跑路，危機解救成功，以及金士頓公司適時出手標下力晶P3廠設備，讓P3廠沒有被拆解，幫助力晶在DRAM景氣好轉後，快速產生現金還債。

# 第12章　竹林七閒之網路論壇

力晶2012年下市後，後來我就一段時間沒注意了，很多股東似乎死心了，我也是結果交給命運。過了大約一年多，突然有一天報紙報導力晶上半年就賺eps一塊多。然後我就翻翻報紙，果然有賺錢了，於是我就開始又上網查力晶消息。當時有個鉅亨網的「鉅亨吧」有很多人在聊天。

在鉅亨網的「力晶吧」談論力晶股票大約一年多，也在鉅亨吧我學到如何買賣未上市股票。有一天發現市價來到4元多，我認識一個Royo先生，其實我算大方，我用低於市價約0.1～0.2元賣給R先生價格3.9，賣了10張，我不囉嗦價錢。可能我對人算大方吧，講電話時Royo買的很高興，也很友善，順便好意勸我不要再賣了，同時說了一些理由。我賣了10張以後，聽了他意見，他勸我別再賣了，**我賣10張也是同時想驗證下市是否眞能賣掉？**後來我又用4元從「必富網」買回40張，張數反而增加，因爲眞的下市後可以賣掉，我就比較大膽了。後來跟Royo混熟了，有一段時間我們兩個都在比力晶誰張數多。

就這樣，我開始常常在力晶吧聊天，過了大約半年，2014年的農曆年過後，力晶未上市價格突然從農曆年前4元直接跳到7元，實在看了心情很爽。於是我在鉅亨吧就號召要開同樂會，我還在力晶吧說誰到高雄來，我出高鐵票，後來有7個人參加聚餐。這過程其實我有點擔心，也不知道誰是好人誰是壞人？都只是在網吧談論而已，都沒見過面，但是我常想我這輩子沒害過人，且力晶才7元，我又不是很有錢，所以沒發生什麼不好的事。餐會結束後我有要照承諾給他們高鐵票的錢，不過這幾個朋友都沒拿。那一天是2014年2月16日，剛過完農曆年。後來因爲出席人員有7個，我把這次參會的7個人稱爲「竹林七閒」。因爲取爲七閒，不是自誇七賢，搞笑又有其寓意，想要財務自由生活很清閒，「竹林七閒」這術語有點逗趣，於是在論壇逐漸流行起來。古時候在魏晉南北朝時期是眞的有竹林七賢的故事，是有典故的。

2014年時，股友網聚不是很流行，大家會防來防去，不是怕被騙就是怕被搶，畢竟股票是討論錢財的場所，只有網路耍耍嘴砲比較勇敢，我算是起了頭。可能我在鉅亨吧已經聊了很長一段時間，朋友覺得我這人可靠，所以當時第一個報名餐敘的是Royo，第二個報名是郎哥，我記得郎哥報名時在鉅亨吧是寫「小陳哥是正人君子，所以我要報名」。而且我張數少，像個無產階級，比較不怕。後來的聚餐，又有第二次，好像又多了阿中，阿中加入後，我稱爲「八鮮過股海」。不過好像「竹林七閒」比較多人知道，一度成爲鉅亨網流行用語，後來因爲我強調「誠信」的特質，我們的力晶股友越來越多，直到有一天我發現LINE群組我們一共持有5萬多張力晶。

5萬多張已經接近上一次董事選舉得票，我發現有機會參選董事，因爲後來幾年我們發現那時的黃執行長似乎不太願意推動力晶重新上市，我們開股東會常有這種感覺（推拖拉）。後來我率先在LINE群組提出可以參選董事，經過一段時間醞釀，2015年我們推舉郎哥出來參選董事，因爲他持股比較多，股東會前先在LINE群組推動。因郎哥沒有廣告也沒公開徵求委託書，第一次選董事差一萬多張股權，最後沒選上，好像是高票落選。但是這一次以些微差距高票落選，也爲第二次選董事成功播下種子。由於後來的2年，黃執行長讓人感覺一直不太積極推動上市，甚至有點故意拖延。於是後來在2018年股東會，散戶又重新集結要參選董事，以設法推動力晶重新上市，一開始由我號召募款，開始時大家也很支持這一活動。後來LINE朋友林先生，他是散戶持股最高者，也是持股前10大股東，有一天他打電話給我說：不然他來選好了。我當下就馬上表示支持。然後散戶就在2018年第二次團結參選力晶董事，後來選上一席，媒

體也爭相報導。其實我們參選董事，目標很明確也很單純，只是要推動力晶上市而已。我除了研究股票，物理學中的熱力學第二定律相關的「自組織原理」我也很有興趣，我研究過「半開放系統」容易形成「自組織」，我拿來用在社會學，所以早期LINE第一群合計約5萬張力晶股票的群，是比較機密，知道的人不多，這是我經營的一種「半開放系統」，所以早期的股東「自組織」發展算是成功。

其實力晶散戶參選董事，沒有人有興趣去爭什麼經營權，應該也沒有那個實力。因爲力晶財報顯示已經連賺5年，淨值已經恢復10元以上，已經符合申請興櫃條件，2015～2018那三年黃執行長讓人感覺一直推、拖、拉，散戶實在看不下去，所以2018年4月散戶這邊委託書集結很快，黃執行長或許知道狀況不對了，2018年5月10日趕忙開記者會，宣布要設法推動2020重新上市。2018年這一年力晶的景氣不錯，黃崇仁執行長宣布要重新申請上市，於是股價從15元很快漲到35，大約只花3個月時間。2018年漲到35元以前，其實也波動很多次，力晶算是股性很活潑的，每次漲跌幾乎都一倍以上。

從2018年林緯程先生選上董事後到2021年這三年之間，黃執行長大致也信守諾言，有推動力晶上市的行動，不過最後是分割出力積電與力晶，以力積電上興櫃，力晶將持有的力積電股票讓與力晶原股東，力晶股東權益並無受損，力積電股票也於2020年12月9日重新上興櫃交易，又逢半導體景氣大好，大小股東荷包滿滿，算是皆大歡喜局面。2021年半導體景氣更好，股價繼續漲，所以賺錢還是有一些運氣成分。

2018年散戶大團結，最後大約集結委託書6000份，這過程是從鉅亨吧的「力晶吧」討論開始，而我邀約的一次網友餐敍意外成爲起始點，第一次股友餐會當時另6個參加者是Royo、郎哥、郭哥、DC、六桂隱士、一尾活龍。因爲別人信任我們，所以人越來越多，後來第一次參選董事時大約有股權12萬張支持，第二次參選時大約有40萬張股權支持。選董事能成功有個關鍵，2017年年底在我人氣較高之時，一開始群龍無首，我就出面來設法號召推動上市，林先生後來願意出面主導，因爲我持股比較少，不強出頭，我就眞心支持幫助他，他也做事很有規劃又細心，能成就大事的人才，加上郎哥鼎力相助，我說的關鍵就是持股大咖的（還有另一個大咖陳先生），跟人氣高的，很快整合出一個董事參選人，形成團結的散戶。我們經由參選董事而推動力積電上興櫃，如上面所說結局算是皆大歡喜，後來2020年黃崇仁董事長有眞心推動力積電重新上興櫃，這也應給與肯定。竹林七閒的故事，在網路論壇也一度成爲一段奇聞軼事，熱門話題。力積電規劃2021年12月6日重新上市，距離下市約9年，股價很亮眼，我看到很多朋友獲利數千萬達到財務自由，除了上市題材加持，運氣也是有幾分，遇到數十年來半導體產業最好的時光。希望更多的人能財務自由，自由選擇自己的生活方式。

# 第13章　散戶參與選董事

文／布萊恩

「台灣有不少公司董監持股不高，但每年可以靠著收委託書控制公司經營權，經營者並不會認眞考慮股東權益。」這是小股東2018參選力晶董監改選的開場白。委託書選舉文化是台灣特有的模式，台灣股票市場是以散戶爲主力的環境，絕大多數上市櫃公司股權分散，且小股東衆多，爲使股東會能超過50%代表過半股東意見，必須以委託書方式行使股東權。但台灣人的習性，有利可圖的地方就有人進來賺錢，公司派、市場派、委託書業者、小股東，甚至職業股東、圍事、黑道也進來參一咖，分一杯羹，原本利用委託書表達股東意見的功能幾乎不見了，反而成了一個市場、生態，豺狼虎豹、禿鷹環伺。數十年來都是如此，主管機關也知道這個問題，也努力做了一些制度的改善，比如制定委託書規則，也有主管機關證期局在管理，但實際上效果有限。近年來台灣股市外資參與的比例愈來愈高，網路科技的興起，讓資訊容易流通，股東間也容易聯繫交流，也有造成一些改變，但整體樣貌還是沒多大的差異。

股市老手都知道，絕大多數上市櫃公司老闆持股都不高，很多「聰明」的老闆也不想提高持股，以很低的持股控制公司，運用公司的資源才是高招，也不用理小股東的意見，只要每三年董監改選，花點小錢收委託書，就可繼續控制公司。股市也流傳一句笑話，「某某老闆都是股東會戴著鋼盔讓股東砲轟一天，然後可以爽爽過364天」，這就是台灣股東權益不彰的寫照。造成這現象原因，除了環境因素，主要是人性，小股東不關心公司營運，貪小便宜就賣出委託書。要改變最根本還是在股民的觀念，要以投資的觀念持有股票，也要願意關心公司的營運，其實拜科技進步，通訊軟體發達Web、Facebook、line……等，股東會也開始使用電子投票，要改變現況，執行股東行動主義（註一），時機也慢慢到來。

故事的主角：力晶科技公司是一家資本額200多億的上市櫃公司，主要業務內容是動態記憶體（DRAM）的晶圓生產製造。DRAM這個產業一直以來都是景氣波動劇烈，而且技術更新速度很快，需要不斷投入鉅額資本支出，經營是相當不容易的。在2010～2012年DRAM市場經歷了有史以來最慘烈的淘汰賽，奇夢達（德國）、茂德（台灣）、爾必達（日本）陸續倒下，在2012年底全球DRAM大廠就剩下三大廠：三星（韓國）、海力士（韓國）、美光（美國）合計市占約95%，另外台灣三小廠：南科、力晶、華邦合計市占約5%。在2012年下半年是整個景氣最谷底，DRAM價格低於變動成本，廠商流血競爭，比耐力賽看誰最後倒下。力晶科技在繼茂德下市後，也於2012/12/10停止交易（下市），依照力晶科技101年財報揭露，力晶科技101年虧損207億元（eps -9.18元），淨值-4.53元，負債總金額約595億元，這時是這一波DRAM景氣的低點。在力晶下市後幾週爾必達也宣布退出DRAM市場，此後DRAM市場剩三大玩家主導，景氣開始反轉。

下市之後，黃董事長積極與債權銀行協商，陸續處分旗下資產，並將DRAM主力廠P3出售給金士頓，轉型爲純晶圓代工廠，整個營運計畫獲得債權銀行背書，銀行團同意債權展延，至此力晶科技脫離倒閉命運，公司營運也振衰起敝，開始展現盈餘。102年～104年每股盈餘分別爲5.21元/2.16元/5.43元，每股淨值在104年Q4回到面額以上，達10.12元。此時股東開始有要求力晶重返上市的聲音。

黃董事長在103年1月16日接受媒體訪問時表示「要盡快讓每股淨值回到10元票面以上，最終目標是股票要重新上市」，小股東一直記得黃董事長的話。力晶的股價在103年初公告102獲利每股超過5元之後，很快就超過面額10元，但是到107年之前都停留在10幾元，無法超過20元。對比同是晶圓代工的世界先進，兩者都是成熟製程，產品區隔也類似，製

程技術方面因力晶有三座12吋廠及一座8吋廠，比世界先進只有三座8吋廠，產品線比較寬廣，也不像世界受限於8吋只能到110奈米，世界先進在104/105/106年每股獲利分別爲2.54/3.38/2.75元，而力晶這三年分別爲5.43/2.97/3.54，104～106年世界股價約在50元上下（最高到69.5元），而獲利明顯優於世界先進的力晶，股價卻在10～20元之間遊走。這很明顯是因爲力晶在未上市，流動性受限，所以股價無法有合理的本益比，因此股東都希望力晶能重新上市，才能反映它該有的價值。

在105年初公告104年財報力晶淨值10.12元，已經達到黃董事長之前承諾淨值10元是重新上市的條件之一，這時小股東要求上市之聲此起彼落。媒體記者也三不五時就會問黃董事長何時要重新上市，105/12/20接受媒體採訪表示「至於重新上市，有規劃但沒時間表，會慢一點」。又106/4/17媒體採訪表示力晶有意重新掛牌上市，但目前沒有時間表，等完成經營定位與兩岸分工後，才會重新上市。也許黃董事長有他的規劃，但一直沒有對外說明清楚，小股東從105年到107年一直希望力晶趕快重新上市，但一直無法獲得黃董事長的正面回應，看著力晶股價在十幾元徘徊，對比世界先進50元股價，衆多股東心有不甘。到107年初一群小股東認爲必須以更強硬的手段表達股東對上市的期盼，決定由林董出來競選力晶董事，並以「推上市　選董事」爲主要訴求。

**說到散戶參選力晶董事的濫觴要從竹林七閒說起，在力晶下市之後某一天，七位在下市前投資力晶的網友，在小陳哥邀約下齊聚討論力晶後勢，七位號稱竹林七閒，當天七位持股不小的股東盤算持股，認爲再集結一些股東，有機會取得一席董事，當天決定由七閒持股最高的郎哥出馬角逐104年董監改選。股東會當天開票結果郎哥以12萬多張股權高票落選（當選門檻14萬多張）。雖說散戶第一次集結慘遭滑鐵盧，但也讓公司派深感到散戶的威力。**檢討第一次失敗的原因，其中之一是沒有提名獨立董事人選，104年董監席次爲13董（其中獨立董事3席）3監，因爲獨立董事與一般董事是同一票源但分開計票，也就是1張選票只能13位董事選投一位，亦即投獨立董事就不能投一般董事，但獨立董事候選人互比票數最高三位爲當選人，另外一般董事候選人互比票數，最高票13位爲當選人。因爲散戶未提名獨立董事公司派可以將票數全部集中到13席一般董事上。如果當時有提名獨立董事，若公司派平均配票，當選門檻可能降爲11.5萬張左右，當年如果有經驗，有可能第一次散戶集結就成功當選。

公司派爲了降低散戶再次集結的威脅，採取了不少措施：第一、力晶在106年股東會修改公司章程將董監席次降爲7董（其中獨董2席）2監，如此當選門檻將提高爲10.4%或22.9萬張股票（以83%出席率估算）。第二、將107年股東會日期提前到5/24比以往6月底提早一個月。第三、封鎖所有委託書通路以及股務代理。

107年元旦假期，郎哥、小陳哥以及林董齊聚於嘉義竹居茶樓商討當年董監選舉的策略，郎哥明確表示無意再次參選董事，但還是要有人能替股東發聲，尤其這2～3年來小股東一直希望重新上市的聲音，黃董事長並沒有重視，如果今年放棄，等下一次又要三年後，林董決定要接替郎哥這個重擔，有上屆郎哥12萬張股權的基礎，這屆並非從頭開始，但公司派把整個門檻拉高又設下重重阻礙，其實難度頗高，公司內部高層也曾放話不會給我們一點機會。

所謂先禮後兵，在決定參選後，第一步預計先禮貌拜訪黃董事長表達小股東上市的要求，如果黃董事長能夠公開宣示上市計畫以及明確時程，我們就不會參與董監選舉轉而支持公司規劃人選。無奈我們號稱近10%股東支持，希望與黃董事長碰面表達散戶的訴求，這個要求並沒有被公司接受，所以我們更堅定一定要積極參與董事選舉表達股東要求上市的決心，唯有實力才有話語權。

參選董事選舉第一步驟是成立力晶上市自救會（已於2021年力積電上市前改爲力晶同樂會），號召對力晶重新上市有相同理念的股東加入。

拜網路發達之賜，臉書的會員在三個月內突破2000人，初步估計股權有超過10%。**接下來在策略上訂定主軸「推上市　選董事」，選舉董事只有一個目的：「力晶重新上市」，避免太多訴求混淆了股東的注意力，並且在股東會提案提出「上市申請提案表決」爭取股東認同。**接著在3/29經濟日報頭版A1刊出半版廣告（註二），廣告引起了不小迴響，我們不訴求個人，也不訴求經營策略或營運，只有「重新上市」而已，但這個議題才是所有股東最切身相關，也最關心的，跟經營者能力無關，也不牽涉經營權，而且「應該」是股東可以決定的事。之後電視媒體也有多篇報導力晶重新上市這個議案。自救會在5月初也在立法院召開公聽會，以力晶爲案例探討重新上市的法律問題。並在5月8日由自救會成員向金管會顧主委遞交陳情書，當時號稱驚天一跪，當天力晶公司就發新聞稿，說明力晶上市時程，並於三天後由黃董事長召開記者會說明，至此自救會的訴求已達到初步的目的：有明確的上市時程。之後5/24的股東會選舉，林董也順利代表自救會當選董事。

事後推算上市這件事讓股東獲得5倍報酬，一個合理的訴求，透過股東行動去影響公司決策，有可能替股東創造不小的權益，2018力晶董監選舉就是一個正面的案例。

註一：股東行動主義又稱股東積極主義（Shareholder activism）是一種通過行使股東權利而向公司管理層施壓的一種投資策略，行使股東積極主義的股東就被稱為積極股東（Activist shareholder）。積極股東希望能夠通過行使股東積極主義影響公司的決策，從而實現自己的訴求------來源：維基百科

註二：自救會刊登之廣告

## 我們要求 力晶 重新上市

**公司的前途要依 股東意願 決定**

**股東別把自己權益交在別人手上，更別賤賣自己權利！**

力晶自2012下市以來，已經連續5年賺錢, 黃執行長多次在公開場合表示，只要每股淨值回到10元就會申請重新上市櫃。2015年底公司淨值已達10元，但公司卻遲遲不上市， 影響26萬名股東及無數家庭生計。

**股東才是頭家**

**請響應 股東自決 活動**

今年股東會(5/24)，請股東支持：

**1.上市申請提案表決**

**2.「推上市，選董事」**，利用選董事匯集人氣，推動上市

聯絡方式：臉書請搜尋 力晶上市自救會

臉書網址: https://www.facebook.com/groups/1167981543338948/

連絡電話: 092 7林先生 / 090 陳先生 / 091 林先生 / 098 蔡先生

email: mrtiger.lin@msa.hinet.net

力晶上市自救會

# 經濟日報

核二機組出包 供電添變數

廚師聯彈 進出美食新火花

# 聯發科PK高通 赴陸搶單

蔡力行與敵方總裁阿蒙不約而同拜會OPPO、Vivo等大廠 積極卡位新機合作案

1010家上市櫃年報 搶先揭露 A15 A16

勞退委外代操案敲定 為520行情暖身

## 台股420億活水來了

外匯ETF論壇 掌握投資契機

我們要求 **力晶** 重新上市

公司的前途要依 **股東意願** 決定

股東別把自己權益交在別人手上，更別賤賣自己權利！

力晶自2012下市以來，已經連續5年賺錢，黃執行長多次在公開場合表示，只要每股淨值回到10元就會申請重新上市櫃。2015年底公司淨值已達10元，但公司卻遲遲不上市，影響26萬名股東及無數家庭生計。

股東才是頭家

請響應 **股東自決** 活動

今年股東會(5/24)，請股東支持：

1. 上市申請提案表決
2. 「推上市，選董事」，利用選董事匯集人氣，推動上市

聯絡方式：臉書請搜尋 力晶上市自救會

臉書網址: https://www.facebook.com/groups/1167981543338948/

連絡電話: 0920-2 林先生 / 0900- 陳先生 / 0917- 先生 / 09 蔡先生

email: mrtiger.lin@msa.hinet.net

力晶上市自救會

# 第14章　力積電重新上市

## 一、下市後的力晶科技淨值回到10元

力晶下市後隔年開始變成有獲利，連續3年獲利後，2015年底力晶科技淨值回到10.11元，超過10元，表示開始可以配息了，當時的鉅亨網「力晶吧」討論區慢慢地也開始討論起重新上市的問題。

表14-1：民104年力晶財報顯示淨值回到10元以上

力晶科技股份有限公司及子公司

合併資產負債表

民國 104 年 12 月 31 日暨 103 年 12 月 31 日及 1 月 1 日

|  |  |  |
|---|---|---|
| | 歸屬於母公司業主之權益（附註四、二一及二七） | |
| | 股　本 | |
| 3110 | 普通股股本 | 22,155,992 |
| 3200 | 資本公積 | 208,695 |
| 3350 | 保留盈餘（累積虧損） | 28,754 |
| | 其他權益 | |
| 3410 | 國外營運機構財務報表之兌換差額 | ( 44,475) |
| 3425 | 備供出售金融資產未實現損益 | 149,552 |
| 3400 | 其他權益合計 | 105,077 |
| 3500 | 庫藏股票 | ( 95,735) |
| 31XX | 母公司業主之權益合計 | 22,402,783 |
| 36XX | 非控制權益（附註四及二一） | 792 |
| 3XXX | 權益總計 | 22,403,575 |
| | 負債與權益總計 | $ 51,681,939 |

淨值算法：股本221.5億，分爲22.15億股。

母公司業主之權益合計——這就是淨值——224億

224÷22.15=10.11

所以民國104年底（2015年）力晶淨值回到10.11元這財務報表公布時間是民國105年（2016年），通常四月公布年報。

## 二、小股東參選董事

力晶淨值回到10元後很長時間，應該足足有3年時間，小股東發現黃執行長對於上市很不積極，到了2018年董事改選那一年，因爲發現黃執行長沒有想讓力晶重新上市的跡象，LINE群組（叫做力晶618）慢慢醞釀要推動上市，並且要參選董事才能引起重視。

力晶資本額不小，要選董事談何容易？第一次提起可以選董事的想法是我提出，我是早期聚餐組發起人，認識的人比較多，2015年時我發現我的某個LINE群組組員合計持有力晶大約已經超過5萬多張了，這已經不是小數目。經過討論，第一次由持股較高的郎哥出馬競選力晶科技董事，由於沒有公開徵求委託書，積極度也不是很足夠，可惜後來高票落選。

我們其實只是想要上市，並非要追逐什麼權力或經營權，力晶淨值超過10元之後，過了3年感覺上市還是遙遙無期，這對於在上市買力晶而買到「被下市」的長期投資者來說，當然不是很舒服。買到被下市，要求「重新上市」也是還我們而已，不是嗎？2016年及2017年股東會我有去參加，很多人希望執行長能給出好消息，但是對於重新上市這件事，都有點失望，公司並沒有要推動之意思，也無時間表。

2018年一過元旦，小股東又開始討論起上市案，一開始LINE群群龍無首，人人都想上市卻沒人使得上力，於是我在LINE群組先帶動，表示要設法推動力晶上市，準備籌資來推動，並打算在報紙打廣告。過了一段時間，後來林緯程先生表示願意出馬參選董事，因為他持股不少，事關他持股重大權益，林先生找我商量此事，我表示支持，郎哥也支持，我打電話請另一個萬張大咖支持，後來由我在LINE投資群宣布由林緯程先生代表大家來參選董事，請大家支持，我宣布後就交給他主導了，並把完整的114000張力晶股權（佔股本5%）支持者連絡資料轉交給他，資料轉交給他後我就變成幕僚在旁邊協助而已，接著個人以照顧自己家裡的事為主。這LINE群叫做「力晶618」，當時有200多人，估計裡面力晶股票合計可能有10萬多張。經過我與林先生（散戶第一大股東）討論之後，建立我們那個群組的目標及口號，我們只有一個口號與目標，我們採用六個字當口號：

推上市，選董事。

我從2018年1月開始推動上市，後來林緯程先生正式準備參選董事之後，邀請阿中協助，後來2018年3月成立自救會並成立「自救會facebook」，自救會主軸就是要推動力晶重新上市。從4月開始自救會開始辦活動、報紙登廣告、辦聚餐、法規研討、請願、記者會、公聽會……等等活動，就是希望力晶公司能夠積極提出上市申請。我上台北參與請願活動時舉的牌子叫做「還我上市」，我上市買到被下市，該還我啊！

經過四個月努力，並且花錢報紙打廣告，加入推動上市的小股東聲勢日漸浩大，到了五月，力晶自救會支持者已經高達6000人，到了2018年5月8日到達最高峰。當天自救會上午參加立法院公聽會，下午到國際會議中心，向金管會主委顧立雄陳情，當日到現場參加者約有60人，是非常有聲勢的一天，而且由於公司派沒有要推動上市的消息，那一年股東會徵求委託書，據說公司派很不順利。反而林董這邊，據說收到5000多份支持的委託書。5月8日活動聲勢很大，於是人似乎在國外聽到小股東向金管會陳情消息的黃執行長，很快趕回，宣布要召開記者會。當日活動，台灣各大報都有大篇幅報導：

圖14-1：力晶小股東3位代表出席立法院的公聽會
（林董、小陳哥及一位小股東）2018.5.8

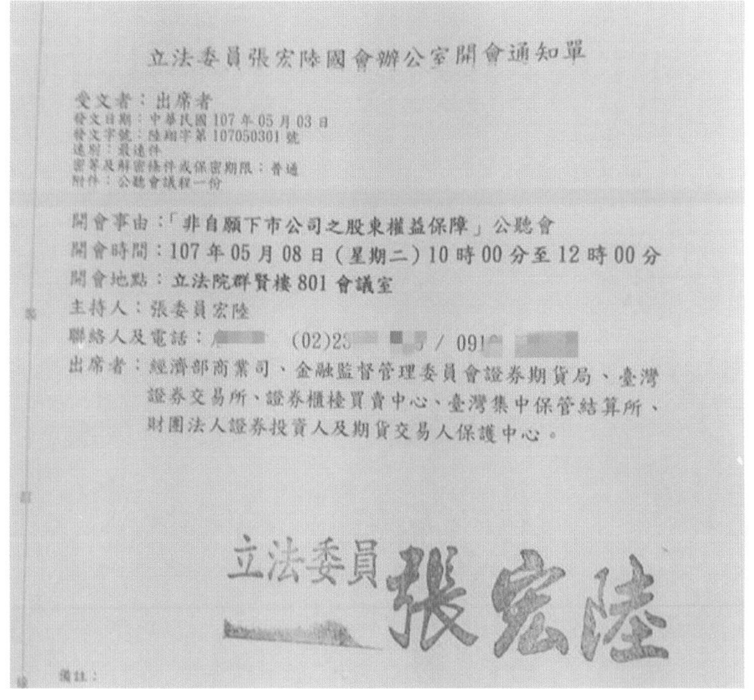

立法委員張宏陸國會辦公室開會通知單

受文者：出席者
發文日期：中華民國107年05月03日
發文字號：陸翔字第107050301號
速別：最速件
密等及解密條件或保密期限：普通
附件：公聽會議程一份

開會事由：「非自願下市公司之股東權益保障」公聽會
開會時間：107年05月08日（星期二）10時00分至12時00分
開會地點：立法院群賢樓801會議室
主持人：張委員宏陸
聯絡人及電話：
出席者：經濟部商業司、金融監督管理委員會證券期貨局、臺灣證券交易所、證券櫃檯買賣中心、臺灣集中保管結算所、財團法人證券投資人及期貨交易人保護中心。

立法委員張宏陸

備註：

圖14-2：立法委員辦理非自願下市公司之權益保障公聽會

# 「新版公司治理藍圖高峰論壇」

1、 論壇日期

民國107年5月8日(二)下午2點~5點

2、 場地資訊

台北國際會議中心101會議室(位於台北市信義區信義路五段1號)

3、 論壇議程

| 時　間 | 議　程 | | |
|---|---|---|---|
| 13:30~14:00 | 來賓報到 | | |
| 14:00~14:20 | 開幕致詞 | 金融監督管理委員會主任委員 顧立雄 | |
| | | 臺灣證券交易所 首長<br>證券櫃檯買賣中心 首長 | |
| 14:20~15:20 | 專題演講與對談 | 講題：王道與公司治理 | |
| | | 演講人：施振榮 | 宏碁集團創辦人兼榮譽董事長 |
| | | 與談人：陳春山 | 臺北科技大學智慧財產權研究所教授 |
| 15:20~15:35 | 中場休息 | | |
| 15:35~15:55 | 專題報告 | 講題：新版公司治理藍圖介紹 | |
| | | 臺灣證券交易所公司治理部經理 鄭村 | |
| 15:55~16:55 | 論壇 | 議題：由新版藍圖探討如何提升董事職能 | |
| | | 主持人：陳春山 | 臺北科技大學智慧財產權研究所教授 |
| | | 與談人：李長庚 | 國泰金控總經理 |
| | | 與談人：劉文正 | 世界先進獨立董事/中華公司治理協會理事長 |
| | | 與談人：薛明玲 | 光寶科技獨立董事/前資誠聯合會計師事務所所長 |
| | | 與談人：陳進財 | 穩懋董事長兼總裁 |

圖14-3：力晶小股東利用會議機會找金管會主委陳情

**************************** 新聞報導 **********************************

http：//www.chinatimes.com/newspapers/20180509000350-260204

## 連5年維持獲利 力晶：2020年擬重新掛牌上市

2018年05月09日 04：10 工商時報

涂志豪／台北報導

力晶已經連續5年維持獲利，去年底每股淨值達15.29元，因此力晶上市自救會昨（8）日下午前往國際會議中心陳情，並將陳情書親自交給金管會主委顧立雄的手中。而力晶昨日也出面回應，表示力晶未來將先整併旗下8吋晶圓代工廠鉅晶電子，再進行組織架構重整，規畫2020年重新掛牌上市。

力晶2012年因DRAM價格崩跌衝擊，每股淨值變成負數，該年底以每股0.29元下櫃。力晶自2013年轉型為晶圓代工廠後，營運轉虧為盈，已經連續5年維持獲利，這5年來不僅還清近千億元債務，去年歸屬母公司稅後淨利80.80億元，每股淨利3.54元，去年底每股淨值達15.29元。

由於力晶下櫃後一直沒有對外說明是否重新上市櫃，許多小股東組成力晶上市自救會，昨日下午前往國際會議中心陳情，希望將陳情書親自交給金管會主委顧立雄，自救會成員甚至下跪，大喊要主委救救力晶小股東。顧立雄現身後，就被現場守候多時的大批媒體追的跑，顧立雄在保全簇擁下直接步入國際會議中心參加新版公司治理藍圖高峰論壇，自救會成員等待會議結束後，陳情書最後成功送到顧立雄的手上。

力晶上市自救會成員表示，由立法委員張宏陸主辦的非自願下市公司之股東權益保障的公聽會，希望政府可以重視這樣的問題。力晶再度符合上市的條件，就應該針對下市公司再重新上市的部分進行規範，讓被迫持有股票下市的小股東們，不再血本無歸。

力晶昨日也出面回應自救會的訴求。力晶副總經理暨發言人譚仲民表示，力晶轉型為晶圓代工廠後擁有12吋廠，8吋廠已切割獨立為晶圓代工廠鉅晶，未來將先進行兩家公司的整併，並調整組織架構，讓8吋廠及12吋廠的營運效益大幅彰顯出來，就會考量重新掛牌上市，目前時間表是預計在2020年重新申請上市櫃。

*****************************************************************************

## 三、黃執行長召開記者會宣布推動力晶上市

2018年5月8日力晶自救會活動後2天，5月10日，黃崇仁召開記者會宣布推動力晶重新上市，於是小股東希望力晶重新上市（櫃）的希望重新燃起，有了良好的開始。由於力晶是因爲「淨值爲負」被下市，所以在推動上市過程，我用的字眼、台詞都是「還我上市」，因爲當時力晶淨值已經超過10元。後來過沒多久，林緯程先生選上一席董事，當時散戶集結的股權據稱有40萬張，大約得到20%支持度。股東會後，重新上市的問題基本上就由新當選的董事林緯程在開會時去推動了。

****************************** 新聞報導 **********************************

奇摩新聞如下：

原址請掃碼進入

**「欠了這麼多錢 我沒有一天失眠！」**

**黃崇仁為何想讓力晶重新上市？**

記者：呂俊儀

2018年5月10日

力晶5年前受到DRAM產業崩盤，每股淨值轉負黯然下櫃，如今轉型見成效，創辦人黃崇仁宣布，2020年重新上市時間到了！

「我這個人不太會氣餒，欠了這麼多錢，沒有一天是失眠的，我終於還是還完了」，「我們經過這個訓練，任何事情都不會讓我們發生意外」，2012年力晶經歷DRAM價格崩跌，每股淨值轉負，股價剩下0.29元下櫃，5年過去，轉型晶圓代工後年年獲利，去年底每股淨值回到15.29元，讓不少當初股票變壁紙的小股東忍不住向金管會主委顧立雄陳情，質疑力晶以拖字訣規避監督，希望力晶重新上市櫃。

5年償還千億，被稱「最會還錢的人」，也被形容成「九命怪貓」，

10日力晶創辦人黄崇仁親自召開記者會向外界説明，更刻意放緩語調，「我從沒有説過力晶不上市，從來沒就沒有説這句話，我是説要等適當時機來上市」，「各位股東的心聲我聽到了！」

黄崇仁：愛台灣根留台灣，2020年3000億元苗栗蓋新廠

「我是力晶最大股東，如果上市最大獲益應該是我」，黃崇仁說，過去30、40年中，經過很多科技業上市等等，有很深的經驗，但要上市就要做好。這場記者會，黃崇仁訴求力晶已經轉型成功，也證實將斥資3000億元在竹科苗栗銅鑼園區新建12吋晶圓廠，預計2020年啟動建廠，上市案同樣也會在2020年並進。

*****************************************************************************

## 四、力晶子公司鉅晶改名力積電

2018年力晶科技公司董事會決議分割出「力晶積成電子製造股份有限公司」，簡稱「力積電」。這是黃崇仁董事長想出的方法，算是滿創新的。力晶原有100%持股子公司叫做「鉅晶」，這是力晶的8吋廠，一開始力晶將廠房等資產轉移給鉅晶，因爲力晶是100%持有，所以並沒有損害股東利益。本來鉅晶股本只有30多億，後來鉅晶增資並引進策略投資人，然後2018年9月更名爲力積電，2020年股本變成300多億。

從2019年5月開始，大家在一段很長的時間只能不斷猜測分割比。一直流傳一個版本就叫「分割比是8成」，也就是傳聞1000股力晶可以拿到80%的力積電股票。因爲2019年5月轉讓後，力晶已經沒有工廠，手上握有8成多的力積電股票及部分晶合集成股票。很多人不理解爲何要分拆成兩家公司？當時力晶執行長的理由是「可以避開晶合的虧損，有助於力積

電獲利及股價表現」，不過仍有不少人相信執行長可能是怕上市後力積電被市場派吃下，所以想出這方法留下部分力積電的股權，由力晶控制。但是據我所知，散戶當時搶下一席力晶董事，主要目標是訴求「重新上市」而已，幾位大戶並無人對經營權有興趣，應該也無此能力，因爲那段時間我跟力晶前十股東的其中兩位數度聚會，多半只談到力晶怎麼重新上市問題。

我後來發現，2020年之後，黃執行長的思維比較有往正軌回歸跡象。我這麼說是因爲有個關鍵，力晶後來分割方式是持有1000股力晶股票發給608股力積電與392股力晶，而這608股力積電的股票是力晶科技本身減資，並以**「力晶持有的力積電股票抵充」轉成同樣力積電股數給力晶原股東，所以，這個分割過程，力晶股東權益沒有受損，而當初增資時有給特定策略投資人，也有給力晶小股東認購，這是公平的基礎**，增資後力晶持有力積電比例才從100%下降。但是這個過程拖太久，不像當初華碩分割和碩，一宣布分割就公布換股比例，因爲拖太久不合常理，難免讓人不安，不過好歹力積電增資有給原力晶股東認購約原持股的1/10，並沒有損害股東權益，所以說分割案算是有上正軌。

鉅晶改名力積電後，力晶將廠房及業務轉移到力積電名下，因爲一開始力積電還是100%股權屬於力晶，所以資產移轉並沒有違反公司法相關規定，股東雖有疑慮，但是並沒有辦法證明足以影響力晶小股東權益，所以自救會基本上也給予配合。

## 五、發放力積電股票

### （一）力積電增資認股

2019年力積電辦理現金增資，因爲我力晶已賣掉一些，只能認購

19900股，大約20張力積電。很多人討論要不要認購？因爲力積電2019年景氣很差，是虧損狀態。我當然是有繳款，因爲認購股價只有10.1元。

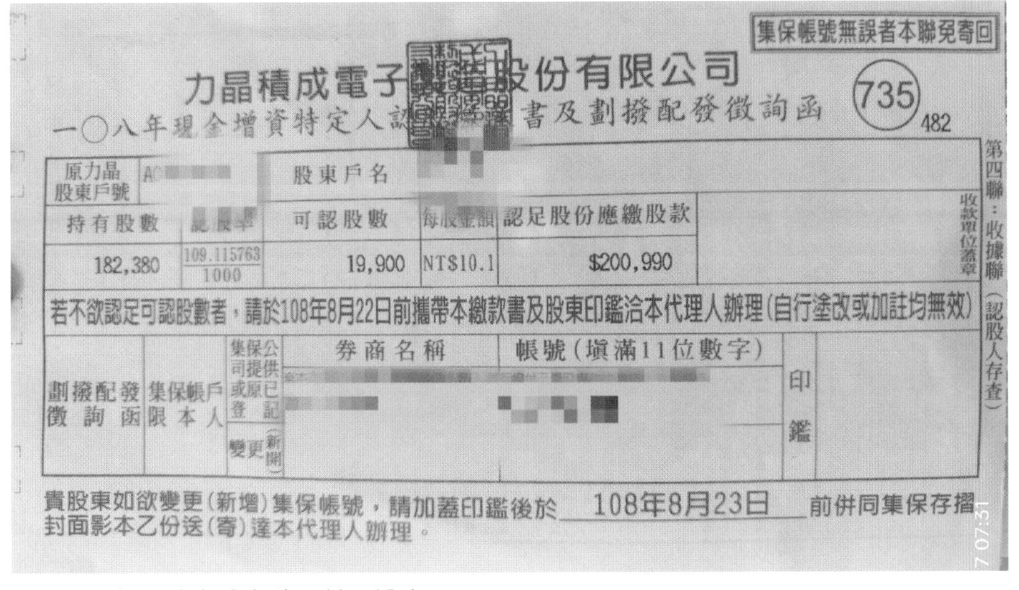

集保帳號無誤者本聯免寄回

力晶積成電子[illegible]股份有限公司

一○八年現金增資特定人認[illegible]書及劃撥配發徵詢函

735 482

第四聯：收據聯（認股人存查）

| 原力晶股東戶號 | AC | 股東戶名 | | | 收款單位蓋章 |
|---|---|---|---|---|---|
| 持有股數 | [illegible] | 可認股數 | 每股金額 | 認足股份應繳股款 | |
| 182,380 | 109.115763/1000 | 19,900 | NT$10.1 | $200,990 | |

若不欲認足可認股數者，請於108年8月22日前攜帶本繳款書及股東印鑑洽本代理人辦理(自行塗改或加註均無效)

| 劃撥配發徵詢函 | 集保帳戶限本人 | 集保公司提供或原已登記 | 券商名稱 | 帳號（塡滿11位數字） | 印鑑 |
|---|---|---|---|---|---|
| | | 變更(新開) | | | |

貴股東如欲變更(新增)集保帳號，請加蓋印鑑後於 108年8月23日 前併同集保存摺封面影本乙份送(寄)達本代理人辦理。

圖14-4：鉅晶改名成力積電並且增資

增資時力晶股東可以用10.1元參與認購力積電，大約1000股可以認購100股，這個過程經過分析，並沒有影響股東權益。力積電增資後，力晶原本對力積電100%持股大約下降至8成多。關於增資過程，原力晶股東我認識很多人，大約有3種反應：

1. 多數人都有匯款認購，因爲10.1元眞的便宜，這些認購者後來都大賺，因爲過了沒多久，2020年底已經漲到60～80元。
2. 我是有認購，但是認購到的力積電，不久後拿到股票，未上興櫃我發現可賣20元我就賣出，因爲賺了一倍，大約賣在20。這個算是賣得不好，因爲那時是2019年，該年度力積電業績是虧損eps-0.94，隔年景氣揚升。

3. 有少數人沒有匯款認購力積電，我認識某一個熟人是眞的放棄，這些放棄的股票，董事會已經決議由公司處理。

據我所知，力積電10.1元認購是有人放棄的，有點可惜，因爲隔年2020年12月9日力積電就上興櫃了。大約一整年股價多半在60～70之間，至少漲6倍。不過這也顯示半導體景氣變化很大，力積電2019年還虧損，eps -0.94，隔年2020年就轉盈了，eps 1.23，這變化有時連科技從業人員也無法預知。當然股價也如雲霄飛車，變化莫測。有些人放棄10.1元的現金增資應該與2019年力積電虧損有關。

我的增資股20元賣掉，我有賺到一倍心裡感覺也不錯，20就賣掉是因爲對分割案拖太久信心不足，況且剛好2019年力晶與力積電都是虧損狀態，當時是別家半導體都賺（聯電、世界先進、華邦、旺宏都賺），只有力晶虧，說我信心不足也合理。力晶決議分出力積電有很長一段時間，2019年5月，力晶已經正式將廠房、業務、資產都轉讓給力積電，但是力晶股東不知道力晶公司持有的力積電股票（8成多）是要如何處理？總之，認購到的股票賣20元，後來才能知道賣的點不好。2016～2018那三年我判斷力晶股價還滿準的，績效不錯人氣旺；2020～2021漲的超過預期，績效差一點。

## （二）力晶科技減資換發股票

2020年6月24日，力晶股東會決議減資，同時以力晶所持有之力積電股票抵充，每1000股減資608股。這同時也等於減少60.8%的力晶股票，但是力晶股東每1000股可以拿到608股的力積電股票。於是兩年前把力晶廠房移轉給力積電是否損害力晶股東權益的疑慮，算是基本上移除。因爲大部分力積電的股票是力晶持有，一開始100%，後來增資後略降，而且增資是大家可以用10.1元認購。然後分割後，是力晶把持有的股票移轉到

力晶股東。雖然這種作法其實繞來繞去沒必要，可能原因只是方便高層控制力積電，但是最後並沒損害小股東權益。所以，這個議案基本上，在力晶股東會算是順利通過。力晶股東長達兩年的疑慮算是消除了，最關鍵是「股票抵充」這件事，也就是鉅晶雖然把力晶廠房接收了，不過最後力積電股票算是合理、公平地分配到原力晶股東手裡。最後力晶股東1000股就會變成608股的力積電與392股的力晶，力晶資本額317億減少爲124.2億，拖了2年的分割案大致就落幕了。

## 六、力積電股票上興櫃

力積電恢復上市的重要中繼站，也是一個重要里程碑，就是2020年12月9日上興櫃，興櫃交易已經很方便，雖然差上市櫃一點點，但是相對於以前未上市交易，已經方便很多，由於交易方便，而且2020年下半年起，全台灣的半導體類股，景氣都大好，股價都很不錯，力積電在興櫃之前股價已經差不多有50元，興櫃當天，開盤大約有60，有資料顯示衝到84，但是實際我掛60根本沒成交，實際上我很多朋友好幾個有掛60也沒成交，當天我有賣到58.9算是朋友裡面賣到比較高價的。就以本書書名來檢視：

半導體漲百倍

58.9÷0.26=226（倍）

這個書名標題，漲百倍，實在沒有在吹牛，2020年12月9日賣掉就有226倍。若再加上配息配股，以及我曾經有抓到高低點買賣多次，我曾算過，我的「小部分資金」，報酬率超過1000倍（不是1000%），不過這是指「部分資金」，抓高低點買賣有時只有20～50張。可見2012年買到0.26這個機會實在恐怖，LINE朋友裡0.5以下買到力晶500張以上的，我認識至少有50個人以上，1000張以上有20人以上，這些人目前資產應該都超過5000萬，力晶黃先生俗稱九命怪貓，成就了股市一個傳奇故事！

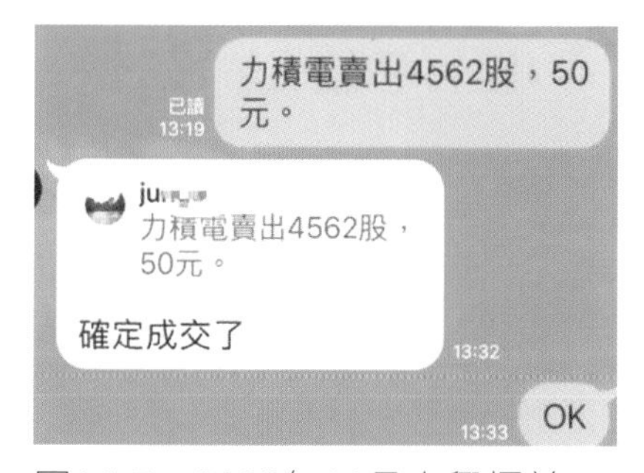


圖14-5：2020年11月上興櫃前，力積電行情來到50

成交筆數:3(頁次 1/1)

| 股票名稱 | 盤別 | 交易類別 | 成交股數 | 成交價 |
|---|---|---|---|---|
| 力積電 | 普通 | 現賣 | 2,000 | 55 |
| 力積電 | 普通 | 現賣 | 1,000 | 58.9 |
| 力積電 | 普通 | 現賣 | 2,000 | 52.3 |

圖14-6：2021年12月9日力積電登錄興櫃，筆者最高賣到58.9

2020年12月9日到2021年一整年，在興櫃交易的力積電，由於半導體景氣出現有史以來最佳狀態，力積電股價多半在50～80之間漂移，同時間聯電股價來到72，世界先進來到170，台積電679，算是一個半導體業非常輝煌的時期。力晶股價與2012年最低點0.17相比，大約已經漲了400倍。

## 七、力積電向證交所提出上市申請

力積電的營運，跟其他半導體公司一樣，在2021年上半年進入非常不錯的狀態，產品不斷漲價，前三季eps3.07元，公司也於2021.7.30向證交所提出上市申請。目前核准2021年12月6日重新上市。

# 臺灣證券交易所股份有限公司　新聞稿

中華民國110年9月16日
上市一部

## 臺灣證券交易所有價證券上市審議委員會審議通過力晶積成電子製造股份有限公司初次申請股票上市案

臺灣證券交易所於110年9月16日召開之第744次「有價證券上市審議委員會」，審議力晶積成電子製造股份有限公司初次申請股票上市案，審議結果—通過。

有關力晶積成電子製造股份有限公司之相關基本資料如下：

公司名稱：力晶積成電子製造股份有限公司
登記地址：新竹市科學工業園區力行一路18號
申請上市資本額：新台幣34,051,962千元
董事長及總經理：黃崇仁董事長、謝再居總經理
輔導上市之承銷商：元大證券股份有限公司
稅前純益：
107年度：8,640,048千元
108年度：(2,614,885)千元
109年度：4,799,073千元
110年上半年度：6,505,776千元
每股稅後盈餘：
107年度：2.56元
108年度：(0.94)元
109年度：1.23元
110年上半年度：1.75元

主要業務：邏輯暨特殊應用產品、記憶體產品
市場結構：內銷70.99%、外銷29.01%

圖14-7：2021.9.16證交所審議委員會審查通過

表14-2：力積電重新上市大事記

| 日期 | 重要發展 |
|---|---|
| 2012.12.11 | 力晶因為淨值為負，從證交所櫃台買賣中心下市，最後交易日為2012.12.10，開漲停0.29，一直到收盤成交62306張。 |
| 2015.12.31 | 力晶年報顯示淨值回到10.1元 |
| 2018.5.8 | 力晶自救會向金管會顧立雄陳情並遞交陳情書，並在立法院參加立委辦的公聽會。 |
| 2018.5.10 | 力晶執行長黃崇仁召開記者會公開宣布推動力晶重新上市 |
| 2018.09 | 鉅晶電子更名為力晶積成電子製造股份有限公司（簡稱力積電） |
| 2019.05 | 力晶科技將晶圓廠及相關營業、淨資產讓與力積電 |
| 2019.7.22～8.23 | 力積電現金資增繳款，增資40億，增資後股本310億，發行4億股 |
| 2020.6.24 | 力晶股東會決議減資，以持有之力積電股票抵充，每1000股減資608股 |
| 2020.12.9 | 力積電股票上興櫃交易 |
| 2021.7.30 | 力積電向證交所申請上市IPO |
| 2021.9.16 | 獲證交所的上市審議委員會審議通過初次申請股票上市案 |
| 2021.9.28 | 台灣證券交易所董事會通過 |
| 2021.12.6 | 力積電（6770）掛牌上市 |

# 第三篇
# 實戰篇

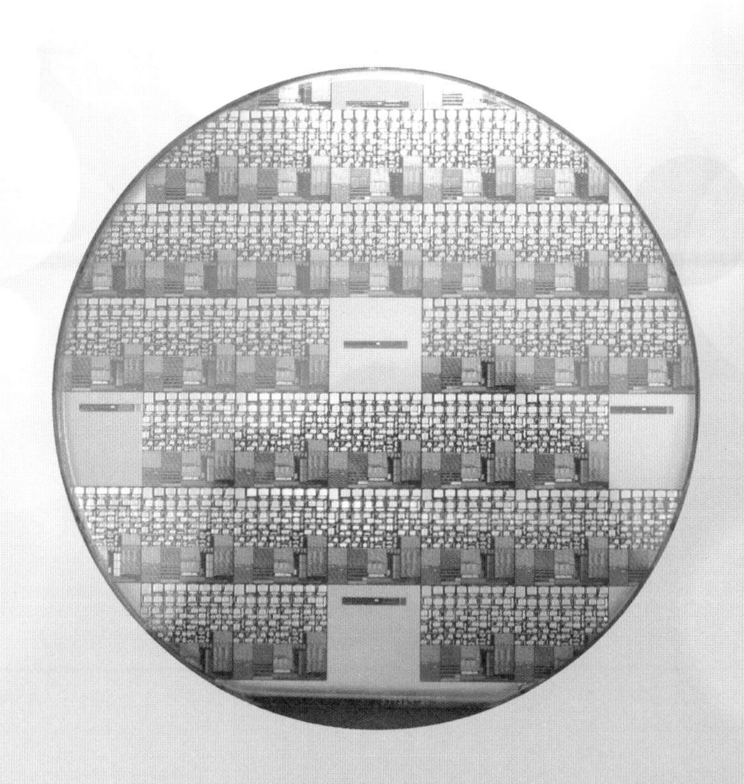

# 第15章　我的財務自由之路（一）

文／小陳哥

有了第一篇說的基礎知識以後，底下我來說說最近幾年，投資報酬率比較高的三檔電子股：力晶、旺宏、群創，這三檔股價變化都很戲劇性，其中力晶獲利貢獻最多。

## 一、力晶科技

大約民國99年，報紙報導力晶第一季賺1元，引起我注意，我記得當時股價大約4元，我一開始買了約50張，然後越買越多，最後好像把全部積蓄200多萬都買了力晶科技，大約500多張，有一天好像漲停，光一天帳面賺了10多萬，很高興，那一波好像漲到6元多，接著後來半年報好像賺2元，果眞一季賺1元。我以爲可以一年eps賺4元，但是到了7月DRAM景氣就開始反轉了，我從開始賺了幾十萬變成一路虧，終於領教到DRAM產業的大起大落。電子股絕對不是第一季eps賺1元，你就可以認爲一年會賺4元，電子股產業變化很快很大。

力晶科技景氣變差以後，足足2年多的時間，力晶幾乎一直跌，然後又減資兩次。第一次減資後漲了兩根停板，好像漲到9元多，接著又一路跌到大約1元，然後再減資一次，第二次減資後又一路跌。然後好像到了2012年10月，證管局公告因爲力晶淨値爲負，將於12月下市，然後因爲確定要下市了，又一直跌（圖15-1），我記得到最後我帳面虧了87萬，造成我單一個股虧損最多的紀錄，那陣子幾乎天天跌停，看到已經麻痺了。但是，套牢玩輸了之後，如同一般散戶不服輸，我不想殺光股票。

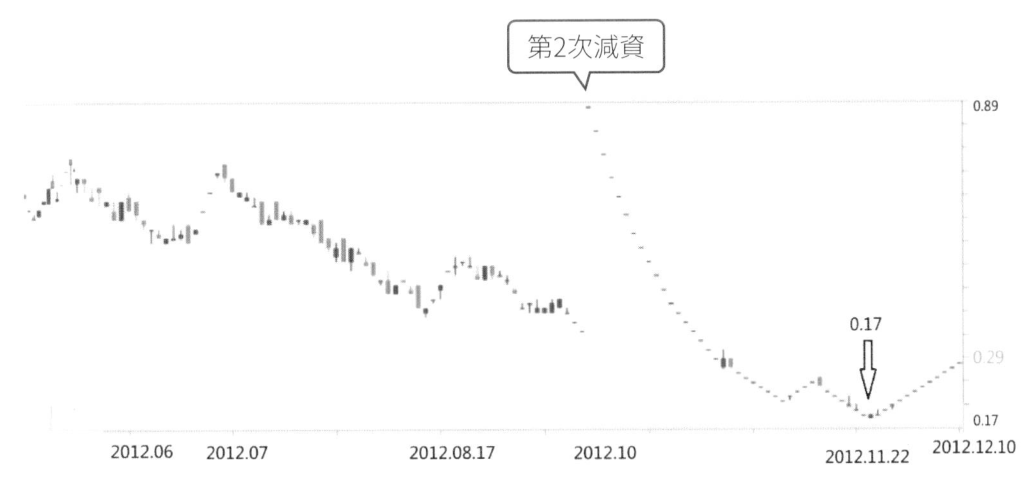


圖15-1：力晶2012.11.22最低跌到0.17元，當天反彈收0.18

2012年11月1日，力晶被櫃買中心公告要下市，後來我仔細看財報，發現力晶是「營業活動現金」淨流入狀態（見圖15-2），而且報紙說力晶繳息正常。當時的我，還不太會看財報，純粹是看字面意思來推敲，加上報紙說力晶繳息正常，不像茂德繳不出利息。當時不懂會計學的我，以土法煉鋼方式自己推敲財報的訊息，所以我慢慢覺得力晶不會倒！這念頭，是人生財運最重要的轉折點。

我記得那時我在與朋友泡茶時，常常說「力晶不會倒啦！」我記得那句「不會倒」，因爲說過很多遍。但是對於下市，我很徬徨，下市後要賣給誰呢？我當時不知道下市如何買賣？只是相信不會倒。問題是下市後股票有什麼價值？我建議人家0.2、0.3買時，大家很客氣婉拒，過幾年力晶股價不斷上漲，朋友才自首說，當初喝茶我先離開後，曾經被譏笑「這博士腦子進水了」！

發文日期：中華民國101年11月1日

發文字號：證櫃監字第10102009701號

正　　本：貼於本中心網站櫃買市場公告

主　　旨：

公告力晶科技股份有限公司普通股股票（股票代號：5346，以下簡稱力晶公司）2,216,304,196股，自101 年12月11日起，終止在證券商營業處所買賣。

依　　據：

本中心證券商營業處所買賣有價證券業務規則（以下簡稱業務規則）第12條之2規定。

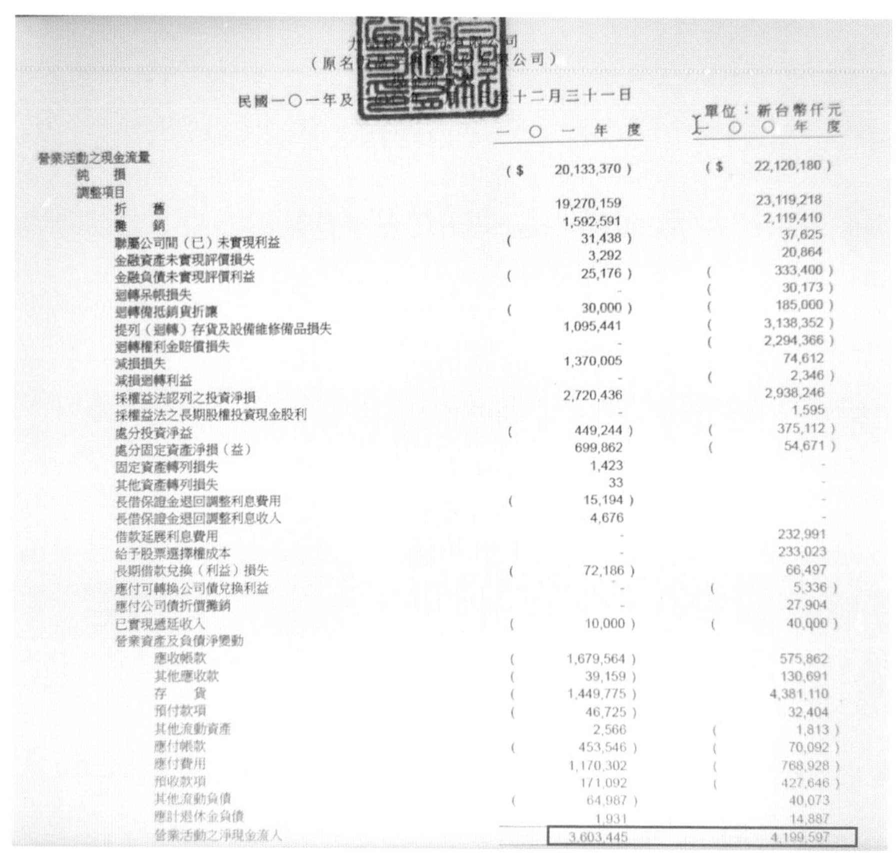

（原名　　　　　　　　公司）

民國一〇一年及　　　　　　十二月三十一日

單位：新台幣仟元

| | 一〇一年度 | 一〇〇年度 |
|---|---|---|
| 營業活動之現金流量 | | |
| 純損 | ($ 20,133,370) | ($ 22,120,180) |
| 調整項目 | | |
| 折舊 | 19,270,159 | 23,119,218 |
| 攤銷 | 1,592,591 | 2,119,410 |
| 聯屬公司間（已）未實現利益 | ( 31,438) | 37,625 |
| 金融資產未實現評價損失 | 3,292 | 20,864 |
| 金融負債未實現評價利益 | ( 25,176) | ( 333,400) |
| 迴轉呆帳損失 | - | ( 30,173) |
| 迴轉備抵銷貨折讓 | ( 30,000) | ( 185,000) |
| 提列（迴轉）存貨及設備維修備品損失 | 1,095,441 | ( 3,138,352) |
| 迴轉權利金賠償損失 | - | ( 2,294,366) |
| 減損損失 | 1,370,005 | 74,612 |
| 減損迴轉利益 | - | ( 2,346) |
| 採權益法認列之投資淨損 | 2,720,436 | 2,938,246 |
| 採權益法之長期股權投資現金股利 | - | 1,595 |
| 處分投資淨益 | ( 449,244) | ( 375,112) |
| 處分固定資產淨損（益） | 699,862 | ( 54,671) |
| 固定資產轉列損失 | 1,423 | - |
| 其他資產轉列損失 | 33 | - |
| 長借保證金退回調整利息費用 | ( 15,194) | - |
| 長借保證金退回調整利息收入 | 4,676 | - |
| 借款延展利息費用 | - | 232,991 |
| 給予股票選擇權成本 | - | 233,023 |
| 長期借款兌換（利益）損失 | ( 72,186) | 66,497 |
| 應付可轉換公司債兌換利益 | - | ( 5,336) |
| 應付公司債折價攤銷 | - | 27,904 |
| 已實現遞延收入 | ( 10,000) | ( 40,000) |
| 營業資產及負債淨變動 | | |
| 應收帳款 | ( 1,679,564) | 575,862 |
| 其他應收款 | ( 39,159) | 130,691 |
| 存貨 | ( 1,449,775) | 4,381,110 |
| 預付款項 | ( 46,725) | 32,404 |
| 其他流動資產 | 2,566 | ( 1,813) |
| 應付帳款 | ( 453,546) | ( 70,092) |
| 應付費用 | 1,170,302 | ( 768,928) |
| 預收款項 | 171,092 | ( 427,646) |
| 其他流動負債 | ( 64,987) | 40,073 |
| 應計退休金負債 | 1,931 | 14,887 |
| 營業活動之淨現金流入 | 3,603,445 | 4,199,597 |

圖15-2：營業活動現金流量表　資料來源：力晶科技2012年年報

10月到11月底那兩個月，我一直在想股票下市後能怎麼回本呢？我以爲不能買賣了！不能買賣的股票能幹嘛？我就想當時股價才0.5元，我買了股票如果10年內它有發0.5元現金給我，不就0成本了？我基於這個假設（股價0.5元，如果10年內發現金0.5元，不就成本都拿回來了！）我想想還是很便宜的，不能買賣就是靠現金股利拿回成本。還好我有「領股息是根本」的這種觀念，因爲我把配息當作是股票投資「本質」的東西。

於是我開始萌發一個念頭：我不是都跟人家說不會倒嗎？那股價這麼便宜，要不要買一點……？當時被減資兩次，我持股只剩幾十張，後來我決定買到168張，當作幸運數字「一路發」。但是天天跌停，我實在不敢買。後來到了11月底，突然開始有一天出現漲停板，我開始注意了，但是我仍不敢買，漲了幾天後，從0.17漲到大約0.25，當晚我在想每天漲停，不買不行了。於是我決定隔天用漲停買，我怕買不到，所以隔天早上開盤前掛漲停0.26買時，我特別交代營業員給我用10張10張的買，分批輸入。後來結果買到數十張，剛好持股湊到168張，然後就等著2012年12月11日力晶下市了。這裡有一件事很關鍵，就是當時雖然知道會下市，但是我認爲如果發現金股利，不也是可以拿回成本嗎？不過連飆13根漲停板下市這幾天，後來據說很多人是買不到股票。最後力晶是以0.29漲停板收盤下市，連飆13支漲停板。因爲我不知道有未上市交易這種管道，不敢多買。後來我發現下市前買很多的人，多半知道下市還可以未上市交易。所以別人在工商界職場上歷練過還是不一樣。

力晶下市後沒多久，黃崇仁先生就以0.3元向股東公開收購股票，此事讓他後來飽受質疑，還眞的有人用0.3賣給他，我當然是不會用0.3元賣給他。雖然公告是要收20%，但是個人曾經估計大約是收到5萬多張，應該沒有收購到20%股權。

# 公開收購說明書

一、公開收購人名稱：

黃崇仁

力元投資股份有限公司　　負責人：黃毓秀

智立投資股份有限公司　　負責人：黃崇仁

（以上三位下稱「公開收購人」）

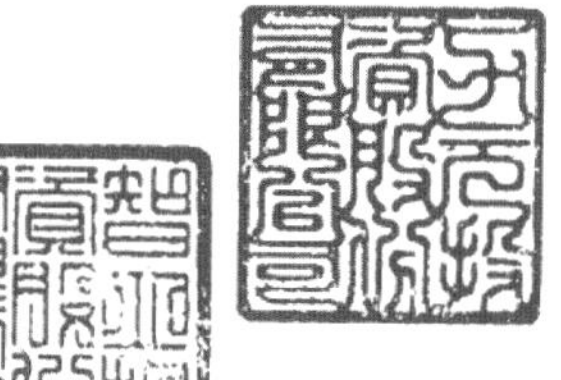

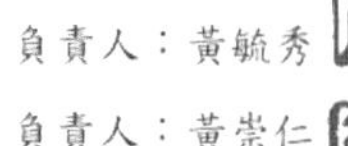

二、被收購公司名稱：力晶科技股份有限公司（下稱「被收購公司」）

三、收購有價證券種類：被收購公司普通股。提出應賣之股份應無質權、未遭假扣押、假處分等保全程序，且無其他轉讓之限制；如於應賣後股份遭假扣押、假處分等保全程序或強制執行程序，或出現其他轉讓之限制，縱使該等股份已撥入受委任機構公開收購專戶，將視為自始未提出應賣而不計入已參與應賣之股份數量。融資買進之股份須於還款方得應賣，否則不予受理；本次公開收購受理已集保交存股票之應賣，但不受理實體股票之應賣；應賣人如係持實體股票，請於收購期間攜帶實體股票、留存印鑑至其往來證券商處辦理存入各應賣人集中保管劃撥帳戶後，再行辦理應賣手續。

四、收購有價證券數量：總計 443,260,840 股，相當於被收購公司已發行普通股總數之 20%（下稱「**預定收購數量**」，即以經濟部商業司工商登記資料公示查詢系統所示最後異動民國 101 年 11 月 15 日所示已發行普通股 2,216,304,196 股為準）；惟如應賣之數量未達預定收購數量，但已達 22,163,042 股，即被收購公司已發行普通股股份總數之 1%（下稱「**最低收購數量**」），則公開收購數量條件即告成就，在公開收購之其他條件均成就（包括取得本次公開收購應取得之主管機關之同意、核准、報備、申請、申報及通知）後，公開收購人對所有應賣之數量應予收購。

五、收購對價：以現金對價，每股收購對價為現金新台幣 0.3 元。應賣人應自行負擔證券交易稅、集保手續費、證券商手續費、銀行匯款費用或掛號郵寄支票之郵資及其他支付收

圖 15-3：黃崇仁收購力晶股票的公告

巴菲特曾說：「如果你不願意持有一檔股票10年之久，最好連10分鐘也不要持有。」力晶在2020年12月9日重新上了興櫃，其實下市到上興櫃，也才8年，不到10年。股價漲多少先不說，下市前買成本0.26，配息多少呢？配股先不計，2017～2021年光現金就發了3.5元，光現金就賺了13.46倍，還有配股4.8元，以及2020年登錄興櫃，我賣到58.9的價位，漲了226倍。花不到巴菲特說的10年，只花8年。

表15-1：力晶2017～2021光現金股利就有3.5元

| 年度 | 現金股利 | 股票股利 | 現金+股票合計 |
| --- | --- | --- | --- |
| 2021 | 0.3 | 1 | 1.3 |
| 2020 | 0 | 0 | 0 |
| 2019 | 0.5 | 3 | 3.5 |
| 2018 | 1.7 | 0.5 | 2.2 |
| 2017 | 1 | 0.3 | 1.3 |
| 2016 | 0 | 0 | 0 |
| 2015 | 0 | 0 | 0 |
| 2014 | 0 | 0 | 0 |

力晶這故事，印證了巴菲特說的經典名言：「如果你不願意持有一檔股票10年之久，最好連10分鐘也不要持有。」

還有我常說的，拿錢去買股票，股票本質是什麼呢？這本質問題要先釐清。本質是賺價差嗎？當然大家想賺價差，但是追高殺低，你有最快訊息嗎？你散戶比起大股東、外資、大型投資機構，先天資訊就是落後的。你想賺價差你覺得你有優勢嗎？住套房的比較多吧，散戶要追逐消息，真的先天是不利。**股市的本質是股票可以分股利**，有了股利，下市也不怕，若能以不變應萬變，散戶還比較有優勢。有了股利，可以用超低成本0.26元買力晶，9年內光是現金就賺13.46倍。所以股票的本質是領現金股利（對於散戶來說）。有了現金股利，市場上就會給予股票相對應的市價。由於敢在下市前買進力晶，讓我創下單一個股獲利最多紀錄，我的力晶股友個個幾乎都賺1000萬以上。1000萬會很難嗎？110年2月，力積電在興櫃價格一整個月都在60元以上，只要有200張，就可以賣1000萬了。我認識的力晶股友多半有力晶300張以上，分到的力積電也接近200張，至於力晶科技還在未上市，2021年股價約在35～45之間。我住南部鄉下，我感覺親朋好友上班族，別說1000萬，靠薪水要存個500萬也不是很容易。

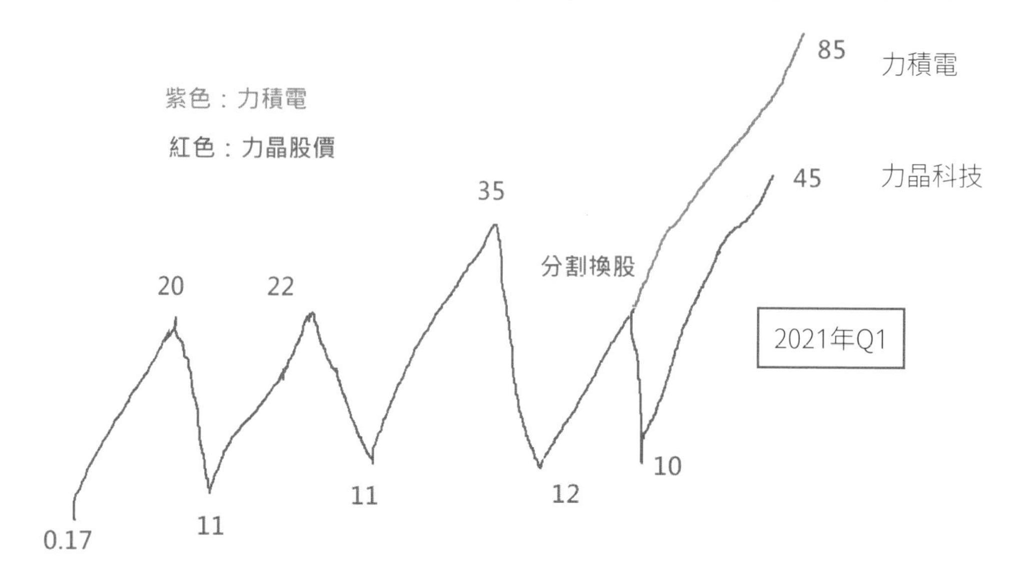


圖15-4：力晶未上市走勢圖2012～2020年，小陳哥繪

上面是直接說長期持有力晶最後的結果，但是0.2時你敢買嗎？其實很多朋友都說，當時力晶下市前要加碼，但很多他們的專屬營業員都會勸阻要下市了，千萬不要買。賣不掉是不是很慘？股票本質是什麼？是漲價然後把它賣掉？敢買的關鍵就是我認爲即使賣不出去，我就賭它將來可以發現金股利，發個0.26元就回本了。賺價差算不算股市的本質？其實賺價差是目的，若要說本質，恐怕也比較表象，因爲股市本質就是會波動，有波動就有價差，不過散戶要賺價差，比起大股東，其實先天已經處於不利位置，因爲資訊最慢。散戶如果自己有正確的投資知識、豐富的經驗，要

靠價差來獲利，機會還是有的。但是價格，基本上是會受到股利影響，價格比較偏向現象層次，股利才是更爲本質的概念。

力晶科技黃崇仁執行長在2018年召開記者會表示要推動上市後，也算信守承諾，有推動力晶重新上市。不過分割了一家公司「力積電」，力晶將資產轉移到100%持有的子公司鉅晶，然後更名「力積電」，2020年12月9日力積電重新登錄興櫃，剛好遇到半導體景氣大好，股價已經回升到60，可說是大股東小股東皆大歡喜。黃執行長要帶領DRAM轉型晶圓代工也是不容易，而且還好他轉得快，對還債很有幫助，P3廠沒被拍賣分解掉。

我從下市168張最多加碼到460張。第一次漲到20的時候，我賣出20張，但是沒幾天又買回20張，等於沒有賣到，沒多久就跌回11元。基於第一次經驗，當第二次又漲到22時我大約在17時有賣到20張。後來好像是歐債影響那一年，又跌回10元，我在11元時有買回，並且曾經在11元時自己去辦信用貸款購買，大約2016年還曾經在LINE群組建議可以加碼。

2018年漲到35時，我是一路賣，有賣到26、29、34，最高賣到34。我曾經以「部分資金」報酬率來計算，賣了之後又去買日勝生、敦陽、京城銀……等等，轉換後報酬率也不錯。賣了力晶再買其他，「部分資金」至少漲500倍。在34賣到剩下約1/3持股，剩下大約150張。後來2019年又再度跌到12元時，當時因爲是上半年虧損，股價重挫，我於是又在12元左右買了約100張。不過，有人直接在75元賣一半力積電持股，績效應該比我好，也有人大約50左右賣掉2000～3000張，這績效比我好，有等待的耐心。

有一段時間我對力晶股價掌握算是很準，因爲幾次高底點抓的不錯，不過這種情況到了2020年起了變化。2020年由於中美貿易戰轉到高科技，從美國對華爲展開制裁開始，加上新冠疫情產生的供需失調，以及5G通訊等手機新的需求，力晶在2020年11月分割完成後分成力晶與力積電，力積電到了2020年11月已經漲到40元，力晶大約18元。這次我基於往例，因爲力積電上半年只有小賺不到1元。我有點賣太早，上興櫃前的有賣到50，但是上興櫃後力積電只剩下10張。還好賣掉換股後，績效也不錯。

2018年很多先前原封不動的朋友，第一波高點35元有人沒賣到，心裡癢癢的有點悔恨，因爲35跌回10元。沒想到，2020年卻發生半導體大缺貨，堪稱是台灣半導體產業成立30年來景氣最好的時候，又遇到美國制裁大陸華爲、中芯等半導體公司，所以各半導體公司股價都一飛沖天。2020年12月，台積電漲到600以上，聯電55，世界先進130。此時也很幸運力積電在2020年12月9日回到興櫃買賣，距離下市已經是8年。回到興櫃當天雖然盤面有衝到80元，但是很多人掛60元其實都沒有賣出去，我也掛一筆60元，也沒成交，不過當天我有賣到58.9及55的。最後，是全部放到上興櫃才賣的人賺的比較多，這還是有運氣成分，因爲半導體遇到30年來最美好的光景，當然其耐心也值得肯定。上了興櫃還是有人沒賣，要繼續放到上市。

至於本書標題《半導體漲百倍》，根本無需懷疑。因爲我以0.26買到，2018年賣34元，2020年賣到58.9元。2020年開始直到2021年3月，力積電有三個月時間股價幾乎都在50以上，如果中間沒有買賣，大約就漲了200倍。所以漲百倍已經是很保守的說法，有人賣到75～85元價位賺更多，這要有足夠耐力也需要一點運氣。0.5以下買到的，50元就是100倍，問題只是你的力晶是漲100倍？或是200倍？300倍？

由於很多人是放到上興櫃以後出售，並且這一次半導體榮景，確實也是公認的台灣半導體產業30年以來，景氣最好的一次，幾乎每天報紙都在報缺貨的新聞。因爲之前抓高、低點買賣了幾次，而且力晶在2019年還

是虧損，然後力積電10.1元認購20張，認購的股我在20就賣光了。後來分割後大約得到60張。我也賣不少，在上興櫃前一天我記得剩下10張，在興櫃前一天，已經漲到大約50。然後興櫃那一天我有賣58.9、55、52。最後一張力積電是2021年賣到61元出清，這一張是漲234倍。後來60左右小買幾張，有賣到75元，波段小買賣了幾次。本來是屬前段班的績效，後來被很多力晶股友超越，不過到底是放到多少賣才好？其實除了努力研究，難免還是要靠點運氣，因爲力晶35元跌回10元這一段，我聽過幾個大咖在懊惱。

我許多朋友是放到上興櫃才出貨，我認識的力晶股友1000張以上的至少30人，包含500～1000張得也很多，分割後，1000股力晶可以得到608股力積電。他們買賣多半沒跟我說，其中有一個分割前3000張之力晶，換得1800張力積電，有跟我說在50多元時賣光。有一個分割後約500張力積電，分兩批出貨大約是50與75，大約得到3000萬（不含力晶）。我的力晶股友，很多就這樣財務自由，起飛了，有人50歲，有人40出頭，部分人員是竹科的科技公司員工，財務自由就辦理退休了。

2021年這一波半導體景氣太好了，好到事先無法預料。力晶也算幫我財務自由了，我從公立學校退休，退休金被修法削減了，要養全家有點吃力。還好投資有一點小成，可以不受年金被砍太大影響，快樂自由的退休，雖然我賣的力積電，賣掉以後還一直漲，心態上我仍然是滿足的，大致能開心去面對。人的財運除了努力，眞的還有幾分運氣。因爲2020～2021年的半導體景氣實在太瘋狂了，每天報紙都是缺貨的新聞，是半導體業界公認30年來景氣最好的一年，2019年力積電是虧損，別家都賺錢，我無法預知2021年景氣這麼好，資金轉到聯電獲利也不錯。財務自由的最大好處是終於可以做一些自己想做的事。

做個總結，力晶我最低買到0.26，最高賣到61元，漲幅超過200倍，這檔總共獲利大約剛好達到8位數。力積電61元賣光之後，60～75之間區間小買幾次，波段小賺。能有如此成績，第一是要能讀懂財報，第二是交了不少股友。我以誠信待人，股友也提供給我很多好的資訊與建議，讓我力晶168張能加碼買到最多時460張，也能夠放久一點。後來我在11元時反而鼓勵很多朋友買進，也是造福不少人，所以閉門造車不行，大家互相切磋績效比較好。

## 二、旺宏電子

2010年旺宏以85億買下茂德12吋廠後，本業又遭逢不景氣，獲利一直很難看，股價當然跟著難看。2016年6月有一天，LINE群組有人說旺宏剩下大約2元。於是群組大家開始討論起來，有人說準備在跌破2元時大買。經過討論後我建議D先生不要等跌破2元，我說最低點像是「不定向飛靶」稍縱即逝，不好抓。我建議接近2元已經可以買了。

接著我開始看財報，發現旺宏帳上現金還可以支付本息，負債不算是太可怕，即使再虧3年，也不至於營運困難，何況股價剩下2元，一張最多就是2000元。那時候我已經體驗過力晶從0.26漲到13元的50倍感覺，所以覺得剩下2元已經風險不高。

當我建議不需要等到跌破2元後，隔天我記得L先生買了500張左右的旺宏，我買了30張。大約在一個月時間內L先生買到大約2000張，我300張，我比較保守。隔了一年半後，旺宏減資一半後在2017年漲到60，若不計減資則在一年半的時間漲了約30倍。這跟力晶4年漲50倍（2012-2016年），並不遜色。

其實旺宏我賺不多，當時我功力不夠，300張成本約3元多，因爲半年間股價大約在3-4元來回幾次就受不了了，只賺10多萬。我朋友則是有人放到50左右出售，旺宏賺個1000萬是跑不掉。這檔，比我有耐心的朋

友賺比我多，但是值得一提的是當時我建議不需要等什麼「跌破2元」的最低點，最低只到2.11，如果你一定要等跌破2元就錯失良機了。

賺錢是要研究的，七成是功力，三成要運氣，一群朋友努力研究旺宏財報，也努力研究其產品「ROM記憶體」與任天堂遊戲機的市場，這是他們的努力，不過後來旺宏股價大漲是受惠於Nor Flash漲價更多，爲何說這部分是運氣？因爲我股友在群組討論很少提到Nor Flash，大多時間是在討論ROM記憶體，所以這3成是運氣部分，7成要靠實力與耐力。LINE留言換手機時遺失了，底下提供微信（wechat）的對話：

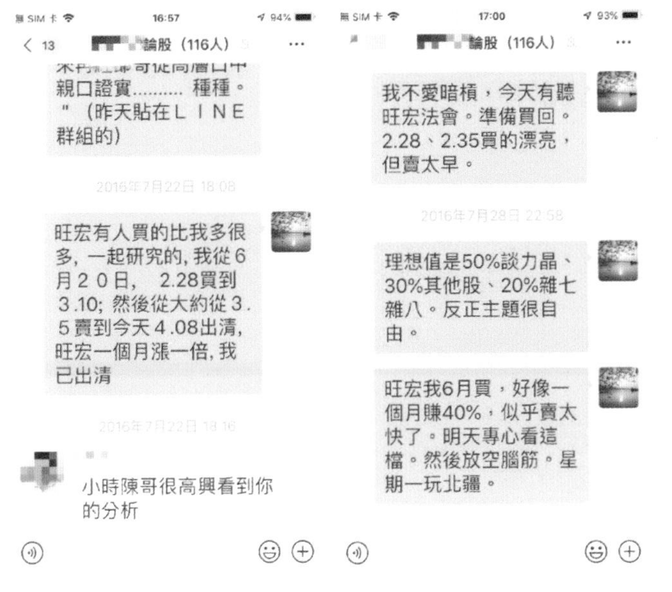


圖15-5：微信關於旺宏對話，買在低檔但是耐心不夠

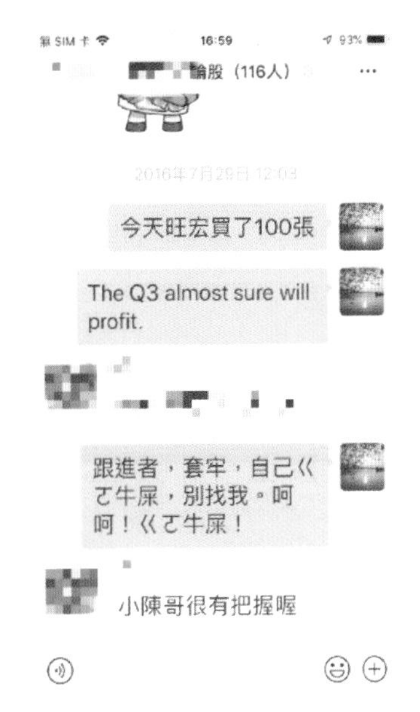


圖15-6：買100張時，會同步告知股友，耐心還是不夠都賣太早

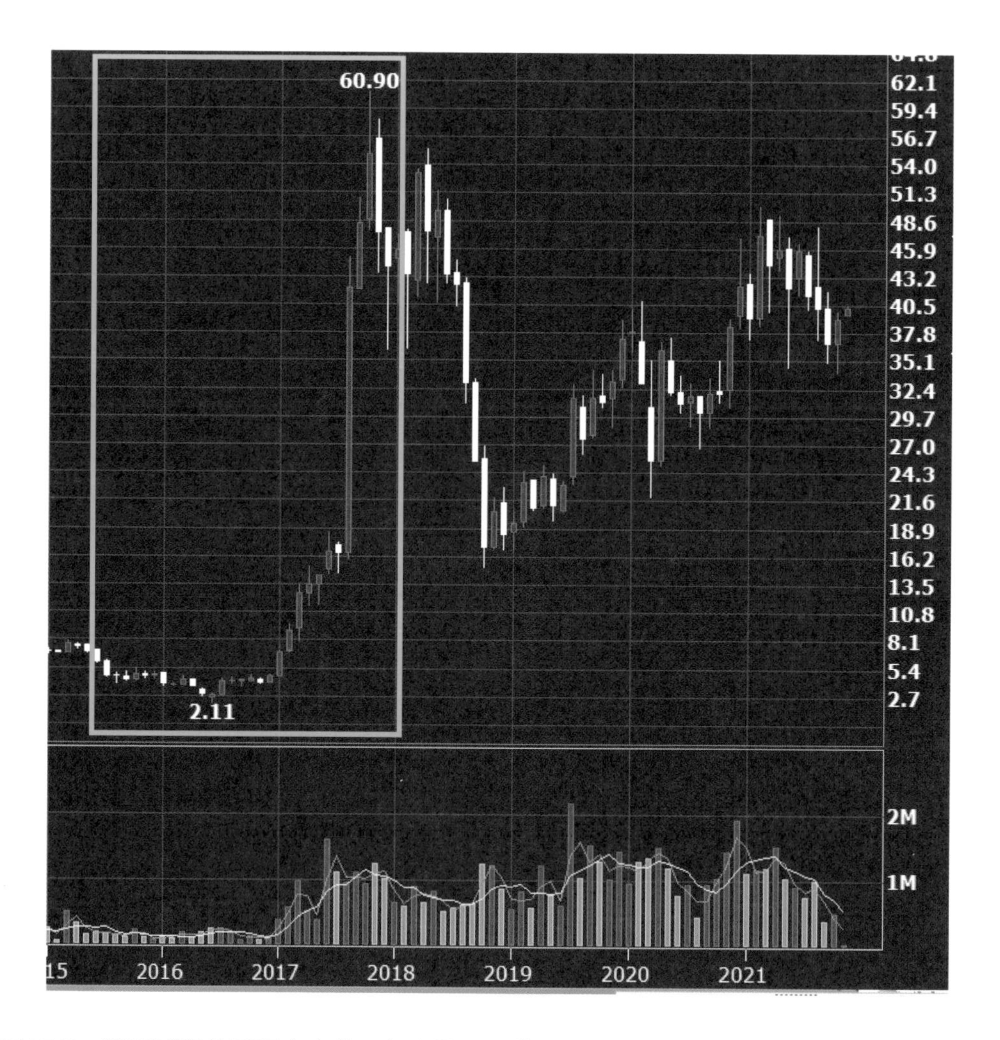


圖15-7：還原減資的話旺宏大約一年半漲14.4倍　資料來源：元富新環球大亨

由底下的報導，可知這一波14.4倍漲幅，跟Nor Flash關聯很大，不一定能預知其超強漲幅。但是如果熟讀財報，會比較敢在2元時買進，因爲當時12吋廠折舊也快到尾聲了。

****************************** 新聞報導 ******************************

**NOR Flash漲價潮爆發！2017年供需缺口估達20%**

鉅亨網新聞中心2017/03/29 11：55

據調研機構Witsview研究報告指出，為了專注儲存型快閃記憶體（NAND Flash）業務，全球第三大廠美光科技（Micron Technology）傳出正考慮退出編碼型快閃記憶體（NOR Flash），以及物聯網應用、車用系統、AMOLED智慧型手機等市場的需求增溫，刺激了NOR Flash記憶體正在引爆一波漲價大潮。

再加上受惠於這波半導體晶片的漲價週期，NAND Flash和DRAM記憶體價格漲幅已接近60%，連帶也帶動了較低階的NOR Flash出現漲價；全球第二大NOR Flash供應商賽普拉斯（CYPRESS）日前就宣布，將對第一季NOR Flash部分產品重新議價，並調升第二季的產品價格。

（資料來源：https://news.cnyes.com/news/id/3764575）

*********************************************************************

由於旺宏這一檔，後來朋友普遍認爲我抓低點的能力很出色，但是抓高點的能力不好。所以，我後來努力改進抓高點能力，報酬率有提升。波浪理論上升波1-2-3-4-5的第2波爲下跌段，不要在這一波太早賣。

## 三、群創

由於大陸面板廠崛起造成面板長期跌價，2019年5月時群創跌到7元，報載2019年6月奇美實業大約在7.3賣出群創19.6萬張，損失32.35億元（工商時報 2019/07/12），仁寶在10月也認賠殺出，可見連大股東也不看好了。一直到2020年新冠肺炎時，群創多在6～8元之間，然後在2020年三月跌破5元，最低到4.85元。市場瀰漫一陣對面板產業的悲觀，俗稱「慘業」。

**************************** 新聞報導 *********************************

**《光電股》奇美認賠大賣群創19.6萬張**

2019年7月12日

【時報-台北電】群創（3481）大股東之一奇美實業6月以來一連在集中市場拋售近19.6萬張群創股票，處分金額共14.35億元，處分損失則高達32.35億元。奇美實業在2012年淡出群創經營之後，2013年起陸續出脫群創持股，之後持股比例大致維持在大約5.74%，此次處分群創持股之後，持股剩下3.11%。

根據公告，奇美實業從6月5日開始於集中市場處分群創持股，至6月11日共處分84466張，每股處分價格7.28元……6月以來總計在集中市場拋售近19.6萬張群創股票，處份金額共14.35億元，處份損失則高達32.35億元。

**面板產業供過於求 仁寶認賠賣出群創4.5萬張**

中央社 2019年10月16日

（中央社記者潘智義台北2019年10月16日電）面板產業遭遇逆風，產業再次面臨供過於求的情況，不僅外資賣超群創光電（3481），筆電代工大廠仁寶電腦（2324）今天公布重大訊息，認賠處分群創股票4萬5738張，處分損失新台幣938萬9672元。

仁寶自9月7至10月16日，共賣出群創股票4萬5738張，每股賣出均價為6.96元，處分金額為3億1816萬1068元，處分損失938萬9672元。

**********************************************************************

除了報紙，當時還有雜誌報導負面消息，助長跌勢。總之，市場瀰漫著對面板非常悲觀的看法。

*************************************************************************

鏡週刊 2019年5月17日 上午7：28

本刊接獲爆料，今年3月，鴻◯集團一級主管與華◯進行祕密會議，協議未來3年群創接單將由郭◯◯與深◯市政府合夥的深◯統包，再轉單給群創，「◯海集團為什麼要護航深超？◯董現在要選◯統，應該先回答這些問題，不能迴避。」群創員工不滿地呼籲。

週刊報導

群創光電聲明

*************************************************************************

逼得群創（3481）董事長洪進揚出來止血，發布「致35萬群創股東書」，抨擊不實報導「突顯其對產業運作的無知」。全文如下：

近日由於媒體不實報導與部分政治人物別有目的的扭曲言論，造成群創光電股價不理性大跌，股東權益受損，群創光電特此聲明如下：

「群創光電絕無移轉訂單至其他面板廠，更沒有將車用業務轉移到大陸面板廠。本公司基於市場狀況及客戶需求，以公司的營收、獲利及股東權益，作為評估一切商業選項的最重要因素，經營團隊獨立做成公司經營策略，絕無媒體報導所述掏空或背信之情事。」

媒體報導使群創跌破8.8歷史新低，但是面板虧損還沒見底，仍持續破底好多次，面板業前景可說是相當悲觀，大約到2020下半年才好轉。

基於財報見解，在COVID-19肆虐的2020年3月，群創跌破5元時，我認爲群創淨值在24元，而且營運現金還是淨流入，帳上現金也有數百億，我認爲它財務還是很安全的，於是我在我的LINE群組鼓勵股友多買一點，我甚至鼓勵大家可以買100張。群創就這樣分成好幾波段，花了13個月漲到32.55，漲了6.7倍。這種景氣大反轉的面板股，對於一般散戶來說，很難能夠預知這種景氣變化。甚至三星與LG兩家公司，說要退出LCD也因面板大漲價而延後，所以可說連廠商本身也難以預知景氣會突然大好，景氣變好後，群創可以連續兩季賺超過100億，2021年Q2更賺了213億。

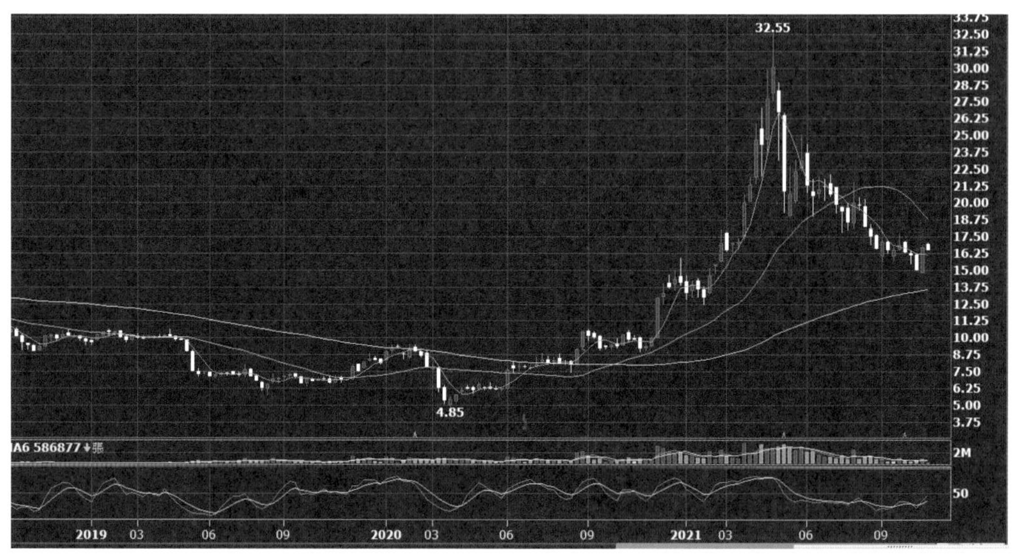

圖15-8：群創也一年漲超過6倍　資料來源：元富新環球大亨

群創我雖然沒有一口氣賺6倍，但也賺了3大波。大約5元一直賣到9元，清光。9元跌下來到8元，8元買又賣到15元。後來18到25又賺一波。大約一年內賺了幾十萬，賺到3個波段。後來到了8月從高點32反轉下來，我在20元買8張，大約18先賣了3張小虧1萬，目前剩下5張套牢ing……下跌段還好沒買多。一年半下來在群創賺個30萬應該還有（2020.3月～2021.9月）。

這檔能賺錢，純粹是基於財報分析。群創與友達2020年的大漲見證了「景氣循環股」也是很有可看性，如果能察覺景氣變化，漲幅非常可觀，這種景氣循環股必須挑選「財務體質」優良的，可以避免倒閉的風險。底下貼出2020年3月我在LINE發表給股友參考的研究：

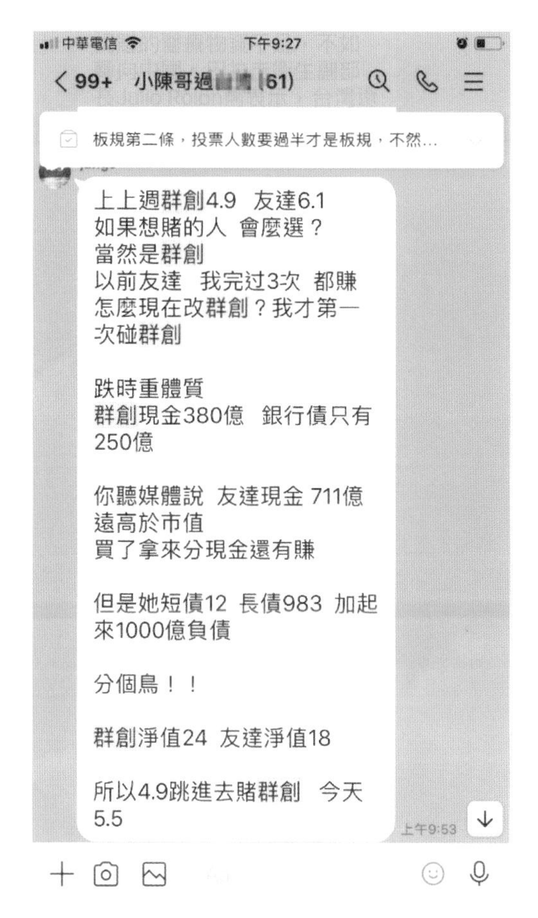


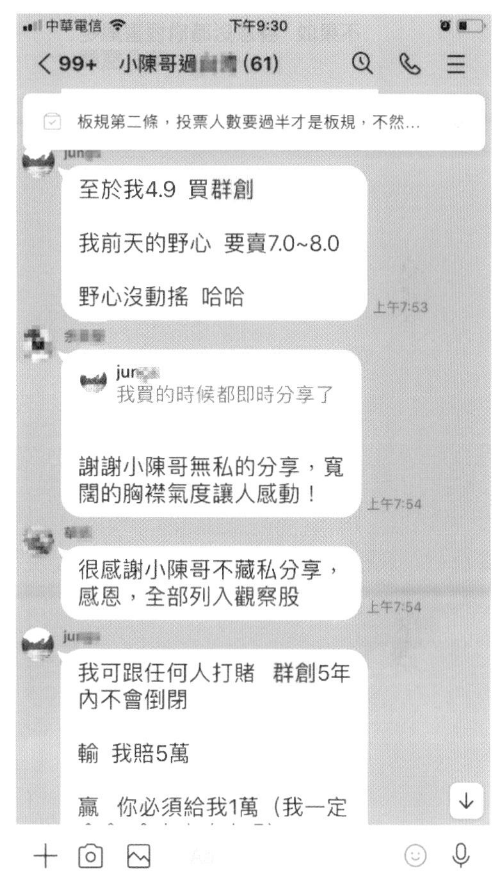


2020.3.2低價買進

總損益:-494 筆數:2(頁次 1/1)

| 明細 | 股票名稱 | 交易別 | 股數 | 成交均價 |
|---|---|---|---|---|
| 明細 | 久元 | 普買 | 1,000 | 39.2 |
| 明細 | 群創 | 普買 | 5,000 | 4.92 |

總損益:-47,557 筆數:13(頁次 1/1)

| 明細 | 股票名稱 | 類別 | 股數 | 成交均價 | 投資成本 | 融資金額 |
|---|---|---|---|---|---|---|
| | 鑽全 | 現股 | 4,000 | 40.38 | 161,529 | 0 |
| | 春雨 | 現股 | 2,000 | 16.97 | 33,948 | 0 |
| | 聯電 | 現股 | 11,000 | 15.29 | 168,212 | 0 |
| | 仁寶 | 現股 | 33,000 | 17.6 | 580,935 | 0 |
| | 敦陽科 | 現股 | 4,000 | 54.19 | 216,754 | 0 |
| | 京城銀 | 現股 | 50,000 | 32.76 | 1,637,757 | 0 |
| | 新光金 | 現股 | 30,009 | 8.36 | 250,958 | 0 |
| | 欣銓 | 現股 | 5,000 | 22.8 | 113,993 | 0 |
| | 群創 | 現股 | 66,000 | 6.15 | 405,921 | 0 |

圖15-9：關於群創的討論及低買情況，大約在5-7元之間買了66張群創

我曾經在LINE免費貼出一篇群創分析，LINE裡多是好朋友，無人吐槽，也無人認眞看（跟力晶一樣，下跌時信心脆弱），現在把2020年3月的研究報告公開如下：

**************************這是2020年3月原始檔案**********************

**群創分析報告ver2.0（財務A+）**

小陳哥 2020.3.23 非經同意請勿轉載

2020.4.4修正

群創賺4年，虧5年，又賺6年，現在是第1年虧。沒有理由相信再連虧6年，我們知道大陸擴產，群創連虧6年會怎樣？現金347億，短期投資200億，合計547億。

短期借款只有3億（2012年曾高達455億）。

長期借款196億（2012年曾有1521億）。

合計只有200億，表示1年內不會倒閉。淨值24。

2019年Q1～Q3營運現金淨流入為+10億（虧錢也不一定流血）。

2019Q4營運現金流入127億。

2019eps -1.77（前三季虧-1.06），整年營運現金還是流入137億

投資活動現金流入87億。

2013～2018賺錢時營運現金淨流入在 +300～+1000億之間。

表示只要不太大資本支出，保守一點營運，5年內不會倒閉，不會有財務問題。

去年還債157億，現金還增加30億，財務體質良好。

2019年底銀行負債大約只剩200億。

別被去年虧165億嚇到了，由於折舊345億，又沒什麼資本支出其實營運現金流入137億。雖產品跌價，但其內在價值不只有5元啦。

折舊是虧早期的股東，我現在5元買1股，大約一年回本1.5元（現金流入），現在的股東很划算的。（2017-2018這兩年大約賺15元回來，營運現金流入1500億）

| 每股淨值(元) | 24.08 | - | 25.62 | - | 26.56 | - | 22.71 | - | 23.34 | - | 22.87 | - | 21.19 | - |
|---|---|---|---|---|---|---|---|---|---|---|---|---|---|---|

群創這傢伙，賺多多時配少少，所以淨值一直很高，財務體質很棒是A+。

連賺6年，才虧第1年，現金還是流入，放個5年只要哪一季好運轉盈，股價一定飆到8-9元以上。

幾乎肯定5年內不會倒，也不會有財務危機。

流動負債1000億，當中有一半是應付賬款，表示關起門不做生意2年內不會倒。簡單說，10年前欠2000億，10年後欠200億……不可同日而語，財務體質屬於優良A+。

表15-2：2011-2020群創折舊大幅下降

| 年度 | 2011 | 2012 | 2013 | 2014 | 2015 | 2016 | 2017 | 2018 | 2019 | 2020 |
|---|---|---|---|---|---|---|---|---|---|---|
| 年度淨利（億） | -647 | -308 | 56 | 225 | 148 | 50 | 489 | 66 | -165 | 26 |
| 折舊（億） | 934 | 843 | 755 | 593 | 523 | 402 | 323 | 353 | 349 | 353 |
| 營業活動現金淨流入 | 281 | 502 | 758 | 1047 | 810 | 334 | 826 | 525 | 138 | 224 |

2011-2018，過了7年，光折舊成本就比以前節省600億，

2019折舊一季大約90億，一年大約360億，

虧174億，也不是什麼大事，營運現金很健康，

純屬折舊造成（不會流血的虧損）。

eps虧 -1.77，虧到誰？虧以前的股東啦，他的設備價值遞減。我斷定群創5年內不會倒閉，不會發生財務危機，2年內關門不做生意也不會出大事。

淨值24連虧5年也還有10，**現在4元多（3/22），便宜又安全。**

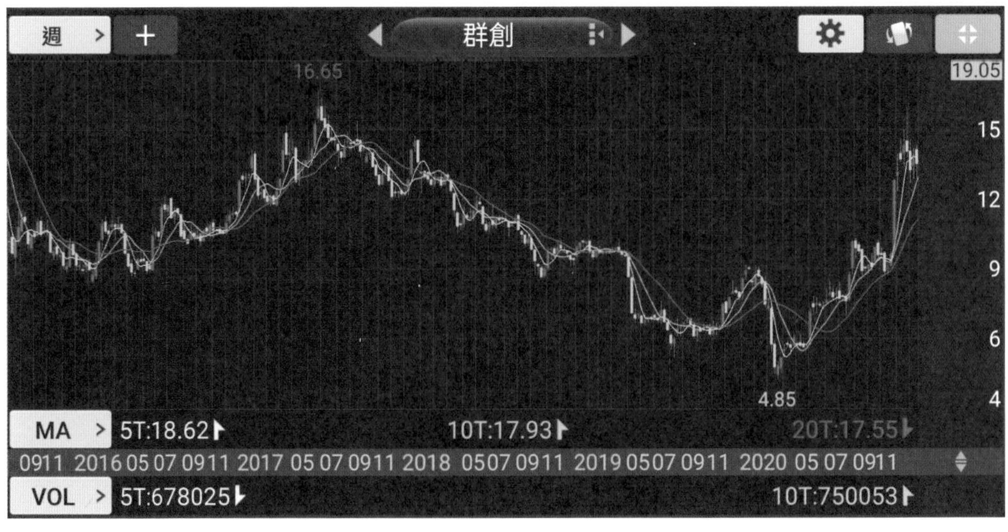


資料來源：元富行動達人

群創的最大隱憂不是財務問題，這我很清楚，而是賺錢時不敢發股利。

我去年第一次買（成本7.2），賺錢。現在成本6.4，4元多繼續加碼，希望成本降到5.0以下。3年內，我打算賣在7.5～8.0，也是大賺。

群創的最大隱憂不是財務問題，這我很清楚，而是賺錢時不敢發股利。

上漲階段可考慮千萬不放到10元，**可以4.9買，8～9賣**。

*******************************

| 年度 | 現金股利 | 盈餘配股 | 公積配股 | 合計 |
|---|---|---|---|---|
| 2020 | 0.3988 | 0 | 0 | 0.3988 |
| 2019 | 0.1 | 0 | 0 | 0.1 |
| 2018 | 0.06 | 0 | 0 | 0.06 |
| 2017 | 0.8 | 0 | 0 | 0.8 |
| 2016 | 0.1 | 0 | 0 | 0.1 |
| 2015 | 0.2 | 0 | 0 | 0.2 |
| 2014 | 0.7 | 0 | 0 | 0.7 |
| 2013 | 0.15 | 0 | 0 | 0.15 |
| 2012 | 0 | 0 | 0 | 0 |
| 2011 | 0 | 0 | 0 | 0 |
| 2010 | 0 | 0 | 0 | 0 |
| 2009 | 0 | 0 | 0 | 0 |

資料來源：元富行動達人

以上是2020年3月的研究報告。後來我也根據我的研究報告，大約在8元多賣光群創。但是後來面板實在太賺錢，每季賺100億，我大約在9～15元又賺一波，16～25元大約又賺一波，但是買的數量已經減少。然後到了2021年衝過25元以後我就賣光不敢碰了，因爲群創往年配息不好，未來也可能再度面臨大陸擴產。群創32反轉下來，跌到20元有小買幾張，17附近小虧約1萬賣3張，只剩5張。這相對於上升波賺到的金額，影響不太大。2019～2021年面板的走勢，眞的是見證景氣循環股特徵。

我的財務自由之路，大約就是這樣，力晶貢獻約2/3，其他累積1/3，這樣剛好可以補上公立學校教師退休金被削減的經濟收入。公立學校教師年金改革由於有緩衝期設計，早期服務的人，50歲出頭還可以辦退休，後來的人就不行了，這叫緩衝期。搭配被削減後的退休金，投資收益差不多剛好夠全家3口，維持基本中等生活，可以讓我在50歲以後安心重新規劃自己的生活。出這一本書，希望幫助更多人，改善經濟，追求你自己想要的生活。

除了股票，所謂財務自由，另外在2003年SARS之後房價低迷，我在2004年初訂了一間市郊的透天厝，當時我身上只有現金30萬，我買了一間520萬的透天，多數是貸款，我買到30年來史無前例房價最低點，這幫我也節省了幾百萬，有助於早日財務自由。出這本書的目的，是要幫助朋友們經濟寬裕、財務自由，能選擇自己喜歡的工作，並留給後代子孫學習理財。

# 第16章　我的財務自由之路（二）

文／Royo

投資就如同一場戰役，我們投資（機）者是手握軍隊（金錢）的將軍。各種外在的訊息、親友（軍師）的建議、不同戰術（基本面、技術面、籌碼面）都是協助我們打贏這場戰役的方法，如何運用各種資源，使自己（將軍）做出相對正確的判斷以在戰場上獲勝達到財務自由，進而幫助我們解決人生重要問題，譬如趁年輕離開職場享受退休生活、提早還清房屋貸款買新車等等的不同目標。我認爲達到被動收入至少是退休前工作年薪的1.1倍以上、多多益善會是比較保守的做法，因爲退休會少了一些公司年薪外的津貼例如餐飲、交通等補助，並且醫療費用、通貨膨脹也隨年紀加大而增加。

我投資（機）股市的各場大小不等的戰役，最成功走向財務自由之路的決定性戰爭，就是力晶科技的投資之戰。而後以力晶科技的投資成果爲根本建立的軍力，開枝散葉進行不同的戰役使戰果得以維持甚至擴大，期望在未來不景氣的年代，投資帶來的被動收入能不受外界大環境影響，依舊讓家人能過著舒適的生活。

民國89年開始進入半導體廠工作後，沒有利用上班比較熟悉半導體的優勢卻如同大多數的股市散戶一樣，看新聞dram炒得火熱，第一桶金即押注在華邦權證，我的賭博投機之戰也因此開始。正在沾沾自喜獲利頗豐以爲自己是dram天王，卻在dram產能大量開出，導致dram本身顆粒及股票價格崩盤，在現股價格跌破股票與權證的價差後，權證賭博之戰終究無法避免吃龜苓膏的結局。這個慘賠使我一度遠離了股市。第二桶金投資在比較穩健的標的，收租的一間小套房，收取年報酬率5%、每月微薄的五千五百元房租，依照當時的規劃，這樣的房租要有11間才能取代當時的年薪，以一間套房付完再用第一間套房租金及貸款購入第二間，看起來要累積到11間套房是遙遠難以達成的夢想。

民國97年金融海嘯發生，隔年看到力晶跌到1.8元又彈回2元，就粗淺的技術面角度來看，覺得這價格應該是底部，於是買了八十張進行小額投機之戰，打算幾年後等公司營運恢復正常後可以賺一筆（同時間也分散軍力進行數場投機之戰，在台股方面分別在世界先進與茂德開啟戰場；而美股方面則在花旗銀行、AIG保險、AMD進行域外之戰），投入之後做的流水帳功課就是每天用excel登錄股價而已。沒想到力晶之後歷經減資二次剩下近四分之一的二十張（民國99年至101年兩次減資累計減幅高達75.5%），到了民國101年12月淨值爲負下市。下市前依舊每日登錄股價時發現一個詭異的現象，力晶從公布下市起股價每天跌停，但到了下市前幾天突然每天漲停直到下市，不過，當時沒有那個敏感度，沒有跟著漲停時投機小錢加碼，錯過了財神爺的第一次敲門、百倍以上的獲利。

102年收到了每股0.3元的收購通知書。十幾萬元的股票要被幾千元收購，奇檬子（台語）不好，寧願當壁紙紀念也不給收購，於是將通知書送入碎紙機，打算在這場戰役中認輸。這個時候其實也是自己敏感度不佳，忽略了有價值的東西才會有人收購的常識，更何況是公司本身加入收購的行列，安全性更是不言而喻，也就在惱怒火燒功德海之下失去了理性的判斷，錯過了財神爺第二次敲門送錢。後來茂德投機也因公司經營不善吃了龜苓膏，但世界先進及美股的投資卻有倍數收益甚至以上（AMD）。整體來說，金融海嘯期間的股市投機之戰也獲取了近一桶金的報酬，表現我覺得算是及格。畢竟金融海嘯這種股市風暴，公司放無薪假，即使公司的工作很穩定只是暫時性收入減少，但已婚有家庭卻敢將身上所有現金投入的股市投資（機）者極少，問遍親友一起投機找不到半個同好，我也因此確定自己的心理素質算是衆多股票投機者中算是水準以上的，此後所有的資源也聚焦在自己相對擅長的股市投資（機）之戰，放棄了房地產及其它

金融商品的戰場。

民國102年8月底在FaceBook看到萬寶投顧朱成志老師分享的新聞，力晶科技上半年EPS達1.59元正式轉正（請參考Good information網站力晶EPS各年度資料），加上本身在晶圓代工廠做工程師的工作，由同業及客戶掌握的訊息得知，已轉型晶圓代工的力晶，代工產能利用率滿載。後來進一步搜尋相關資訊，得知力晶EPS未轉正的民國101年底，在P1和P2廠LCD驅動IC代工產能已約總產能四成的3.8萬片，客戶涵蓋性越來越廣泛，包括瑞薩、奇景、奕力等，特別是瑞薩供貨給蘋果I Phone 4及5的面板用LCD驅動IC，手機領導性廠商採用具有指標性意義。此外，轉型晶圓代工的力晶，也逐漸在全球晶圓代工市場，占有一席之地，營收成長率及排名都有逐年進步的趨勢。（2011年全球晶圓代工排名第十名，2012年排名第8名，請搜尋Gartner，2013年4月資料參考）

當時尋找投資達人總幹事黃國華的文章，先找出可靠的未上市交易平台——必富網，第一筆交易跟小陳哥用3.9元買了十張，確認股票進集保帳戶沒交易風險後開始增加資金規模。當時如意算盤是晶圓代工的經營模式很穩定，力晶102整年EPS 3元沒問題，應該也可以在之後每年維持一樣水準。如果像dram時期有賺3元配2元的六成左右配息率，則存滿八百張可提供比工作年薪1.1倍略高的收入而達成提早退休的目標，因此歐印手上現金先建立基本庫存朝目標張數邁進。民國103年初有幸參加小陳哥在高雄舉辦的餐會，鉅亨網力晶群友有七人參加，號稱竹林七閒。竹林七閒對投資很不錯的地方在於大家一起盯著力晶的業績，而且集合大家財報、業界經驗，對於投資過程遇到的事情可以討論，可以彌補自己專業上的不足。主要就是102年力晶簽證的財報出現國內四大的勤業衆信會計師的註解：對未來經營有重大疑慮。這個在許多投資書籍裡面強調的重要指標顯示力晶是不值得投資的公司。但在大家的討論下，認爲會計師可能淨值的比例放太重對產業狀況也不是很了解才會有這樣的註解，基於產能利用率滿載，EPS有出來，淨值可望逐年提升，我們只要緊密追蹤月營收等基本面業績卽可，沒有必要因爲這註解撤回力晶的投資。

民國103年力晶的EPS持續穩定，跟大家的推測一致，剛好房貸還到剩下40萬，於是加貸了140萬出來投資力晶，表面上看這是大膽的動作，但其實總數180萬的房貸，對於在工作穩定二線晶圓代工廠工作的竹科工程師來說，不算是太重的負擔。民國104年力晶的EPS依舊穩定，淨值也逐漸增加。雖然比較起EPS，淨值一向不是我考慮的重點，不過它至少是EPS如預期穩定累加而產生的結果，表示轉型爲晶圓代工後的力晶業績，確定不再是dram時期的大起大落而值得長期投資。於是將收租小套房賣掉，將所得資金再加碼投資力晶。民國105年力晶的EPS還是持續穩定，將百萬儲蓄保單用6.5%的年利率質押了上限66%，加碼投資力晶。因爲只能質押66%，固定五年配息減掉質押利息後仍有現金淨流入，這樣質押的財務操作，風險只是減少利息而已，仍算是健康的操作。民國106年力晶的EPS還是持續穩定，同時黃老大也配現金股利1.3元給股東，衡量台積集團的優惠信貸專案2.42%，貸款百萬投資力晶可用16.9元買到55張還找一些現金，領到的股利繳貸款利息可繳3年，於是信貸投入可借貸總額的37%。多年追蹤業績結果，考量後續EPS應能持續穩定，股息可望跟進，這樣的做法我覺得仍然算是穩健。當年1.3元的現金股利發下來後，全數投入力晶。民國107年力晶的EPS保持穩定，使用儲蓄保單配息，22.1元最後一次加碼力晶。事後驗證，力晶轉型晶圓代工，EPS多年穩定使淨值逐年累積增加的結果也與當時分階段投資股票的評估一致（請參考Good information網站力晶淨值各年度資料）。不包含金融海嘯的投機部分，依據投資達人星大之股票成本計算公式，從民國102年起投資力晶的資金、返回的股利依照股票及現金不同計算方式降低成本，整體力晶的成本爲6.87元。這個成本跟一些在0.2X左右投機力晶的股神們比不算低，不過受限於自己的投資能力、努力盡其所能，達到自己的目標就好。當年

現金股利1.7元及股票股利0.5元，這樣的現金股利已相當於工作年薪，可以開始規劃退休時程。（附註1）

民國107年由散戶大阿哥林緯程出資，集合大家成立力晶上市自救會，向黃董表達散戶大衆希望重返資本市場的強烈需求，在自救會努力下進行了許多通過媒體的請願活動及全省的力晶股東集結，選出了代表散戶意願的林緯程董事在力晶董事會中發聲，接著向當時金管會主委顧立雄先生遞交散戶上市請願書後，黃董從善如流，力晶召開記者會說明力晶將照預定時程上市而有皆大歡喜的結果。同年9月，力晶將旗下八吋晶圓代工廠鉅晶更名爲力積電，後續將力晶三座十二吋廠讓與力積電，力晶成爲控股公司，規劃將力積電重返資本市場。

民國108年力積電增資，因個人喜歡領公司的股利不喜歡繳錢給公司，但又不願意放棄力積電重返資本市場可能產生的股票資本利得，採用保守的做法，賣部分力晶得款來認10.1元的力積電，不額外投入資金。民國109年底力積電興櫃，順勢從職場退休，後續因力積電再次增資，於是將力積電股票全數賣出，還清了房貸、買了理想中的新車、另外參考高手股友的持股，自己確認過基本面後，分散持股爲聯電、中華車、裕隆、力積電（分批向下補回）、南茂、大同、群聯數檔股票，以股利當作退休後全家收入來源。這些股票配發的現金股利，也達到個人期望工作年薪1.1倍以上的退休標準，確保了退休之後全家人的舒適生活。這些股票存股投資後，視這些公司爲自己委託他人經營的事業，定期追蹤營收、EPS等業績，同時由EPS及配息率估算出隔年可能配發的現金股利，務使現金股利總和都必須在工作年薪1.1倍以上，不要使生活品質有降低的可能，一旦有可能達不到標準，評估是短期因素或是公司長期衰退，將取回現金等待股災再進行存股。要達到這個目標，不可否認也需要一些運氣，這個部分將現金股利的10%用於行善來加強運氣，如同富爸爸窮爸爸作者羅伯特清崎所說，用專業投資伴隨繳交什一稅，上帝會幫助你（妳）。

從民國102年將主要投資聚焦於力晶至離開職場，感謝七間及一路一起投資的力晶股友們、自救會、黃董及自己的投資眼光，讓我達成提早退休的目標。

附註1

第二聯

力晶科技股份有限公司107年現金股利發放通知書

類別：本人戶

|  |  | |  |  |
|---|---|---|---|---|
| 股東戶號 | | | 郵/匯費(H) | 0 元 |
| 股東戶名 | | | 可扣抵比率(I) | ************ % |
| 持有股數 | 864,280 股 | | 可扣抵稅額 K=(E×I) | ************ 元 |
| 每股分配金額 A=(B+C) | 1.70000067 元 | | 實發股利 (D-H-J-O) | 1,432,959 元 |
| 每股盈餘配發 (B) | 1.70000067 元 | | | |
| 每股公積配發 (C) | 0 元 | 補充保費專區 | 股票股利總額 (L) | 432,140 元 |
| 應發股利 D=(E+F) | 1,469,276 元 | | 現金股利總額 (M) | 1,469,276 元 |
| 盈餘股利 (E) | 1,469,276 元 | | 應繳補充保費 N=(L+M)XP | 36,317 元 |
| 資本公積股利 (F) | 0 元 | | 代扣補充保費 (O) | 36,317 元 |
| 資本公積課稅所得 (G) | 0 元 | | 扣費率 (P) | 1.91 % |
| ☑匯款銀行帳號 | | | | |
| □郵寄支票 | | | | |

外僑專用

發

原留印鑑

# 第17章　我的財務自由之路（三）

文／浩爾

首先自我介紹一下，我是來自台南市南區家住國民住宅的中低收入戶窮小子**浩爾**，因爲家裡窮所以讀省立高職，且在下自認也不是讀書的料，高中就不用想了，畢業後先北上工作，半工半讀繼續升學，第一份工作卽爲顯示器Monitor製造，讀完夜二專之後當兵，而退伍之後一開始也是先找南部的工作，但因要繼續追求較高的薪水而留在北部發展，沒辦法家裡窮。

顯示器這行業也算是大起大落，CRT顯示器沒落之後，原本的公司也就收了，輾轉來到現在小有名氣的上市公司，繼續從事與顯示器相關的行業。在一個偶然的機會下得知大陸河南廠有個職缺，毛遂自薦後卽踏上我的「**財富自由之路**」。

在此之前我投資股市也二十餘年了，獲利其實只算是一般般沒什麼突出的，倒是從房地產上有賺到第一桶金。金融海嘯時股市崩盤沒賺到錢，於是將資金轉到收租用的套房、車位乃至於2樓的店面、小坪數都計內農地，道路用地等等……種種可以賺錢的都有嘗試，不過這非本篇的重點，我只是先交代一下從中低收入戶到第一桶金的過程。

各位讀者或許好奇爲何去大陸上班可以財富自由呢？

在下由於個性較爲內向的關係其實也不太擅於交際，去大陸出差也只算是打工仔不是去創業的，是因爲小時候家裡窮想要賺錢，所以對理財就有興趣也會特別的用功。2015年來到河南上班的地方可是沒啥台幹，所以我就有自己的時間來看理財網站的新聞。

放假日一個人在宿舍無聊，就準備了零食與飲料，慢慢地並逐一瀏覽Mobile 01的理財討論區，此時看到一則很熱門的回應，討論的標題是

〈旺宏時來運轉〉，至此之後如同書中自有黃金屋一樣挖到寶藏，開啟人生另一段精彩的投資歷程。

看完此開頭文之後，我便一頭栽入此篇文章，並從頭到尾看過一次，除此之外我還將重點另外copy自己的檔案夾，有時間就會翻出來，「**投資是一種信仰，越虔誠便會越投入**」。

一篇引人入勝開場文，加上F達人之前亮麗的戰績，逐漸地吸引各路人馬，也群聚了相關產業的人員加入討論，看完文章我隔天便買進當時還是全額交割股的旺宏，旺宏我也推薦給了周遭親朋好友與同事，但幾乎沒有人跟進，理由是被列入全額交割股且交易不便，此時的我需要常常出差大陸，理論上我應該更不方便才是，然而實際操作上，我先設定台新證券約定轉帳，營業員我也有她的Line，所以當我在大陸要買進全額交割股時，我只要開盤前先約定轉帳完成之後，再Line通知我的營業員即可，並不會太麻煩，後來我才知道原來透過手機App 設定也可以，如下圖。

| | |
|---|---|
| 簽署 | [槓桿反向型ETN] |
| 已簽署 | 有價證券當日沖銷交易風險預告書暨概括授權同意書及證券商辦理應付當日沖銷券差有價證券借貸契約書 |
| 簽署 | 指數股票型基金受益憑證買賣及申購買回風險預告書[槓桿反向型ETF] |
| 已簽署 | 網路下單IP位址與他人相同聲明書 |
| 已簽署 | 買賣變更交易方法或受處置有價證券自動扣款同意書 |
| 已簽署 | 興櫃股票風險預告書 |
| 簽署 | 認購(售)權證[含國外標的,牛熊證,期信託,期商品]風險預告書 |
| 簽署 | 指數股票型基金受益憑證買賣及申購買回特殊風險預告書(統一FANG+) |
| 簽署 | 指數股票型期貨信託基金受益憑證買賣及申購買回風險預告書(富邦VIX) |

唯一的一位S同事小試跟進買進了2張，但於減資前營業員通知他，2張減資後就剩約1張了喔!?，但我秀出我的庫存165張給他看，並說我都不緊張了，你才2張而已緊張啥呢，更何況你也是百萬年薪，實在不需要過於緊張才是，不過他沒聽進去還是賣了，這件事也讓我領會到好的營業員只要靜靜地即可，不要給客戶太多的建議，除非你非常確定是可以賺到錢的。

而旺宏的事件也讓我體會到，**報明牌（股票）如同武功的招式一樣，沒有心法（做功課）的招式就如同花拳繡腿，是使不出力道的。**

（再舉個跟營業員有關的實際例子，2016年樂陞要被溢價收購時，有個Y同事的妹妹就是營業員，將此套利消息告訴他，並連同親朋好友一共買了十多張，結果醜事爆發後接連跌了十來跟停板之後下市，連壁紙也沒得貼。）

減資重整的那兩個星期內，同性質的股票華邦電漲了兩根半停板，看過去感覺就是要拉抬的意思，果不其然接下來旺宏減資完開始交易，也是連續漲2根停板上來，之前我有分享此訊息的同事興奮來跟我報喜，然後跟我說漲那麼多了還不賣嗎？我回答**獲利滿足點是到了，但賣出的時間點還沒到**，因爲Q3出貨旺季還沒到，營收還沒爆發出來，且也還沒進MSCI權值股。直到同年10月成交量放大後我才陸續全部出清，就這樣持股8～9個月的期間，獲利約一倍（約200萬元）。

旺宏電子股份有限公司減資換發新股通知書

貴股東惠鑒：

一、本公司於民國106年5月26日股東常會決議辦理減資彌補虧損，故進行全面換發股票作業。

二、本次減少資本新台幣18,651,070,270元，銷除股份1,865,107,027股，業經金融監督管理委員會106年6月26日金管證發字第1060022715號函申報生效，復奉科技部新竹科學工業園區管理局106年7月7日竹商字第1060018533號函核准變更登記在案。

三、減資換發新股日程及比例：

(一)減資換股基準日：民國106年8月21日。

(二)減資換發新股比例：原普通股每仟股換發新股491.93521股，減資後不足壹股之畸零股按面額折付現金至元為止(元以下捨去不計)，並抵繳股票劃撥費用。

(三)新股換發暨上市買賣日(舊股票終止上市日)：民國106年8月28日。

四、減資換發新股作業說明：

本次換發新股採「無實體」發行，由臺灣集中保管結算所股份有限公司統一於新股上市買賣日(民國106年8月28日)換發為無實體之新股，不需辦理任何手續，請股東逕洽原往來券商登摺確認。

五、減資前後　貴股東之持有股數說明如下：

戶號：125　　戶名：

| | 減　資　前 | 減　資　後 |
| --- | --- | --- |
| 集保總股數 | 165,000 | 81,169 |

回首過去，當我發現旺宏此檔潛在利多時，我也是跟親朋好友互相告知，但實際有跟進買進者是零，我想原因除了是全額交割股之外、減資一半，還有就是其他人沒有將網路討論區上的文章看熟，並加以吸收。而我除了看，還做筆記加深自己的印象與**信仰**，並時常去看我的筆記。最後我歸納於**投資要看性格與做功課**，若經不起冒險與上沖下洗震盪的，還是可以買金融股當存股或是不動產投資。

在旺宏還未完成獲利了結之時，我也同時注意到F大在網路討論區另一篇文章〈**鳳凰涅槃浴火重生——力晶再起**〉，所以旺宏全部獲利出場之後，我便陸續將手上500多萬的現金投入此檔開始操作。旺宏的事件讓我明白了一件事，**投資如同是「一種信仰，越虔誠便會越投入」**。

## 踏上未上市力晶的奇幻投資之旅

因為是後期才知道此檔，並不是2012年下市時的受害者，也沒有被兩次減資，故無太多的怨念，除了投入現有的資金外，我評估手上其他的不動產套房、車位、農地、道路用地、公共設施保留地，短期不會收成，所以我陸續賣出後約1200多萬，也陸續轉買此檔（賣不掉的不動產就另當別論了），**而這個舉動才是造成現今財富自由的我。**

之前從未買過未上市的股票，所以我開始做功課，因為需要到證券行辦理交割進來，所以我特地在公司附近的凱X證券開戶，以方便交割，因為我知道不會只買一次。

當我全部買好買滿之後，最後一次出現在證券行，臨櫃辦理轉出並註銷此證券帳戶，服務人員刷了一下證券存摺，瞠目結舌看到的是清一色是交割入力晶股票（如下圖），並問了我為何要辦理轉出呢？我用簡單且實在的一句話回答「手續費啊！」說實在的我沒打算爭取降手續費啊！因為從來只有進沒有出～，而且那時候我已經在替將來要賣出力積電而作準

備，因爲試算一下手續費可以省到5～6萬啊！。

於此之時也參與了身平第一次的股東大會，2018年自救會選上了一席董事，股東大會時黃董也從善如流的說要上市，會議上大夥歡聲雷動，**會後聚餐時**才一睹這些傳說中的神級人物，雖然一開始不認識大家，但透過共通的話題「力晶」很快的拉近彼此的距離，此場合可說是「**與君一席話（飯），勝讀十年書啊～**」（富爸爸與窮爸爸理財書）。

2018年股東大會市場派贏得了一席董事，促成了力晶重新上市，股價漲到34.X元，此時我還加碼了40張，但激情過後股價慢慢的盤跌，2020年初新冠肺炎疫情爆發，股市從115xx點跌到86xx多點，手上的力晶也跌到10.X元，從原本帳上最高獲利7xx萬，逐漸下跌到變成虧損5xx萬，那時候的我有個想法，只要能回到原本的價位上我就心滿意足了。

| | | 證券名稱 Securities | 摘要 Memo | 提出數額 Withdrawal | 存入數額 Deposit | 餘額 Balance |
|---|---|---|---|---|---|---|
| 1 | | 9256019! | | | 925 | |
| 2 | 106 09 27 | 力晶 | 審核撥轉 | | ***********16,000 | *********16,000 |
| 3 | 106 09 27 | 力晶 | 審核撥轉 | | ***********20,000 | *********36,000 |
| 4 | 106 09 27 | 力晶 | 審核撥轉 | | ***********64,000 | ********100,000 |
| 5 | 106 10 20 | 力晶 | 審核撥轉 | | *************4,120 | ********104,120 |
| 6 | 106 10 20 | 力晶 | 審核撥轉 | | **********100,000 | ********204,120 |
| 7 | 106 12 07 | 力晶 | 審核撥轉 | | ***********50,000 | ********254,120 |
| 8 | 107 01 25 | 力晶 | 餘額登摺 | | | ********254,120 |
| 9 | 107 01 30 | 力晶 | 審核撥轉 | | **********106,000 | ********360,120 |
| 10 | 107 06 15 | 力晶 | 審核撥轉 | | ***********40,000 | ********400,120 |
| 11 | 107 07 04 | 力晶 | 審核撥轉 | | ***********20,000 | ********420,120 |
| 12 | 107 07 23 | 力晶 | 餘額登摺 | | | ********420,120 |
| 13 | 107 07 26 | 力晶 | 審核撥轉 | | ***********10,000 | ********430,120 |
| 14 | 107 07 26 | 力晶 | 審核撥轉 | | ***********50,000 | ********480,120 |
| 15 | 107 07 27 | 力晶 | 劃撥配發 | | ***********20,006 | ********500,126 |
| 16 | 108 08 13 | 力晶 | 劃撥配發 | | **********150,037 | ********650,163 |
| 17 | 109 02 12 | 力晶 | 餘額登摺 | | | ********650,163 |
| 18 | 109 02 12 | 力晶 | 存券匯撥 | **********650,000 | | ************163 |
| 19 | 109 02 12 | 力晶 | 餘額登摺 | | | ************163 |
| 20 | 109 07 10 | 力晶 | 存券匯撥 | **************163 | | **************0 |

除此之外因我邀約而跟著買進的四位同事也是虧損的，紛紛私下來詢問我的看法，我的回答是，我買的張數比你們加起來還多，虧的也就比大家多，**只要力晶往上市的方向不變，我就不會太擔心。不過我事後回想此段心路歷程，幸好當時把持得住沒有影響大家，才有今日甜蜜的果實。**

隨著力晶公司與市場派的努力，於2020/10/8拆分成還在未上市的力晶與預備上興櫃的力積電，到了當年12/9力積電順利上了興櫃，當天特地請了假來參與此歷史性的一刻（其實不就是要看盤嘛～），從2017/10開始陸續買進，前後經歷了3年多的時間，看著力積電的股價終於可以在手機App上跳動，當下看著未實現損益高達2千多萬～除了雀躍之外，**更多了一層的感動，期待了3年多的希望終於實現**。

力積電上興櫃之後由於股價一直盤整，於不到50的價位賣出200多張，想說來回操作賺一些價差，但不幸隔天漲上去後便不敢加價買回，於是轉個念頭再次轉買入未上市的力晶前後200張，均價21.4元。力晶由於買賣不便，因爲我進出的券商規定未上市股票賣出需親臨台北開戶的總公司辦理，對於住桃園的我算是小有不便，所以我也就把力晶當作是存股，拆分力積電的剩下的部分沒有賣過，其次也是看好大陸子公司晶合即將IPO上市的利多。

除了買進200張的力晶之外，多餘的資金再進行減輕財務槓桿，陸續還清三筆信貸與兩筆房貸共約480萬。

2021農曆年後，**股市開紅盤力積電與力晶一連三天漲了約40%**，帳上金額增加了近八位數，眞的就如同新年的祝賀詞，**恭喜大家已經（以晶）發財**。而跟我買進的四位同事**獲利也都至少近千萬了**。

力積電上興櫃的過程中，陸續看著新聞媒體的分析與報導，不禁另我會心一笑，眞那麼厲害的話，當初要下市時或剛下市股價不到個位數時，怎不早喊買進呢？

## 絢爛之後一切仍需歸於平淡，財富自由之後，另一項考驗正開始

可以不用爲生活而工作的感覺固然令人愉悅，但股票投資其實利用閒暇時間即可，力晶與力積電使得在下財富得以自由，但隨之而來的即是**降低工作的抗壓性與增加不耐煩，且工作上的小事還眞不如業外的大事啊！**有同事時來虧我說，「浩爾，**你股市一天上下百來萬，幾乎是一般上班族的年薪了，這樣你怎能專心工作啊！**」老實說這個問題到現在我仍在逐漸的在調適中，畢竟以前沒有遇過，晶合IPO上市後，若力晶股價跟著水漲船高，就眞的可以開使規劃人生下一個目標了～

## 誤踩貨櫃股

在寫上述文章的同時，3月底於蘇伊世運河發生「大排長榮」事件，且長榮與陽明同時都被關緊閉（全額交割股），而在下當時手上剛好有現金，也注意到此則新聞，心想海運堵住了，是否應該買進航空股，但後來想想空運的貨品與費用都跟海運不盡相同，於是作罷沒買空運股。但運河塞住除了等之外就得繞道南端的好望角，除了燃油需多約30多萬美金之外，航運時間也將多增加10天左右，這將造成運費的上漲，加上出事的是長榮，所以經過周末的思考之後，3/29周一開盤前我便高價輸入買進陽明100張，開盤後即34.7成交（如下圖），沒想到這是**往後的最低點**，之後股價就一直往上漲，也進入MSCI權值股。

陽明海運最高到23X元，不到半年帳上獲利已經超過2千多萬，但在下依循旺宏那一套操作法則，等Q3旺季再來出脫持股，結果到了9月時就因爲當沖與籌碼凌亂的關係，股價開始下跌，10月截稿時股價已跌到100左右，從高點往下跌就少賺了約1500萬，但是換個角度想從34.7買入到現

在還賺6xx 多萬。

此事件之後深深發覺身邊還是得多留一些現金，當時機來時才有機會加碼，如同蛋糕端到面前，肚子餓就可以狠狠的大咬一口下來，再來是自己太貪心了，想要賣到最高點，結果反而少賺了許多。

| 功能 | 股名 | 委託種類 | 委託價格 | 條件 | 盤別 | 委託股數 | 成交股數 | 成交均價 | 取消股數 | 委託狀態 | 委託 |
|---|---|---|---|---|---|---|---|---|---|---|---|
|  | 陽明 | 現股買進 | 34.85 | ROD | 整股 | 100,000 | 100,000 | 34.7 | 0 | 全部成交 | 0140 |

# 第18章　我的財務自由之路（四）

文／Sun

## 一、投資股市的動機

從股市新手到財務自由，在茫茫股海中，翻騰了二、三十年，從標準的散戶，到現在的財務自由，其中的經歷，看報章雜誌，在親戚朋友同事之間聽信明牌，大賺小賠沒有我的份，追高殺低成為出貨對象，卻樂此不疲，從不缺席。

話說「不經一事，不長一智」，因此我開始看一些投資書籍，也讓我對於股票投資能有更深一層的了解，因為我相信投資是快速致富的一個通道，不限學經歷只要你願意，也適合男女老少，而且任何時間都可以研究。回憶起1987年的時候，在我們鄉下的地方，對於股票投資真正涉及的投資人少之又少，甚至連聽都沒聽過投資股票可以賺大錢，當時村里有一位小農，自己種植青蔥收成之後也自己拿到果菜批發市場拍賣，從早忙到晚一天的生活作息，就是與青蔥為伍，工作時間也長，一大早四～五點就必須運送青蔥到果菜批發市場拍賣，如果拍賣順利八～九點左右回到家，又看著他匆匆忙忙要到田裡拔青蔥，在運回家在空地上把青蔥整理，挑掉青蔥枯黃的葉片，把賣相不好的加以分類，而且還要忍受青蔥刺鼻的氣味，做不習慣的眼淚直流，渾身都是青蔥的味道，就這樣日復一日重複同樣的工作，一直到他接觸股票投資，改變了他的生活作息，與工作方式，將到田裡拔青蔥的工作，移到下午，把整理青蔥改成傍晚和晚上，把早上的時間空出來，早上從果菜批發市場，回來洗個澡就直奔號子，一段時間之後，就看著他家裡多出一台轎車，裕隆速利303，當時在鄉下開得起轎車的人少之又少，當時的我心想著投資股票有這麼好賺嗎？幾年之後竟然看著他的裕隆汽車變成Volvo 740，後來變成了賓士S320，更奠定我日後要學習的目標，就是我有能力的時候我也希望能夠投資股票賺我人生的第一桶金。

當我開始工作有經濟能力，交給父母的孝親費，再扣除我生活所需的費用之後，努力存錢買了我人生第一股，矽品精密股份有限公司，雖然張數不多但是我嘗到了甜頭持有幾個月帳面上的獲利，竟然比我辛苦工作1個月的薪資還要多，當我把帳面上的獲利轉成實質上的獲利，終於可以體會到，從速利303換成Volvo 740再換成賓士320其中的奧秘，於是我就這樣把我每個月能夠存的錢都投資在股票市場，也許是新手總是有新手運，不管買什麼股票每一支股票都會漲，也許是這樣把我沖昏了頭，感覺財神是跟我走的，總是保佑我的偏財運，怎麼買就怎麼賺，感覺就像「股神上身」來的，但是現在回想起來我的新手運是建立在大多頭的時候進場，並不是眞的有新手運，更不是股神上身。

因爲剛開始投資股票，總是聽來買的比較多，其次是看報章雜誌，也沒有研究公司的體質，更不用說去參考本益比、殖利率，或是去研究基本面、技術面、籌碼面，來決定股票買賣的時機，但總是賺少賠多，如果眞的壓對寶，也賺不到大波段，大部分都是買進之後就開始下跌，讓我想起股市的名言「3日大漲散戶不請自來」。偶爾買進之後有上漲賺錢，每一張賺個幾趴就獲利出場，上漲之後賣出獲利出場，但總是這支股票大波段的起漲點，感覺就是大戶總是注意我，故意跟我作對。

就這樣連最基本的技術分析KD指標、RSI、MACD、VOL、DMI這一些基本功課都沒有做好做滿，就一頭栽進去就變成了大戶的最愛了，我的名字叫「韭菜」，不然就是最後一隻白老鼠。

## 二、初生之犢不畏虎　買到淘空下市股

「1602」這個股票代號，太平洋電線電纜股份有限公司的股票，我相信很多人對這一支股票「太電」有很大的切身之痛，在1997年台灣開放民營行動電話，台灣大哥大是民營電信公司市占率最高的，太電是台灣大哥大的大股東，未來光是台灣大哥大的投資收益非常的可觀，而且轉投資有台灣固網、太平洋衛視、台灣高鐵等等看起來前景一片大好，而且當時還參與了美國Motorola所計畫的「銥計劃」衛星電話，投資了50億台幣，想不到這個計畫卻是惡夢的開始，太電被掏空了，就這樣因而導致下市，而我就是苦主之一，因此當時必須打掉重練，雖然太電目前有起死回生的跡象，當時投入的資金雖然不多但是無法回收，還是繼續住在套房，看來還是認眞工作存點積蓄，再來實現我要在股票市場掏出我人生的第一桶金。

## 三、買到淨值轉負下市股

後來我換成操作電子股，因爲當時的電子股佔大盤的比重都有七八成，也是股票最熱的地方，但是我好像忘了一句名言「人多的地方不要去」，讓我記憶最深刻的一檔股票，力晶半導體（5346），相信這一支股票在當時可說是有在投資股票的十之八九都曾經持有過的一張股票，而這一支股票相信大部分的股民可說是恨之入骨。

時序來到2005年力晶半導體，公布了今年要配發的股利2.96元，其中現金股利每股配發0.99元，股票股利每股配發1.97元，當時力晶的股價還不到20元，如此高的殖利率深深吸引著我，於是我就進場買進力晶的股票參加除權息，在除權息之後也很快速的只用了三十幾天就塡息完成，就這樣只要我存夠買進一張力晶股票的金額，我就持續買進。到了第二個年

頭，有公布了配股的訊息，股票股利與現金股利各分配0.52元，雖然比去年少，但是與當時的定存利率比較也是多了好幾倍，所以我還是選擇了參加除權息，而且這一年來也做了一些短線的買賣，也有不錯的獲利。

就這樣持股來到了第三年，並沒有把資金抽離，而且今年的股利比去年好，現金變多了，現金股利每股配發1.48元，股票股利配了0.99元，比去年多了1倍，這已經是連續第三年發放股利了，而且在去年力晶半導體與日本的爾必達合資成立了瑞晶半導體，瑞晶的成立是當時台灣最先進的記憶體製造廠，今年力晶也向旺宏購買了12吋晶圓廠，所以我相信明年力晶的業績會比今年好，但是事情並不是我所想的那麼簡單，在這個時候記憶體的價格因爲供過於求，價格是一季比一季低，就在2008年金融海嘯更是加劇了記憶體價格的崩跌，公司也一直的虧損，股價也一直探底屢屢創新低價，當時的我也一直把資金持續的投入，每一次的新低價，我也就持續的買進力晶的股票，一直的攤平也就這樣越攤越貧，持股一直增加，價格也持續一直掉，產業面絲毫沒有轉機。也因爲公司持續的虧損，力晶的淨值持續的往下掉，淨值只剩下2.9元因而被打入全額交割股，因爲變成了全額交割股，如果要買力晶的股票，必須要先把股款存進券商指定帳戶，工作的關係也因爲如此而停止攤平。

力晶於是在2010年啟動了減資彌補虧損，減資幅度達到38%減少了343.77e元，股本從904.67e元變成560.89e元，隨著減資成功每股淨值回升至7.1元，就這樣脫離了全額交割股，當減資完成之後恢復交易，連續拉了好幾支的漲停板，但是好景不常，沒有幾天力晶的股價也是緩步下跌，因爲公司的營運並沒有回升，記憶體的價格持續下跌，賣越多虧越多，2012年再次實施減資計畫，而且這次的減資高達60%將減資332.44e元減資後的實收資本額只剩下221.63e元。經過了兩次減資持股幾乎化爲烏有，力晶半導體就這樣持續虧損，在2012年淨值轉爲負數被證管會強制下市，力晶半導體的股票變成了壁紙（連壁紙都沒得貼因爲股票都在集保），就這樣力晶半導體的股票天天跌停板，這個時候我老婆勸我賣一賣吧，加減拿一點成本回來也好，買便當吃也好，問題是並不是想賣就賣得掉，每天的賣壓大到賣不出去，就只能掛著排隊，眞的掛到都沒有信心了，就這樣連續下跌11天的跌停板，後來索性就不看盤越看是越傷心，就把他當作買了一部新車被偷走了找不回來，連掛賣都懶的掛也就不理他了，一直到下市日期的接近卻又天天拉漲停板，我心想這是什麼世界，是大戶在拉要出貨的嗎？當時的我也想說反正賣出也只有幾萬塊，現在天天拉漲停不知道背後眞正的意義是什麼，所以我也就不管它就當它丟了。

## 四、槓桿放大不敵利空損失慘重

於是我改變方式，從小資族做起定期定額投資共同基金，以及購買投資級債券型基金，在以基金配息投資風險較高的高收益債券，當有一定報酬率的時候，再贖回購買金融股，慢慢累積資金，我又重回股票市場，就這樣慢慢累積資產，但是我的投資報酬率並不好，當眞驗證了股票市場的82法則，只有兩成的人可以在股票市場賺錢，其餘的八成都是賠錢的居多，在偶然中我接觸了權證，反而在權證市場，嚐到了前所未有的甜頭，方向做對了可以在短時間獲得極大的報酬，反之看錯了方向損失也滿慘重的，而我也滿幸運的在權證市場得到報酬，但是好景不常，在操作方向錯誤的時候，連本帶利的吐了回去。

我回頭檢視之前股票操作的標的，矽品（2335）是我績效最好的一檔股票，於是我回頭專注這一檔股票，在一段時間的來回操作之後，也有不錯的成績。

時間來到2015年8月，全球的封測廠龍頭日月光（2311）忽然宣布將從2015年8月24號起以每股45元公開收購矽品普通股，預定最高收購量779,000,000股，大約佔矽品已發行的普通股25%。這個消息激勵了矽品的股價，連續的大漲，並且在9月18日，日月光宣布已超過最低公開收購數量5%的門檻，表示這一起收購案是確定成立了，雖然我沒有參與應賣，但是也讓我有不錯的獲利。在同年底，日月光又宣布將2015年12月29日起到2016年2月16日止，將以每股55元公開收購矽品普通股或美國ADR每單位275元，預計買入27.4 1%，啟動第二次公開收購。

因爲有了第一次的公開收購將矽品的股價，硬生生的從30幾元推到了40幾元，在這個消息宣布之後，以第一次的經驗已經直接了當的說明，矽品的股價將會來到55元，這一次我的野心大了起來，我以買進「認購權證」來操作，光是這一次的機會我獲利了數十萬，如果我同樣以股票來操作的話，相同的資金我多了4～5倍的獲利。就這樣日月光與矽品在收購與反收購之間各自出招，矽品曾經想引進鴻海集團以發行新股交換策略聯盟，無奈在矽品召開臨時股東會討論鴻海與矽品發行新股交換策略聯盟一案，並沒有在臨時股東會通過，矽品甚至想引進中國大陸紫光集團參與私募案入股，但最後經過矽品董事會決議暫緩召開股東臨時會，因此與中國大陸紫光集團參與私募案也都不了了之。

在2016年5月26日，日月光與矽品，兩家公司終於決定同組產業控股公司，日月光與矽品簽署了換股備忘錄，將成立新控股公司，日月光投控（3711）。日月光與矽品兩家公司將同時存在，成爲日月光投控的子公司，在日月光與矽品所簽署的備忘錄之中，矽品將以每股換發55元現金，並且包含矽品即將配發的股息3.8元，日月光則以每一股普通股換發日月光投控0.5股的普通股。

2017年11月24號日月光與矽品組成的日月光投控，通過了最後一關獲得了中國大陸反壟斷局有條件的通過，對於我來說我彷彿又看見了一個好機會，摩拳擦掌已經想好對策，於是我複製了矽品的操作方式，現股與權證同時操作準備大撈一筆。

2018年3月27日台灣證券交易所核准的日月光投控掛牌的上市案，引

頸期盼的日子即將到來，所有可動用的資金都在我的運籌帷幄之下集中了起來，就等待日月光宣布合併之後再重新上市的時間，在日月光宣布從2018年4月18日至4月30日普通股停止買賣消息確定之後，我在4月18日之前買進日月光的股票建立基本持股，保留了三分之一的資金在4月15日買了認購權證，按部就班的執行完畢我的計畫，就等待合併之後重新上市日期的到來。在這段時間只要打開報紙上的財經版，就有外資法人機構對於日月光投控的報導，而且分析得頭頭是道，從今年的EPS 6.5到6.9元，到明年的EPS上看8元還有對日月光股價的預測上看百元，聳動的標題看得我內心暗自竊喜，我還試算了只要日月光投控股價到達100元股票的價差我可以獲利多少，再加上權證的獲利是股票四倍，有一夜致富的感覺。

等待的時間總是難熬，在距離重新上市之前，日月光投控宣布了第一季的財報，結果大失所望，在法人說明會指出受到淡季、產品組合以及新台幣匯率升值的影響，今年第一季的合併營收大減23%只有649.66億元，不只營收大衰退連單季盈餘也大減66%，每股稅後盈餘只有0.25元，創下了將近6年的單季獲利低點，與市場的預期差距很大，單季0.25元的EPS根本沒有辦法支撐上市參考價89元的價值，以至於我所期待的蜜月行情落空，上市第一天開盤跳空跌停，而且不只一天大跌是連日大跌，外資投信在殺股票一點都不手軟，股票不賣出是可以等待營收回升，或是攤平降低持有成本股價回升自然就會回來，但是權證有時間價值根本沒有辦法久放等待價值回升，而且已經跌到深度價外，就算股價上漲，權證價值也拉不回來，只好忍痛賣出權證減少損失，我心裡想著不會吧連中三元踩了3個大地雷該不會是命中註定天生就是勞碌命，對於我來說今生沒有偏財運吧。

這一次的失敗讓我痛定思痛，以後絕不碰權證，而我也沒有其他的資金在投資其它的股票了，我也因此在股票市場畢業了一段時間，過著再平凡不過的上班族生活。

## 五、浴火鳳凰敗部復活

時間來到2017年4月，就在某一天下班回家，我收到了力晶科技開股東會的委託書，因爲之前收到委託書並不會去在意開股東會所要討論的議案，大部分都只注意會不會配息，因爲之前虧損已經好多年都沒有配息了，所以也不會特別的期待，但是今年不一樣力晶科技今年有列出配股配息討論議案，需要股東會通過才能執行，這個訊息對我來說可眞是天大的好消息。

五年來從下市到現在雖然標榜年賺百億，但是卡在淨值10元以下不得配息的法規，已經很多年都沒有配息了，今年竟然要配息感覺就像天上掉下來的禮物，現金股利與股票股利合計每股配發1元，其中現金股利每股配發0.7元，股票股利每股配發0.3元，在力晶下市之後除了每年收到股東開會通知書，才會想起在我的集保帳戶裡還有這一檔股票，不然下市的股票平常根本不會特別注意這支股票的訊息，更因爲之前的減資兩次之後，原有將進400張的股票剩下不到百張，根本不願意再回想悲慘的投資經驗，幾乎忘了它的存在。想不到今年收到的開會通知書，捎來的訊息竟然是要配發股利，當時的心情可說是只可意會不可言傳，雀躍的心溢於言表。這一天當我老婆下班回家我把開會通知書拿給我老婆看，但是給我的反應是也才拿一些成本回來而已有什麼好高興的，熱熱的臉卻貼到冷屁股，一時之間興奮的心瞬間冷卻了下來，但是我跟老婆說這一次拿到的股利，總比之前要下市的時候，妳叫我把它賣掉多少拿一點成本回來還要多好幾倍，幸好當時沒有賣掉，不然也拿不到股利，而且既然配發股利現在力晶的價格也不可能是當年下市當時的0.29元啊，只是現在不知道它的價格是多少，不管怎麼樣絕對比當年還要好，不可能都沒有漲上來。於是當晚有空我便找時間問了Google大神，這一問不得了了，居然有20幾塊將近當初下市當時的100倍，眞是欣喜若狂，但是再怎麼高興當初投入的成

本，經過減資兩次之後，現在20幾元的價格，跟當初下市的價格，漲了將近百倍對我來說，投資的成本一樣沒有回來，也只能當作是撿到的。

2017年6月22日，今天是力晶科技下市以來第一次決定配息的股東會，身爲小股東的我，雖然沒有去參加股東會，但是我最關心的議題是討論董事會決議配發現金股利0.7元，股票股利0.3元，是否能照案通過，今天下班後回到家所看到的財經新聞是照案通過，結果出乎意料的竟然還加碼現金股利0.3元，總共合計配發現金股利1元股票股利0.3元，這種情形在股票市場倒是很少碰到。

因此畢業許久的我，彷彿看見了一道曙光，我心裡想著，開始配發股利的力晶是不是在此復活了，也因爲如此，我也開始注意力晶的新聞，我所持有的力晶股票不再是壁紙了，是可以換成白花花的鈔票，但唯一遺憾的是，力晶科技已經下市，它已經不是上櫃的股票了，如果哪一天缺錢的話想要賣股票，也沒有辦法像上市上櫃的股票那麼容易買賣，而我現在心裡想的是力晶科技現在已經從獲利進展到開始配發股利，公司未來的營運是不是已經步上成長的軌道，已經很久不碰股票的我，也開始在考慮是不是要重返股票市場來實現我當初的願望，在我深思熟慮之後，我決定把領到的股利再投入，買進力晶的股票，反正這一筆錢對我來說眞的是天上掉下來的，反正已經損失那麼多了，在我人生當中也不在乎這幾萬塊，就算虧損了最壞的情況，也就是力晶下市的時候哪種情形連壁紙都沒得貼。

當我拿到現金股利的時候我找了未上市的盤商，買了幾張的力晶股票，也就因爲這樣而開始投入未上市股票的投資，也更有管道去接觸到力晶科技的消息，也在此時才知道未上市股票買賣的方式，買進的時候就只要跑一趟證券商辦理私人股票轉讓的接收，並不是很麻煩，而當有需要資金的時候，想要賣出也可以透過未上市的盤商來賣出股票，因爲了解之後，現在的力晶股票已經不是壁紙了，只是買賣需透過未上市的盤商來進行交易，只不過價差比較大，但是想一想當買賣的時候盤商專人服務，畢竟盤商也是人，他們也是需要生活，殺頭生意有人做賠錢生意沒人做，自己也不是做短線時常在買賣，也就配息時拿到股利，才會買進，因此也不會計較太多的買進時的價差成本，反正現在我的理財重心也不在這裡，反正人家也是需要生活，價差大的情形所有的盤商都一樣，別人買進也是這樣的價差，畢竟我買進的量也不大。

光陰似箭，歲月如梭，很快的又過了一年，又來到上市櫃公司的股東會旺季，去年的力晶，雖然已經知道有賺錢，而且去年的EPS比前年的EPS還要高，去年的EPS有3.54元，比前年的EPS 2.97元，EPS高了0.57元，但今年要配多少的股利出來，也還是個未知數，去年的EPS比前年還要高，我心裡在猜今年所配發的股利，應該會比去年好，當我接到股東會委託書的時候，迫不及待的打開來看，跟我預測的是一樣，今年一樣要配發股票股利以及現金股利，而且今年配發的股利比去年的還要高，眞是太棒了，由於去年的EPS達到3.54元，董事會決議要配發股票股利0.5元，現金股利配發1.2元，看來力晶眞的回到成長的軌道。今年是下市以來第二次配息，再來就是等待股東會通過後，決定除權息的日子，之前的投資又可以回本一些了，我已經在期待拿到股利的時候，一樣要再投入，買進力晶的股票增加持股，如此一來回本的時間可以加快，就在等待股東會的日子期間，我在網路上看到有其他的力晶股東，要組成自救會，目的是要推動力晶科技的股票上市，我心裡想著，如果力晶科技的股票，眞的上市的話，不只買賣更方便，他的價值一定也會更高，自救會也有喊說力晶科技的股票，有50元的價值，而自救會成立的目的就是，推出董監事的人選要爭取力晶科技的股票上市，如果當選的話，可以在董事會發聲推動力晶科技的股票上市，因此我決定加入自救會，因爲這對於我來說是百利而無一害。

很快的股東會的日子到來，最讓人意想不到的事，在股東會的時候，

由於有股東提議要求比照去年加碼股息，執行長當場答應了股東的要求立刻宣布，加碼股息0.5元，今年的力晶將會配發現金股利1.7元，股票股利0.5元，合計2.2元，連續兩年的配息讓我非常的振奮，現在的我開始考慮是否也要加碼投資。

## 六、出現轉機加碼投資

於是我改變了計畫，我決定加碼投資買進力晶科技，我打算把投資基金目前有較大獲利的基金先贖回，在這次除權息之前買進力晶的股票，準備參加除權息來獲得力晶今年豐厚的配息，但是家裡卻有一股反對的聲音，我老婆不贊成，她說力晶的股票現在是未上市，而且之前虧損的都還沒有回本，不要只因爲今年第二次配息就要加碼買進力晶的股票，你是忘了之前虧損了多少錢嗎？再說你現在定期定額投資的基金，每一檔都有賺錢，我們是普通的上班族又不是專門在投資股票，靠投資維持生活，你就專心開你的車，以目前的方式繼續保持，如果力晶科技的股票沒有上市，豈不是又多了一筆錢套牢在力晶的股票上，難道之前套牢的還不夠多嗎？我也想了想老婆說的話也是有道理，雞蛋不要放在同一個籃子，而且現在我的理財方式，定期定額投資基金以及投資債券到目前爲止都還是有獲利，雖然不是有很好的報酬率，但總是比定存還要好，因此我就打消了加碼投資的念頭，還是照原訂計劃拿到股息再投入，畢竟這一些股息對我來說眞的就像是撿到的一樣。

股東會的好戲要登場了，董監事改選的時候，自救會所推出的人選，選上一席董事，雖然監事沒有選上，但是有拿下一席的董事，我心裡想著自救會所要推動的股票上市，看來是有機會獲得公司的重視浮出檯面，也因爲如此力晶科技的股票，隔天在未上市的報價，馬上就反應連日大漲，就像在汪洋中抓到了一根浮木，人生開啟了一線生機般的復活了起來瘋狂大漲，看得我心癢手也癢，於是我想盡辦法說服我老婆，我要加碼買進力晶的股票，我還在網路上找了很多的資料給我老婆看，看好力晶股票的人很多，而且從下市以來，到現在每年都有賺錢，而且今天也是第二年的配息了，還有你看有這麼多散戶小股東支持自救會，在股東會董事改選順利的拿下一席董事，改天如果力晶眞的重新上市，之前套牢在力晶的資金一定可以解套，如果幸運的話在股票市場所虧損的搞不好還有機會回本，就算沒有重新上市，如果力晶每年都有賺錢也都持續配息，就算沒有重新上市，力晶的殖利率，和現在上市櫃的公司相比也非常的高，有多少公司的殖利率比他好屈指可數，而且去年配股配息之後，股價雖然有回檔，但是上市櫃公司除權息也是一樣，是同樣的道理，依照往年的經驗大約1個月左右股價也有上漲，跟上市櫃公司一樣會塡權息回到原有的價值，我還說明了我的計畫，並不是所有的基金以及債券，都要贖回買力晶的股票。

我也只是先把基金投資報酬率有達到30%的贖回，但我還是一樣定期定額繼續扣款，並不是要贖回之後就停止扣款，以投資的角度去看也是要有停利點，而且基金的報酬率30%很好了該滿足了，如果同樣以之前的方式贖回再投入債券以增加每月的配息，這一筆基金贖回再投債券每個月增加2～3百元以高標300元計算，一年也只有增加3600元，但是如果贖回買力晶的股票，在以今年力晶的配息來計算，多了好幾倍，不然這一檔基金投資報酬率已經30幾趴了不贖回嗎？贖回了除了再投資債券以外還有其它的選項嗎？就這樣我成功說服我老婆讓我執行加碼力晶科技，說實在話那時候的我其實是被力晶的高殖利率所吸引，講難聽一點就是貪婪，我當時對力晶科技的了解，也只是他成功轉型晶圓代工產業，但是還佔不到公司營運的一半，還有大部分是在記憶體代工，並不是如台積電或是世界先進等的純晶圓代工廠，而且他的盈餘配息率並不高，單純是因爲他的股價低所以殖利率看起來就很好，而這也是吸引我的地方，股價低所以殖利率變高，以後如果眞的上市成功，股票市場會給它該有的價值，這一塊就是最吸引我的地方，下市以來第一次以自己的資金加碼，盤商報價34.5這個是已經從股東會之後的新高點，跟盤商殺了0.2元用每股34.3元買進力晶75張的股票，因爲卽將要進行除權息了，所以很快的就決定成交，如果再慢個幾天後再成交，怕來不及交割會沒有資格參與這次的除權配息，再確定買進的股票已經交割完成進到集保帳戶之後接下來就等待除權息領股息及股利，我自己算了算今年可以領多少股利，繼續執行之前的計畫股利再投入，在領到股利之前幾天，和盤商約定好價格，以每股31元再買進20張等領到股利之後再匯款給盤商，也由於已經快要領到股利了盤商跟我說這幾天如果他有去辦375轉讓，會把我的股數一併辦理轉讓，等我拿到股利之後再匯款給他，期待之後力晶是否有推動上市的計畫。但是今年的除權息並沒有像去年，很快的塡權息差不多1個月的時間完成塡權息，卻是以貼息的方式演出，從除權息之後一路走跌，看來我的預期是錯誤的，早知道就不用急著買，就算不參加除權息在之後除權息完再買進，所買到的股數更多，眞是千金難買早知道，我也只能安慰自己，反正我看好的是他上市後的價差行情，只要以後力晶眞的上市成功，我相信這只是老人與狗的現象，有時候是老人走在前面，有時候是狗跑在前面，但是到最後的結果狗還是會回到老人的身邊。

這一段日子力晶科技的股價，自除權以來絲毫不見起色，看來今年的力晶股價表現的並不好，過一段時間我才明白這段時間以來爲什麼股價總是無法塡權息，就是力晶科技宣布要以子公司力晶積成電子股份有限公司重新上市，而不是以力晶科技直接申請上市，力晶科技將以減資換股的方式一部分轉換成力積電的股票，也不是全數換成力積電的股票，只是一部分換成力積電，有一部分同樣留在力晶，換股比例到目前爲止也不確定我想應該是因爲這個關係，使得力晶科技的股票一直緩步下跌，直到這個消息公布之後，跌勢的力道更加猛烈，也許在別人的眼中，會覺得股價一直掉，荷包也一直少，但是在我的眼裡我覺得這個是好機會，我可以持續加碼買進力晶的股票，希望明年也能有這一種價格，讓我繼續加碼。又是一年的到來，今年2019的力晶股價也沒有多大的起伏，自從去年除權息之後股價就一路走低今年的第一季甚至由盈轉虧，導致股價持續低迷，讓我有低價買進的機會，今年最讓我震撼的是，力晶科技今年的董事會已經決定，今年預計配發股票股利3元，現金股利0.5元，因爲去年的EPS達到4.44元，雖然表面上看起來比去年還要多，但這並不是本業的獲利，而是力晶科技認列了合肥晶合的技術移轉的權利金，雖然稅後淨利達到106.9e元，但是認列的技術轉移權利金高達52e元，如果扣除技術轉移權利金的話，其實力晶去年本業的獲利，只有54.9e元，也難怪力晶的股價持續的低迷總是提不起勁。

今年的股東會，也有其他的股東要求要加碼現金股利，但是沒有像前兩年很爽快的答應，不知道是不是在開股東會時，有小股東詢問爲什麼要改換子公司力積電來重新上市，是不是有其他的利益考量，引起執行長的不滿，直指該名小股東對他是人格侮辱，直接對該名小股東飆罵五六分鐘之久，並且強烈回應股東，我的股票跟你的股票是一樣的，你一張我也一張，我們是站在同一條船上，不要每天懷疑我，今天力晶如果沒有我，一定跟茂德一樣倒了，你一點都不知道感恩，卻反過來懷疑我，我覺得執行長所說的每一句話，眞的有他的道理，畢竟力晶下市，確實是當時的大環境所引起的，而且不只在台灣，連力晶技術的母公司爾必達都宣布破產倒閉了，力晶還可以存活，甚至應股東要求重新上市，如果不感謝執行長的用心與努力，還可以參加今天的股東會嗎？而且力晶下市是不經重整直接復活，雖然經過減資兩次，但是執行長的魄力，以及對力晶的努力，比起台鳳、國產、茂德、樂陞好太多了。今年不加碼現金股利，我猜想應該是公司也要留一些現金以應對未來的營運，總不能把現金都發放股利，以至公司現金捉襟見肘對公司的營運有沒有好處，況且公司今年的營運，並沒有像前兩年來得好，而且今年以來已經出現虧損的情形，相信公司的營運如果好轉，執行長一定也不會虧待各位股東的，因爲他的股票比我們多，他自己也說過如果可以，當然是配發越多股利越好，你好我也好，但我認爲站在經營者的角度所要顧慮的，是公司長久的發展，而不是只看眼前的近利，也或許公司的資金眞的不夠，所以力積電辦了現金增資，原股東認購價10.1元，而且執行長在股東會也有說過，希望股東大家盡量都認股，不知道是不是執行長在暗示什麼，所以當力積電增資新股在10/18發放的時候，同日開始買賣，我就在當天以自有資金買進力積電30張，每股成交價13元，加上增資認股的力積電共有62張了。由於力晶科技今年的股價一直都處於下跌的趨勢，讓我有這個機會在今年的最後一天12月31日又加碼了力晶股票，我以每股18元買進了58張，這是我第二次以自有資金加碼買進力晶，因爲我始終相信力晶的價值，雖然減資換股力積電的比例到目前爲止還沒有確定，但分割後的力晶變成控股公司，持有力積電以及合肥晶合股票的潛在利益，在力積電上市以及合肥晶合在上海科創板上市之後，我相信市場會給予該有的價值，但是我相信以現在力晶和力積電的價差，買力晶會比買力積電划算。

## 七、危機入市重壓單一個股

2020年的力晶因爲美中貿易戰的衝擊，和記憶體市場的低迷再加上提列合肥晶合的虧損，而導致虧損所以今年並沒有配息，所以今年並沒有辦法執行配息再投入這個計畫，但是因爲COVID-19導致全球股票市場恐慌性的下殺，力晶科技的股票，跌到低於淨值，但在這個時候，我想起了一個名人的話，當別人恐懼的時候，我就要貪婪，我看準這個機會，在今年的3月26日，以每股成交價11.9元買進力晶科技的股票80張，來增加我的持股，雖然買的膽戰心驚深怕會繼續下跌，但是我一樣抱著危機入市的心態，來安慰我自己勇敢的買進，這一次的加碼，我完全不敢跟我老婆講，因爲我知道，如果跟她講一定100%反對，所以這次到銀行匯款跟辦理股票接收，我是偷偷請假親自辦理，不敢在勞動老婆大人代勞，我怕到時候我沒有辦法說服她，導致喪失這個天大的機會，我只有先斬後奏，當股票進到集保帳戶之後，再跟我老婆講我又再一次的加碼，我老婆的反應，跟我猜想的一樣，都跌到這樣了，你還在買，之前你所加碼的股票，到現在已經虧損了多少你知道嗎？早知道當初就不要答應你再加碼買進力晶，在力晶下市之前經過兩次的減資，你有算過虧了多少錢嗎？下市之後你說力晶連續好幾年都大賺百億，當開始配息的時候，你又把配息拿去買力晶的股票，而且還把基金以及債券贖回拿去買力晶的股票，說基金獲利30幾趴也應該要贖回了，看上力晶開始配息加碼買進，結果咧，你有看到現在光是力晶這一檔股票，你放了多少錢進去，你又賺了多少錢，還說殖利率很高，我看你是賺了配息賠了本金，人家是連本帶利討回來，你是連本帶利吐回去，之前還說要攤平，結果是越攤越貧，難道你沒有聽過這句話嗎？眞的不知道該跟你說什麼，當初離開股票市場，投資債券及基金一直以來都是正報酬，就算沒有贖回放到現在也還是正報酬，結果你把它贖回買這個未上市的股票，現在股市跌的這麼凶，力晶是未上市的股票要賣也不好賣，而且到目前爲止虧損那麼多，你眞的都不會覺醒，你有想過嗎？你還有三個小孩子要養，而且目前還都是念國小，你知道我們還要養多久嗎？眞的會被你氣死，做什麼事也不跟我商量一下，你以爲錢是從天上掉下來的嗎，還是在地上撿就有了……天啊反應這麼激烈，難道這次我眞的錯了嗎？

還好在我買進之後，全球的股市，已經開始回穩，力晶的股價也開始緩步的走高，並且也公布了力晶減資換股力積電的換股比例，每張力晶的股票，減資換發力積電的股票608.275286股，剩下的股票391.724714股一樣留在力晶，雖然減資換股的比例與之前的傳言，有很大的落差，但是市場上也因此不確定的因素消除之後，力晶與力積電的股價，終於有了比

較像樣的反彈，我也把握了最後的機會，在力晶減資換股基準日之前，在9月7號的時候，用盡所有可動用的資金，以不借貸爲原則再以每股成交價23.5元，買進12張的力晶股票，現在就等著力晶科技減資換股了，到目前爲止，我已經壓上了我所有的資金，在單一個股，正式的進入佛系投資的階段（緣份到了，自然就財務自由）。目前的我就等著力積電所規劃的按部就班一步一步的執行，申請上興櫃，滿六個月後再申請上市，上市之後再來看市場給力積電的價値多少，雖然目前還是興櫃的股票，還沒有轉上市但是已經驗證了我之前的看法，上市之後一定有它的價値，目前老婆說我很幸運可以滿足了，建議我把力積電和力晶賣出落袋爲安，但是我把力積電的目標價訂在85元，目前還沒到我的目標價所以我不想賣出，因爲現在的晶圓代工供貨非常的吃緊，不管是高階製程或是成熟製程全球都在搶產能，不只是邏輯IC缺貨，力積電的另一個代工記憶體，也是奇貨可居報價一直漲，而且目前的晶圓代工以及記憶體缺貨的情況無解，會持續到2022～2023年，但是我相信以目前的市況，力積電的股價一定可以來到我的目標價，所以我還是堅持不賣出。

而力晶科技所持有的合肥晶合，據說也將在今年會在上海科創板上市，如此一來力晶所持有的合肥晶合的股票，所隱藏的潛在利益，在未來也會持續顯現，等到哪一天合肥晶合也開始賺錢，力晶的身價也會水漲船高，況且力積電在2020的下半年已經開始配息，勉強的配了0.19元，雖然不多但總是好現象，會不會像黃董事長說的，力積電未來每年將配息兩次，2021年也已經宣布要配息0.49元，看來是眞的有朝向每年配息兩次的目標前進，今年的力晶也不遑多讓，也**宣布將配股票股利1元，現金股利0.3元**，如此看來力晶和力積電如果把它當存股看待，也是不錯的標的，力積電目前也規劃在苗栗銅鑼科技園區，投資擴廠預計投資2780億，新建12吋晶圓廠，預計到2023年開始量產，這個規劃如果開始量產的時候，晶圓代工如果還是產能吃緊，力積電未來的營收也將更上一層樓，但畢竟這也是兩年後的事情，也是只能期待時間的到來再去驗證，還是期望力積電竹南8吋晶圓廠在年底擴產的2萬片新產能，能夠順利產出因爲目前晶圓代工最缺的產能就是8吋晶圓，再加上代工價格調漲，力積電今年和明年的營收會持續增加，所以力晶以及力積電我還是堅持我的目標價，我甚至考慮要滾動式調整，當目標價到的時候慢慢賣出，看產業面如何再來調整賣出的速度。

## 八、帳面獲利已達財務自由

目前看來，力積電的晶圓代工以及記憶體所處在的位置都是缺貨的狀態，在這種情況下，力積電的營收應該沒有短時間內出現反轉的風險，雖然目前是在興櫃的階段還沒有上市，也還沒到我所設定的目標價，但是以目前（力晶+力積電）的價格，我的持股到目前爲止對於我來說已經達到財務自由的階段（家庭月支出×400，因不善理財所以增加100個基數），但是以目前的趨勢，持有力晶以及力積電的股票，下跌的風險有限，上漲的機率比較高，所以我繼續持有，並且開始尋找其他殖利率比較高的股票，以後準備以定存股的方式，每年以穩定的配息爲標的，來分散我單一持股的風險，因爲我這種投資方式，我相信任何人看到都會覺得我的資金控管做的很糟糕，而且也沒有分散風險，說實在話我也是很擔心公司無預警的出現狀況，但是以現在的景氣來觀察出現的機率微乎其微，最怕的是股市出現大崩盤，因爲現在走到哪裡聽人家聊天的內容有很多都是在聊股票，是不是擦鞋童的理論已經出現，去年外資的大賣超，台股並沒有被賣下去，都是國內的投信以及散戶撐起台股的一片天，可是以過去的經驗，去年外資的大賣超有可能在今年回補，之前就有報導過，外資如果回補台股上看18000點，到時候只要力積電上市成功達成我目標價的機率，應該可以輕易達成。

現在回想起來，之前的我不知道是著了魔，還是怎樣竟然有這麼大的勇氣，已經在股票市場虧損到差一點就無法翻身，但是後來用盡所有可以動用的積蓄，壓身家似的重壓一檔曾經我買過的股票下市股，直到翻身達成財務自由，其中的心路歷程家人的責備與壓力，朋友與同事之間的冷嘲熱諷，問我是不是有問題連已經下市的股票你也敢買，如果不會理財就直接放定存就好了，不然拿錢去做善事積陰德也好，買這種股票看起來就像把錢丟到水裡，噗通一聲激起漣漪時間過了水面平靜之後就看不見了，當時的心裡想著，就算力積電沒有上市，力晶也沒有減資換股，或是力晶一樣是未上市的股票，只要像2017年到2019年連續三年配發股息，就算只有2017年配發1元現金股利，以我的投資金額，每年多50萬的被動收入，在上市上櫃的股票中也很難找到這一種標的，有如此高的殖利率，如果眞的有上市，上市後的價差要在上市上櫃中找到，對於我的能力來說很困難，最壞的打算是沒有配息，但是以現在力積電的體質要發生這種事機率很低，就算發生了，我自己本身有工作收入，所以對我的影響不大，所以我衡量自己本身如果處於最壞的狀況，對我的影響有多大，自己可不可以承受這種風險，在綜合判斷之後這種風險我是可以承擔的，所以我敢重壓單一個股，而且我還嚴格的執行隨時買不要賣的紀律，雖然過程很艱辛，但是在熬過之後我就可以享受甜蜜的果實。

## 九、回想心得

個人的投資經驗說到這裡，也許各位會覺得，我的投資方式是不是有問題，什麼都不懂就一窩蜂的跟人家在投資股票，以爲股票很好賺，相信很多人都覺得不可思議，當初我是以什麼心態，去單壓一檔個股，而且是已經下市的股票，認眞說來力晶在未下市的時候，股價低於1元，我就很想買便宜貨了，如果不是因爲力晶是全額交割股，必須要先圈存才可以買賣，但我是一般的上班族，並沒有說想要特地請假，到券商去圈存，因此我就失去了超低價買進的機會，在下市之後我也有持續在注意，只是當時的我想要買進，卻又怕一去不復返，畢竟也是血汗錢，要去買下市的股票也是會怕，但是下市之後連續好幾年都大賺百億，看了眞讓人心動，但是卻都沒有配息，因爲卡在淨値未滿10元不得配息的規定。直到力晶開始配息的第二年，有了力晶自救會的成立，在我加入之後，在群組內與其他力晶的股東，不管好消息或壞消息都會討論，我才決定要加碼，當然在過程之中所經歷的力晶股價，起起伏伏，所投資的資金虧損的時間比獲利的時間還要來的長，因爲在群組內訊息的流通讓我更加堅定持股的信心，以存股的方式長期持有，更以危機入市的方法，來降低我的持股成本，才有今天財務自由的我，我認爲我很幸運，但是我覺得最重要的是力晶自救會的成立，我也有幸的加入，才有今日財務自由的我，我認爲以我的能力，我沒有辦法去研究與分析出這一檔股票的未來性如何，最多也只能在報章雜誌上面看到公司的報導內容，或是從力晶公司公告上面去了解目前公司的營運狀況，更遑論去了解公司的未來發展，現在回想起來都會覺得好像是在賭博，根本就不像在投資，還眞的不曉得當時是哪來的勇氣，如此的重壓一檔股票，但無論如何目前所看到的結果，力晶轉換力積電之後已經確定力積電會上市了，雖然有一部分一樣是留在力晶是唯一的遺憾，但是力晶持有力積電以及合肥晶合的持股，對力晶的潛在價値也不可小覷，如果把力晶當定存股每年領股利也不失爲一個方式，等待力積電未來上市之後來到我的目標價出脫實現獲利，來開啟我人生的另一個階段與目標。

新手的投資人，看了我這種投資方式，也許你的投資方式跟我很雷同，但是如果是經驗老到的投資高手看到我這種投資方式，一定要捏把冷汗一眼就看出我有很大的疏失，「資金控管」完全都沒做，本身暴露了很高的風險，今天如果力晶沒有翻身的話，下場如何？所有的投資化爲烏有，另一個觀點，長線的投資持有時間超過10年，在這10年當中，也喪

失了很多的機會，股票上漲的時候在相對高點應該是獲利了結，回檔的時候才有資金買進更多的股票，就算持續看好這檔股票，都買進同一檔，也有好幾波的高低點，資金控管如果做得好，就算全數投入持股也有好幾倍，獲利將會更加的驚人。在未上市的股票中，有很多有潛力的股票，也有很多是燒錢的黑洞，中間有一投資未上市股票的投資人，要投資的標的功課一定要「做好做滿」，如果投資錯誤，這個是不能重來的也會讓你後悔不得，未上市股票，公司的資訊不透明，流通也不容易，這與上市櫃的股票有很大的差異，今天是我幸運得以翻身，但是在台灣的股票市場因爲下市不經過重整能夠再重新上市的股票，到目前爲止，前無古人史無前例，在此奉勸各位新手投資人的讀者，在投資之前一定要三思。

# 第19章　我的財務自由之路（五）

我的投資史．文／Sam

## 啟蒙時期

父親是公務人員，他對理財本身沒有太多的經驗，對於小孩子的教育方式也是過去比較傳統的觀念，就是要我們小孩努力認眞的唸書，將來找一個穩定的好工作，再加上我大學唸的是理工科系，所以，以前對投資理財是完全一竅不通，對理財的初淺概念大概就是繼承從父親來的理財觀念：要多存錢，量入爲出，不要負債等等。

大四時，因爲對未來沒有明確的目標、想法，也對自己當時讀的科系沒有十分的熱愛，所以，當時沒有認眞準備研究所考試，想當然耳，也就沒有考上研究所。大學畢業後，就直接去當了兩年的兵了（後來受了士官訓，當了士官班長）。因爲當兵時期的生活單純，包吃包住，又用不到什麼花費，所以，雖然薪水不多，但是存了一年多，竟然也讓我存了將近十萬元（因爲是士官，又有一些特殊的加給，所以，在當時一個月的月薪也有大約一萬五千元）。因爲存了一些錢，再加上當時正好遇到台灣景氣正好（1996年左右），台股越來越熱，在當兵期間的空閒時間就開始研究起股票了。說是研究股票，其實也不過就是拿起報紙的財經證券版新聞看看。當兵時期，雖然能看電視的時間及節目不多，但報紙則是多到隨便你看。

## 初試啼聲

在研究了一陣子股票之後，心裡也開始躍躍欲試，後來趁休假時，

到台中找了一家券商開戶，便開啟了我投資買股票的人生。礙於當時的財力，以及對相關產業公司的了解（本身在新竹唸大學，所以，相對而言，新竹科學園區的公司，還是比較常聽過），當初買的第一支股票，在選了老半天之後，最終就在旺宏和茂矽這兩家中間猶豫。主要是因爲這兩家公司當時的產業差不多，名氣也差不多，股價也差不多，都是$30多元。最後，我的人生第一支股票就選擇買了旺宏一張。在當時，因爲當兵的關係，沒有空天天早上看電視、看盤，那時候也沒有上網、手機、App之類的工具，所以也不會天天去注意股價的漲跌，頂多幾天、一個星期才會關注一下。幸運的是，我買了旺宏之後，股價基本上是繼續往上漲的，也就增強了我對買股的信心；隨後，那一陣子因爲證券股非常的熱門，我又自己胡亂研究了一陣子之後，選擇買進一張$40多元的群益證券股票。印象中，在那段過程中，有再各自加碼個一、兩張的旺宏及群益的股票。

之後，因爲退伍找工作，回到新竹科學園區上班，開始忙碌的菜鳥工程師生活，以及手上也沒有太多的存款，也就沒有花太多的心思在研究股票、買賣股票上了。

還記得當時開始看了一些投資理財的書，其中一本叫《理財聖經》，作者是黃培源，令我印象深刻，當時的經典名言是：隨便買、隨時買、不要賣。我自己當時確實是多少有受到這樣的觀念的一些影響。幸運的是，因爲當時上班的公司要準備上市，開放現金增資由員工認股，工作一年多的我也有一些額度可以認（當時員工認購價爲$50多元，我有5張的額度可以認），於是就把一些存款以及賣掉手上的旺宏及群益的錢（印象中旺宏及群益的股票大概賣在$60多元及$80多元，大約也是賺了將近一倍左右），投入公司的員工認股股票裡面。後來，公司順利上市，股價最高也曾衝上$2、300元。不過，我是在$100多元，大約也是賺一倍左右賣掉，獲利了結的，也算是不錯了。至少當時年輕的我是挺滿意這樣的成績的。

當兵、工作以及股票投資存（賺）了一些錢，只是，因爲後來結婚時的拍婚紗、聘金、辦桌、以及度蜜月等的開銷，又把大部分的積蓄用掉。但是剛結婚的時候，因爲還沒有小孩，兩個人一起存錢也比較快，又曾經買過紅極一時的大霸電子股票，也有小賺了一些。接著，因爲換工作，換到一家小外商美商公司工作（後來也換了幾個工作，也是美商爲主），又因爲考上研究所，邊工作邊回去唸碩士，忙碌加上家庭需求（小孩陸續出生、買房等家裡的開銷），就有很長一段時間沒有投資台股，手上的資產不多，有也是美商公司給的股票選擇權（Stock Options），以及後來的限制性股票（RSUs）。我的生活就在工作、唸書、家庭的各種忙碌中度過。也因爲如此，忙碌的生活、家中經濟的開銷、繳房貸、以及加上對股票投資是懵懂無知的，所以，有大約十年左右的時間，我幾乎沒有什麼在投資台股。不過，這也讓我避開了1997年亞洲金融風暴，2000年網路泡沫化， 2002年SARS疫情，2007年次級房貸等的股市危機。

## 華亞科的投資

後來，隨著學業的完成、工作的歷練、經驗的累積，家中經濟的日益穩定，房貸的繳清等等因素，再加上正好當時（大約在2012年左右）有朋友向我推薦當時的華亞科很值得投資。當時的華亞科正處於谷底，股價只有$2-3元的個位數字左右（當時是全額交割股），但當時的我，因爲脫離了很久，對台股投資很陌生，也對華亞科這家公司及其產業很陌生，所以一直遲遲不敢下手。這一次，我花了不少的時間研究、做功課，從產業面、公司面、財務面等各方面，逐步去了解之後，也漸漸被朋友說服了，2013年初，在華亞科股價已經上漲到$8-9元左右，才開始投入一些錢，小買了一些。當時，愈研究之後，愈覺得華亞科還可以繼續買，我買到後面沒有資金，就說服老婆再把房貸重新增貸出來，拿房貸的錢繼續加碼買華亞科。因爲第一次拿這麼多的錢，而且是借來的錢買股票，所以心裡上也

是十分的小心謹慎。所以，當時確實花了很多時間好好研究華亞科，以及DRAM記憶體的相關產業，像是華亞科的月報、季報、年報等財報，以及三星、海力士、美光公司的動態，DRAM現貨價的報價等等。

也因爲有花時間、功夫下去研究，再加上是逐步、逐步的投入資金，又剛好搭上DRAM記憶體產業的反轉向上趨勢，讓我這一次的投資賺了不少錢。其中的插曲是，因爲在台股華亞科的一路上漲，也讓我看到在美股的美光投資機會，所以也撥了一些錢到美股買了一些美光的股票。雖然，當時我的華亞科以及美光沒有賣在最高點（華亞科後來最高點大約$60元），以整體投資報酬率的角度來看也有賺了兩、三倍了（後來，美光以每股約合$30元價格收購華亞科的事則是後話了）。

## 慘遭滑鐵盧

因爲有在美商工作的一些經驗，所以在逐步投資美光的同時，目光也開始更多投向美股當中去尋找好的投資機會，適逢蘋果打算在2014年推出新的iPhone 6，用更大的螢幕、藍寶石玻璃螢幕等等亮點，來重新和HTC和三星競爭，搶回一些市場的領先地位。當時，在2013年的一個新聞吸引了我的目光，說GTAT這家公司與蘋果簽了一項總金額高達$5.78億美元的合作協議，在亞利桑那州合建一個藍寶石工廠。於是，我開始大量的閱讀、研究GTAT這家公司的資料以及財報，也逐步逐步地買進他們的股票。一開始是拿多餘的閒錢來買；後來，則開始把華亞科以及美光的股票賣掉一些，獲利了結，轉而加碼GTAT的股票；再到後來，因爲當時捨不得再賣華亞科及美光的股票了，就直接用融資繼續加碼買入GTAT的股票。也就是因爲當時融資的這個舉動，造成我後面重大的投資失誤、失敗。當時，會一直加碼GTAT的股票，是因爲我確實花了大量的時間、精力閱讀、研究GTAT這家公司財報，又太相信他們的執行長所說的話，他們執行長在2014年8月底左右，上半年的財報法說會議上，說他們2014年全年的營收財務目標還是可以達標，即使上半年的營收目標只有達到全年的大約20%左右。當時我怎麼計算、推估，唯有拿下蘋果iPhone6藍寶石玻璃的訂單，才能夠做到2014年全年的業績目標。而且，當時的時間已經是八月底了，下個月九月底iPhone 6就要發表了，所以，我那時選擇相信執行長的說法，沒有賣股票，反而還繼續加碼。

後來，九月底發表的iPhone 6，並沒有特別強調藍寶石玻璃螢幕，就在我還在猶豫、查證的時候，十月份GTAT就突然宣布破產，公司的股價也從美金$10多元，一夕之間就跌到低於美金$1元，跌了90幾%（美股是沒有漲跌幅限制的），而我，也因爲有玩融資（一倍的融資），立馬就被斷頭了，一下子就變成欠券商一大筆錢。因爲在期限內要回補欠券商的錢，我只好陸陸續續把我手中的美光以及華亞科股票處理掉，把錢補還給券商。當初，從房貸借出來投入股市的金額是一千萬元，原本經過華亞科、美光等的一路順風順水的投資過程，已經累積到了超過三千萬元，一夕之間，因爲GTAT虧損超過一百萬美金，就把所有累積的財富全吐回去了。這完全是因爲錯誤的槓桿，把錯誤決策的影響力也放大了，因此虧損也就放大了。

事發當時的我，眞的是腦筋一片空白，不敢相信在美國財務監管這麼嚴格的市場，一家上市公司的執行長居然可以如此的說謊。那一陣子，心情眞的很糟，低落的情緒中帶著懊悔及愧疚，心中也有幾次一閃而過的念頭，想要一了百了，但幸好因著信仰，也因著責任（當時，我是家中唯一的經濟支柱，又有三個念國中、小的小孩），撐了過來，沒有做傻事。

過了幾個月混亂又低潮的日子之後，自己慢慢從當中清醒過來，清楚知道這些錢也回不來了，繼續抱怨、懊悔也沒有什麼幫助。除了自己重新振作起來，從跌倒中再爬起來，也別無他法了。當時，我才可以完全體會黃國華所說的，看公司的財報以及公司高層所說的話，要用有罪推定論的

方式來看待，若有任何的疑慮，就要小心。而在這當中，我也看到當時我的盲點，只相信或看到對公司有利的消息，完全忽略對公司不利的消息；太過自信、自負，也因爲之前股票投資太順利，而失去了客觀、理性。還有就是我太急躁，太急著想要變有錢，而失去了耐心。

經過這樣的震撼教育之後，盤點了一下我手中所剩的，我幾乎把我手上所有的股票，以及現金資產都耗盡了，連帶的加上原本增貸出來的房貸，本金一毛都沒還，我們家的資產從正上千萬的，又變回負上千萬的負債人生。所幸，當時還有一個收入還不錯的穩定工作。而爲了家裡平時的開銷，以及方便資金的周轉，我又跑去做了個人信貸，貸了$3百萬出來，同時利用下班的時間，做了一個兼差的工作，想辦法多賺一點錢。坦白說，現在回想那段期間我是怎麼熬過來的，我自己都不知道；因爲除了身體疲累的煎熬之外，心情上對未來會如何也是完全沒有把握的。除了學到不能做超過能力所能負荷的槓桿，融資融券之外，自己也知道，投資沒有速成的，投資跟讀書、工作一樣，都是要付出努力的，你把時間花在哪裡，成果就在哪裡。所以，我只能先從多賺一些錢，然後多存一些錢，再重新調整，做好我投資的功課。某種程度上，我會重重的跌一跤，也是因爲我想要快一點致富，快一點達到財富自由的心態，而忽略了風險。

## 重新振作

從2014年底到2015年的上半年，大約半年的這一段期間，生活慢慢地回到正軌，資金的周轉也日趨平順，心境漸漸沉澱之後，從多賺一些錢，然後多存一些錢的忙碌生活中，以及在沒有祖上蔭庇的現實情況下，再度思考自己和家庭的未來，認清自己還是得靠投資才能夠增加資產累積的速度，只是如何在投資的道路上走的穩健，是我要學習的功課。本來自己就對商業很有興趣，而自己的工作之前也從工程師的工作，逐漸轉變爲市場行銷、業務銷售屬性的工作。所以，除了勤讀商業的書籍之外，同時也更多、更廣泛的閱讀理財、股票投資的書籍，努力充實自己，做好基本功。另外，自己心裡也下定決心，就算在投資這條路上走的再慢，也不會再用融資融券這種方式了（我要表達的是對許多投資高手而言，或許它還是一個可以幫助投資賺錢的工具，只是它不適合我）。那段時間，我也常常用**巴菲特的話來激勵自己：「自己總有一天會變得非常有錢，但是我從來不急著變有錢。」**

在2012、2013年，研究華亞科的股票期間，也有聽聞過一些關於力晶下市的新聞，只是當時並沒有太大的感覺，所以，並沒有給予太多的關注及留下太深刻的印象。2015年初，因爲有朋友在力晶上班而注意到力晶的營運狀況，力晶從2012年下市時的悲慘的情況，有漸漸的從谷底回升的態勢。於是，開始花時間去研究了解力晶的情況，從園區相關的同學、朋友的管道去了解，也從每個月的營收報告，每季的報告以及過去幾年的年報去了解，甚至從跟力晶以及黃崇仁相關、從以前到現在的各樣新聞去了解。在確認力晶應該不會有倒閉破產的風險，以及在2013，2014年都是獲利的營運狀況下，決定在一無所有的情況下，從投資力晶的股票重新開始。一方面，因爲手上沒有太多的閒錢，只能靠薪水以及兼差的收入扣除家用的結餘，慢慢累積；另一方面，因爲力晶是已下市的股票，交易比較麻煩，再加上之前投資GTAT大賠的經驗，所以我買力晶股票的時間拉得非常的長，是邊存錢邊買，邊研究邊買。開始買力晶的股票之後，每個月的月營收，每一季、每一年的獲利數字都是固定定期會去追蹤的數字，甚至參加股東會，去公司訪客，看看他們大廳的人氣，問問上下游以及同業的情況，都是必做的功課。雖然，很多人因爲對黃崇仁的印象不佳而不敢買力晶的股票，但是我卻是越買越有信心。而且反而覺得黃崇仁願意扛起負債一千兩百億的責任，沒有落跑，才令人敬佩（可能因爲自己也賠了一屁股，所以比較能夠理解他的心情有關，呵呵）。

我從2015年開始買力晶的股票，那時股價大概在$10元以下，一直買到大概$20元以下，都是持續買進，一直都沒有賣出過，一直持續買進有3-4年，有多一點錢就多買一點，少一點錢就少買一點。後來，因為公司獲利，也開始配股、配息。拿到的股息，我也繼續買進力晶的股票，而力晶分割成力積電之後的兩次增資認股，我也都有認購，所以，力晶和力積電的持股也就一直增加。歸納當時投資力晶的一個簡單想法就是，一家重新開始賺錢的半導體公司，也沒有太多的折舊要攤提了，擁有3座12吋晶圓廠和1座8吋晶圓廠，公司估值才值$2-3百億元，明顯低估了，因為光蓋一座新廠就不只那些錢了。也算幸運的是，力晶那時的發展大致上是照著自己預估的劇本走下去。那時的想法就是房貸只繳利息不還本，信貸穩定地還，再加上扣掉家用必須保留的現金水位之外，有多餘的錢就去買力晶，第一步的目標就是希望信貸順利還完，然後投資力晶和力積電的股票資產能超越過去GTAT所造成的虧損。

經過幾年的努力，當第一步的目標達成之後（信貸已經順利還完，以及力晶和力積電的股票資產已超越過去GTAT所造成的虧損），對我而言，力晶和力積電的股價已經高於我的成本有一段差距，短期的股價波動對我而言，也不會有太大的影響，所以，我繼續持有力晶和力積電可以保持在一個相當大的安全邊際上，已經讓我立於不敗之地，短期內我也沒有賣出的需要，所以，我就按著我的計劃放著讓它們透過穩定配股、配息，繼續增值，為我賺錢。這時，讓我想到了一句名言：你工作，錢也工作（You work, money works）。接下來，我便開始思考要分散投資風險，尋找其他有潛力的標的投資，後來，利用存下來的錢，以及從力晶和力積電等股票每年得到的現金股利，陸續開始投資了一些光罩、東森、台船、漢翔、光洋科等的股票，便運用大致相同的觀念、方式（我大致都是以巴菲特、葛拉漢這種價值投資為主的觀念來評估一家可不可以買），去評估一家公司、一支股票，然後，再小筆小筆地投入資金購買股票，邊存錢邊買，邊研究邊買。因爲，後來買的股票都是上市、櫃，或是興櫃的股票，交易的執行上較以前買力晶時簡單、方便很多。上面所提到的公司，有些賺了不少，例如光罩、東森都有2-3倍，有些則是持平或是小虧，但是，目前來說，所列的這些股票我基本上都是要長期持有，甚至會繼續加碼，所以，比較難去計算個股的投資報酬率。而我都是以我的總資產的投資報酬率來計算，從2015年以來，我總資產的投資報酬率每年平均應該是有20%以上。

後來，因爲資金愈來愈龐大，產生的淨現金流也愈來愈龐大，考慮到永續及傳承，便成立公司法人，將大部分的股票資產放在成立的公司法人之下。主要的好處是可以減少想要做短線交易的衝動，減少交易次數，強迫自己比較用中長期的角度思考投資，強迫自己多做功課，再決定買進或賣出，也可以加強自己的決策品質，降低犯錯的機率及風險。

另外，因爲公司法人不用課徵2.11%二代健保補充保費，可以省下一些稅金，則是額外的收獲。俗話說省一塊就是賺一塊，就是這個道理。還有，大家都知道資金愈大，要維持高的投資報酬率就愈困難。所以，在偶然的機會裡，知道可以利用股票出借，多賺一點利息時（就是永豐金證券所說的，「讓您做股東也做房東，股息、租金一起賺！」），我也盡可能地把我手上可以出借的股票登記出借，藉此賺取借券利息，雖然一開始也不多，但同樣地，秉持著多賺一塊是一塊的精神，又沒有什麼風險，長期下來也有機會增加1-2%的投資報酬率。出借股票對存股族或是不急著賣股票的朋友來說，等於多了一個增加被動收入選項，坐享長期投資股利收益及出借所孳生利息，可享受「一魚二吃」雙重效果，而且借券收入不須課徵2.11%二代健保補充保費，我個人覺得，是可以考慮將股票出借賺取一點利息。

而從今年2021年以來，因著台股基期已高，外加又有一些不穩定因素的干擾，幾經思考後，決定轉而以定期定額投資台積電及006208富邦

台50爲主。開始投資台積電及006208富邦台50，主要的想法是目前仍看好台灣的經濟發展，以及台積電在半導體產業主導的地位及領先的優勢，只是目前台股基期已高，加上因爲疫情、美中貿易戰、國際局勢不穩定等因素，所以，選擇個人認爲最安全的標的及最安全的買入方式，以求風險夠低，但又能有一定的投資報酬率。因爲，我學會了在看見可能的投資報酬的同時，也不要忽略所需承擔的風險。

有人說世界第8大奇觀就是，複利的力量。我個人是愈來愈認同這樣的觀念。照七二法則來看，年投資報酬率如果15%左右，5年左右資產規模就能翻一倍（72/15=4.8年），所以，我就在尋找未來幾年的成長率能有大約在10-15%的產業或公司（當然是愈高愈好，但很不容易），做爲我投資選擇的一個評估。另外，我也愈來愈認同巴菲特的現金流投資法的觀念，儘量把投資的重點放在，可以產生源源不絕還愈來愈多的現金收入的公司。中長期而言，當公司獲利上升，股價遲早會跟著上漲，股息也遲早會不斷成長。選擇在公司股價還在相對低點的時候，開始持續買未來有成長性的股票，將來有股價價差保護的股息才能領得久又領得好。

既然如此，也許會有一些人會有興趣我選股的實際依據是什麼？關於選股的建議，我想市面上有許多非常好的投資理財書籍可以參考，我只簡單分享我自己因著當時的時空背景環境，以及國際、國內的政經局勢，而做的選股依據，也就供各位參考指教了：

1. 平台的公司，例如台積電、東森、統一超、金控。
2. 對中國依賴比重低的公司，例如台積電、光罩、光洋科、東森、漢翔、台船。
3. 內部人或高階經理人買進自家股票的公司，例如台積電、光罩、光洋科、長科、高僑。
4. 壟斷、寡位市場的公司，例如台積電、台船、漢翔、光洋科、金控。

5. 政府推動的六大核心戰略產業的概念股，例如半導體、資通訊、5G、生物及醫療科技、國防、航空及太空、綠電及再生能源、關鍵物資等。

回首過去，雖然跌跌撞撞，幸運的是，因為重新開始投資了力晶和力積電的股票，而讓我擺脫了泥淖，重新站起來，但在投資的道路上，我還是有很多要學習的地方。跌倒過後的我，在投資的路上，也沒有什麼訣竅和祕訣，就是利用自己的專業多賺一些點錢（所以，有人說最好的投資莫過於「自己」，投資自己除了培養專業、市場敏銳度、更大的視野和格局外，也要建立更好的人格特質和道德倫理，才能在投資的道路上走的更長久），多存一點錢，把賺來、存來的錢，放在穩健、安全的標的，利用時間的複利，耐心地、一點一滴地，積沙成塔、集腋成裘，遲早會有令你滿意的收穫的。**股市總是獎勵最有耐心的人的。**

我覺得《通往財富自由之路》的作者李笑來說得很好：「財富自由，就是再也不用為了滿足生活必需而出售自己時間。」我想透過投資有機會累積到足夠讓自己安全無虞地過生活，讓生活過的更舒適、更開心、更健康，也更懂得享受生活，帶給身邊的人正面的影響力，這就是圓滿、快樂的人生了。

# 第20章　我的財務自由之路（六）

力晶投資回憶錄．文／喜哥

幾年前我會投資力晶，純粹因緣巧合，有3個因素促成我去投資力晶，這三個因素說明如下：

## 一、第一個因素

時間拉回2014年4月，我上班的公司現場製程因為人員的操作不當產出了不良產品，這批不良產品會造成公司損失約不到60萬元，當時應該跟我是相當要好的主管（這個主管也是一路提攜我的人，曾說好好得做未來這個位置是你的）竟然為了這件事情要往上連坐四級主管職（我當兵只有聽過下屬犯錯要三連坐級主管職，還沒有聽過連坐四級的），後來才知道因為連坐四級才能處分到我（後來別人告知我，他是要搞我下台），然後我的主管一直在公司放風聲要降我職務，最後他沒辦法放棄，因為公司從來沒有下屬犯錯往上連坐四級的條款，後來這件事搞了我2個月時間，我就直接找總經理說如果公司要這樣做我也沒有意見，也可以先從我開始，但是以後公司有下屬犯錯要有往上連坐四級的條款，總經理沒有同意，這件事情只處理到上一級主管，我沒有事，最後我的主管也使出殺手鐧，要直接斷了我接班的希望，我的主管直接跟董事長報告說我兩年後要退休要找接班人，最後找上我的競爭對手提拔他上馬準備接班，這時我對公司心灰意冷，加上我的主管一些事情本來交給我辦的事情全部轉給未來的接班人接手，所以空閒時間非常多回家時就常常流連於網路，就在鉅亨網的鉅亨吧（目前鉅亨吧因故關站了）發現了力晶吧，在這裡面我從第一篇看到最後一篇找到N大的巨作深深的吸引我，一直留下深刻印象。

說實在的我在力晶有受傷過而且被減過資一次深深有戒心，而且老闆九命怪貓的封號及散戶在力晶這邊虧損累累變為壁紙的血淚史一直在市場上流傳，這個刻版印象一直印記在我的心裡，所以我一直有擔心投資力晶標的的事最後會落了血本無歸，後來我的盤商朋友在4.5元買進時有邀請我一起買，我說考慮看看並沒有實際行動，因為黃董在2013年3月透過券商去收購下市後的力晶，力晶2012/12/09以0.29元下市，以0.3元／股預計收購44萬張最後收到4萬多張，因為沒買0.3元所以4.5元太高（一般散戶心態）所以當時並沒有下手。後來這時候在鉅亨吧詳讀幾次力晶吧後有心動的感覺，應該有一次翻身成功的機會。

## 二、第二個因素

N大當年在鉅亨網力晶吧發表的文章，有興趣的讀者可以去網路搜尋如下：〈neville3882 力晶----「田螺含水過冬，春天隨時會來」〉來看看。

看過幾次N大文章後，輔以力晶2013年報及2014年半年報，我得到以下三點心得：

1. 以重置成本來算力晶三座12吋廠10萬片／月的價值應該至少有1,000億元，假設條件是工廠設備正常一直80～100%運轉下去不停工。（22.1億股*12.5元/股=276億元），12.5元／股是我當時投資時的成本。
2. 折舊由2012年194億元到2013年剩下18億元。（因為三座12吋廠折舊剛好在2012年折舊完，力晶公司隔年又改變折舊年限從6年改為10年，這點不用罵公司，旺宏、華邦之後都改變會計原則延長折舊年限（註一），因為目前的官股台灣高鐵公司當年也這樣做，從特許權35年延長為70年，折舊馬上少了一半，盈餘就跑出來了，尤其

公司是營業現金流爲正，但公司報表還是賠錢的公司只要在合法的情況下，變動會計原則延長折舊年限公司就會賺錢。

3.2013～2014上半年已賺錢。這時候投資最穩，但報酬就沒有數十至百倍的報酬。這也是要投資力晶的重要原因之一，穩賺不賠。

## 三、第三個因素

影響我投資力晶意願的第3個因素，是因爲我在網路上看到下面一段話，覺得很有道理：

做了以下3件事你就能邁向財富自由之林

1. 下功夫研究，把自己當成這間公司的總裁。
2. 研究夠深入，就一定要長期持有，不要短線進出。
3. 機會來了要有危機入市的勇氣。

所以我決定投資力晶用力晶run一次看看，賭一把給自己一次機會，因爲力晶這時候下櫃後已經連續1.5年賺錢，而且有可能在2015年底公司淨值達到10元，2016年就能重新提出上櫃申請，決定標的後就要找錢，我們上班族資金根本是左邊進右邊出，左邊領薪水，右邊房貸支出、小孩安親費、保險、生活費幾乎沒辦法有剩餘資金做大筆投資，我的做法是將原有的亞太電信套現約260萬元（12元買150張大概17.85元出貨）、房子轉貸增加150萬現金、信貸轉貸套現160萬元出來，從2014/9開始買後，陸陸續續約花了500萬元買入力晶均價約12.5元，剩餘的錢拿來繳信貸及房貸增貸分期付款，大約可以撐2年，這時的我可以說將負債比拉到滿水位，把我自己當成一家公司財務長控制資金財務調度。

## 加入團隊一起為力晶推重新上市而奮鬥

我在鉅亨吧上認識了除了N大、小陳哥、郎哥等等這提供不少力晶相關資訊，當時可以說大家素未謀面，都有一個相同目標就是邁向個人的財富自由，也間接促成2015年小股東選董事推上市（櫃）的計畫，會推小股東董事原因是黃董並無積極意願讓公司重新掛牌；所以2015/4郎哥打電話給我說他要參選董事問我是否支持他參選的意願，我當然無條件支持然後就入群，群裡有科技業、會計師、工程師各行各業等等，大家一起相互扶持鼓勵及資訊互通有無，持股才能從股價上上下下、起起伏伏中堅持下來（股價在4.5、23、10、34、10、32波動），最後能夠孵出力積電走上興櫃。第一次小股東推董事失敗，這次失敗原因準備匆促小股東沒有全部聯繫，所以第二次記起教訓，2018年推上市選董事這次改推林董，力晶小股東們找上顧大主委陳情的畫面上了電視播出後，力晶要重新上市話題成功吸引了散戶的注意，增加之後股東會前徵求股東委託書容易性，這次選董事因爲提早作業也成立FB社團，增加Line的群組，曝光度增加（因爲陳情案上了電視的關係）取得廣大小股東支持度，最後以螞蟻搬象的方式我們成功了。

小股東林董進入董事會後一直督促黃董能儘快讓力晶早日重新上市，最後黃董2019年提出以力積電（原爲鉅晶）重新上市金蟬脫殼折衷方案，用來解決力晶持有合肥晶合股權一直虧損、技術及客戶重疊是否會產生競爭的問題，將力晶一刀切開，將虧損的關係企業留在力晶，純晶圓代工部分切給力積電，這樣力積電上市後可以享受晶圓代工股的本益比股價，以力晶12吋3座廠房產能10萬片／月的資產換股方式取的力積電股權，股權交換後力積電辦現金增資40億元10.1元／股，力晶放棄認購（85%）全部轉給持有力晶股東按比例認購，這次股東會結束後我在會場外面走廊遇到黃董走出來，我問黃董這次我們需要認購現金增資新股嗎？

黃董豪不猶豫說你們最好認一認一定不會吃虧的，從眼神及口氣看出對力積電非常有信心，還要再問時黃董被工作人員帶走，後來我用舊力晶賣出去認購力積電。事後想想當你重壓一檔股票時應該去參加公司開的股東會，去聽聽負責人講話你會聽到意想不到的收穫，因爲報紙新聞不會寫出來，所以建議一年一次股東大會儘量抽空參加，我是提前請好假去的，這是個人經驗提供參考，最後力晶用減資60%換成力積電股權給股東（100張大約舊力晶換成40張力晶控與60張力積電），由力晶持有的力積電股權換給被減資60%股東1：1交換股權。

2020年12月9日力積電重新上興櫃，以30元掛牌當天最高84元收盤55.7收盤，2021年7月已經送件交易所預計年底應該可以重新掛牌上市，完成了當年選董事推上市的大業。

## 個人的財務操作 負債管理還是管理負債

常常跟朋友說要投資，朋友都說等有錢再來，但是機會來了你沒有準備好危機入市、下重注及長期持有（不要短線進出），不然你這一生要翻身眞的很困難，說實在一個雙薪家庭兩個小孩（補習或安親）又有房貸壓力下，要存錢眞的有一定的困難，所以我個人就是拿部分的存款、房貸二胎及個人信貸貸滿拿來操作，看是危險但是我留有部分資金拿來繳增加貸款的還款用（約2年資金），其實是很穩的，因爲自己預估力晶2016年就能重新掛牌，本以爲這個計劃天衣無縫但是天不從人願，因爲力晶高層一直說公司淨値回到10元就要重新申請上市，結果因故暫緩（暫緩原因是黃董說怕上市後整碗被市場派端走），造成我2017年初資金軋的很緊，好家在當年1月時利用過年期間資金比較寬裕及跟家人貸款買入晶心科76元7張，3月份時晶心科上市以176元出貨解決資金的缺口，等到下半年力晶又重新發股息及配股，決解資金的困難，不過後來利用信貸轉貸，搬家1

年搬1次，一般銀行都會綁約一年，徹底決解了資金缺口問題，信貸轉貸好處，第一可以適當調降利率，第二你已經還款的額度還能再借出來重新再使用，所以終於了解財務操作的眞諦（借新還舊）。最後是負債管理來管理你，還是你來管理負債，這個很重要好好靈活運用你的財務管理，不過有一點自己的信用不論如何都不能違約，這樣你未來轉貸時會很方便。

個人投資的力積電（未來上市後會留1張用來開股東會來跟老戰友見見面敍敍舊）已經大部分轉換爲上海銀約500張（作爲未來退休領息用），這個是投資力晶賺到的，這次是用7年多的時間換到500張上海銀（75～100萬／年的配息）及200張的力晶控股。投資股票要有耐心、決心及平常心，一定要修練，不然很容易虧錢。

最後跟衆大說一聲投資理財一定要早，第一點不管你在職場跟同事、主管是肝膽兄弟穿同一條內褲的，眞的有事的時候要抉擇一定是割袍斷義犧牲你，因爲他也還要在公司生存下去，第二點你還想要在公司被老闆（主管）或客戶再罵20年，或是景氣不佳時等著被公司列爲待宰的羔羊嗎？（註二）如果不想請立刻起而行，加入投資理財慢慢累積個人財富越早越好，越早你越能提早邁入財富自由的列車。

關於如何理財我這邊說一下如何省下小錢做投資的小技巧，請盤點個人一些習慣，例如有早上要喝星巴克或小七咖啡習慣及有菸酒習慣的朋友們，把這些習慣戒了一天可以省下100元一個月就有3,000元，這樣不會說沒錢可投資，記住投資理財就是犧牲現在未來再享受，3,000元可以做基金定額定時投資；我個人民國83年10月開始扣款當時的元富高成長基金（目前被併購後改爲保德信高成長）每個月3,000元大概在98年底99年初贖回大部分後持續扣款，贖回單位數25,000單位淨值約57～58元拿回約140幾萬元，如果不贖回目前市價超過400萬元（因爲目前淨值170多元），投入成本不到60萬元，當時拿這筆錢投入上海銀買入44張經過多年配股後大概有73張領息也已經超過110萬元，目前市價加上領息也超過

400萬元，12年年複利率9.142%（註三）。目前以上海銀73張的配息能力每年配超過10萬元，等於幫自己加薪8,000元／月，所以小小的動作經過27年後眞的小錢長成第一桶金，然後利用第一桶金變成大錢，提供個人兩個案例供讀者參考。

上面兩個案例重點就是不管你是重倉持有或是定額定時小額投資，第一點一定要長期持有持之以恆不要短線進出，第二點要深入研究這家公司，第三點當這家公司有內外危機時還能勇敢持有。

（註一）旺宏當年改變會計原則延長設備折舊年限後股價從2.X元飆漲到16.X元，就是因為報表變為賺錢公司漲8倍。

（註二）2020年新冠病毒大爆發造成公司訂單大幅萎縮，服務的公司也在年中執行兩波的縮編動作，第一波先把績效不好的同仁列為目標，第二波為達到可退休的同仁列為目標，那陣子同事上班可是很緊張不知何時輪到自己，我是平常心看這件事，因為力積電即將興櫃馬上就會邁向財富自由了，所以你平常有準備投資理財累積財富應該會很踏實。

（註三）400萬元=140萬元*x^12，x=1+i，i=利率

Sol：400/140=x^12，2.857=x^12

兩邊取ln，ln（2.857）=ln（x）^12

ln（2.857）=12*ln（x）

ln（2.857）/12=ln（x）

0.08749=ln（x）

兩邊再取e^x，e^x（0.08749）=e^x*ln（x）

1.09142=x，1+i=1.09142，i=0.09142=9.142%。

驗證i值，i=9.142%。

140萬元*（1+0.09142）^12=399.973萬元。

# 後記

我為何存股金融股會選擇上海商銀？除了老闆用心經營外，因為是老闆佛心，怎麼說呢？

第一點，辦現金增資時擔心股東沒有錢繳增資款，會先拉高當年度現金配息股給老股東去繳錢。

第二點，在未上市時，三次現金增資都是票面現金增資而且認股率40～44%（400～440股/張），公司淨值可是20多塊，重點是隔年有能力配出1.5元／股息=15%的年殖利率。例如民國100年票面現金增資認股率44%，當年配息3元／股不足的部分隔年配1.5元／股息補足，等於發兩年股息給股東去認購，股東繳現金增資很輕鬆。

第三點，當票面現金增資有人沒認購時（因為上海銀有一些海外股東可能無法認購），一般公司最常見的一定是洽特定人認購（正常都老闆自己吃下來尤其是10元／股），但上海銀的老闆作風是本次有認購的股東重新二次分配認購一樣10元／股，真的目前真的很少老闆有這樣的胸襟。

# 參考文獻

[1]杜榮瑞、薛富井、蔡彥卿、林修葳（2012）：會計學概要，台北：東華書局出版。

[2]黃嘉斌（2021）：養股，我提早20年財富自由。台北，大是文化出版。

[3]菊地正典（2004）：圖解半導體，羅煥金校訂。台北世茂出版社。

[4]施敏（2002）著，黃調元（2002）譯：半導體元件物理與製造技術，國立交通大學出版社。

[5]顧鴻壽等人合編（2004）：光電平面面板顯示器基本概論，高立出版社。

[6]Mary Buffett & David Clark著（2003），李芳齡譯：巴菲特法則實戰分析，台北聯經出版社。

[7]Peter Lynch & John Rothchild著，陳重亨譯（2019）：彼得林區選股戰略，台北，財信出版社。

[8]股海老牛（2021）：股海老牛最新抱緊股名單，殖利率上看8%，台北，大是文化出版。

[9]謝士英（2020）：我45歲學存股，股利年領200萬。台北，采實文化出版社。

[10]蘇松泙（2012）：平民股神教你——不蝕本投資術。台北，Smart智富文化出版社。

[11]今周刊（2014）：大戶不說出口的投資絕活——技術分析教戰。今周刊2014年專刊。

國家圖書館出版品預行編目資料

財務自由之路：半導體漲百倍／小陳哥、布萊恩、Royo、浩爾、Sun、Sam、喜哥合著. --初版.--臺中市：白象文化事業有限公司，2022.4
面； 公分
ISBN 978-626-7105-19-1（平裝）
1.CST: 證券投資 2.CST: 半導體工業
563.53 110022764

# 財務自由之路：半導體漲百倍

編　　著　小陳哥
e-mail　shiaochenge@gmail.com
投資網站　http://www.jungs.idv.tw/
作　　者　小陳哥、布萊恩、Royo、浩爾、Sun、Sam、喜哥
校　　對　小陳哥等七人
封面設計　洪煒純
發 行 人　張輝潭
出版發行　白象文化事業有限公司
412台中市大里區科技路1號8樓之2（台中軟體園區）
出版專線：（04）2496-5995　傳真：（04）2496-9901
401台中市東區和平街228巷44號（經銷部）
購書專線：（04）2220-8589　傳真：（04）2220-8505
專案主編　陳逸儒
出版編印　林榮威、陳逸儒、黃麗穎、水邊、陳媁婷、李婕
設計創意　張禮南、何佳諠
經紀企劃　張輝潭、徐錦淳、廖書湘
經銷推廣　李莉吟、莊博亞、劉育姍、李佩諭
行銷宣傳　黃姿虹、沈若瑜
營運管理　林金郎、曾千熏
印　　刷　基盛印刷工場
初版一刷　2022年4月
定　　價　400元